中等职业教育汽车类专业理实一体化教材
中等职业教育改革创新教材

汽车商务服务

主　编　张志强　谢云峰
副主编　唐中然　孙　洁　武　莉
主　审　黄泽好

机械工业出版社

《汽车商务服务》旨在为刚刚兴起的汽车商务服务教育进行一些有益探索。本书主要内容包括汽车销售与信贷、购车手续代理服务、汽车保险、机动车辆碰撞损失的评估、二手汽车交易服务、汽车售后市场的拓展服务。通过介绍汽车商务的主要内容，培养学生对汽车相关服务的兴趣，加深对汽车商务的了解。

本书内容丰富、信息量大，可作为中等职业学校或五年制高职汽车运用与维修相关专业的教材或参考书，也可作为汽车及其服务产业从业人员的培训资料和工具书。

图书在版编目（CIP）数据

汽车商务服务/张志强，谢云峰主编．—北京：机械工业出版社，2013.7（2025.8重印）

中等职业教育汽车类专业理实一体化教材　中等职业教育改革创新教材

ISBN 978-7-111-43368-2

Ⅰ.①汽… Ⅱ.①张…②谢… Ⅲ.①汽车工业-商业服务-中等专业学校-教材　Ⅳ.①F407.471.6

中国版本图书馆 CIP 数据核字（2013）第 170074 号

机械工业出版社（北京市百万庄大街22号　邮政编码100037）
策划编辑：曹新宇　责任编辑：刘思海
责任校对：王　欣　封面设计：鞠　杨
责任印制：常天培
河北虎彩印刷有限公司印刷
2025年8月第1版第4次印刷
184mm×260mm·12印张·295千字
标准书号：ISBN 978-7-111-43368-2
定价：28.00元

电话服务　　　　　　　　　网络服务
客服电话：010-88361066　　机　工　官　网：www.cmpbook.com
　　　　　010-88379833　　机　工　官　博：weibo.com/cmp1952
　　　　　010-68326294　　金　书　网：www.golden-book.com
封底无防伪标均为盗版　　机工教育服务网：www.cmpedu.com

前　言

　　随着汽车制造业的发展，我国汽车保有量迅速上升，至 2011 年底，我国机动车保有量为 2.25 亿辆，其中汽车为 1.06 亿辆，这给汽车服务业带来了前所未有的活力。汽车的利润一半以上来自于汽车服务业，汽车服务业已成为汽车价值链上一块最大的"蛋糕"。汽车服务业的迅速扩大，造成了汽车服务人才的紧缺。为满足社会对汽车服务业人才的迫切需求，编者根据多年汽车运用与维修专业的教学经验，编写了本书。本书有助于拓宽毕业生的就业面，使毕业生就业后能够更快地适应企业环境，提高毕业生的专业素养。

　　汽车商务服务不仅仅是一般意义上的销售，企业中一切对内对外的商业行为都可以纳入商务活动的范畴。本书从汽车商务服务的角度出发，采用理论与实践相结合的方法，系统地论述了汽车商务的基本内容，主要涉及汽车销售与信贷、购车手续代理服务、汽车保险、机动车辆碰撞损失的评估、二手汽车交易服务、汽车售后市场的拓展服务，基本概括了目前汽车商务所涉及的领域。本书内容丰富、全面、翔实，通俗易懂，图文并茂，技术先进，实用性强。

　　本书由重庆市九龙坡职业教育中心张志强、谢云峰、武莉、胡华平、夏余斌、何旭、张林、彭荣、于芳、陈蕙、黄伟、邓庆、唐斌武、杨维红、胡瑶、程洪良，重庆机电职业技术学院孙洁，重庆电讯职业学院唐中然，广西柳州银海铝业股份有限公司田笠人，西南铝业集团田美华，重庆市渝北职业教育中心罗智强，河北省保定市涞源县职业技术教育中心孙慧丽，重庆工商学校王孝洪，重庆机械技师学院陈苇、陆宇等同志编写。本书由张志强、谢云峰任主编，唐中然、孙洁、武莉任副主编。全书由张志强、田美华统稿，重庆理工大学汽车学院黄泽好教授主审。

前言

本书编写中参考和引用了很多文献资料及图片,在此对参考文献的作者表示衷心的感谢。由于编者水平有限,书中难免有错误和不当之处,敬请专家和各位读者批评指正。

编 者

目 录

前言

项目一　汽车销售与信贷 ·· 1
　　任务 1　整车销售的流程及服务 ·································· 1
　　任务 2　汽车消费贷款 ·· 25
　　项目小结 ·· 32
　　巩固与提高 ··· 32

项目二　购车手续代理服务 ··· 34
　　任务 1　新车证照的办理 ·· 34
　　任务 2　车辆变更、过户、转籍手续的办理 ················ 41
　　任务 3　机动车辆行驶证和号牌遗失补办手续的办理 ····· 49
　　项目小结 ·· 51
　　巩固与提高 ··· 51

项目三　汽车保险 ·· 53
　　任务 1　汽车保险产品 ··· 53
　　任务 2　汽车投保及承保实务 ···································· 78
　　任务 3　汽车保险理赔实务 ······································· 81
　　项目小结 ·· 94

目 录

  巩固与提高 94

项目四 机动车辆碰撞损失的评估 96

  任务1 事故车辆的定损与碰撞损失的评估 96
  任务2 事故车辆车身碰撞损伤的诊断与测量 103
  任务3 碰撞后常损零件的更换 106
  任务4 定损分析及工时费的确定 110
  项目小结 125
  巩固与提高 125

项目五 二手汽车交易服务 127

  任务1 汽车鉴定估价的基本方法 127
  任务2 二手汽车交易 131
  任务3 二手汽车鉴定估价的程序 146
  项目小结 157
  巩固与提高 157

项目六 汽车售后市场的拓展服务 159

  任务1 汽车租赁 159
  任务2 汽车俱乐部 169
  任务3 汽车文化市场 179
  项目小结 184
  巩固与提高 184

参考文献 185

项目一 汽车销售与信贷

【学习目标】

1. 掌握汽车整车的展厅销售流程；掌握对客户进行需求分析的原理及技巧；掌握产品介绍的要点及注意事项；了解试乘试驾的方法和注意事项；熟悉报价成交的基本方法；熟悉交车前准备的要点和步骤；了解售后跟踪的意义及方法。
2. 熟悉汽车销售过程中的相关服务，做到服务周到。
3. 了解汽车贷款的相关知识。

任务1 整车销售的流程及服务

【相关知识】

汽车整车销售大部分是通过各汽车品牌店（4S店）进行，较少部分通过其他销售渠道进行。本任务重点介绍汽车4S店整车展厅销售的流程。

一、销售准备

1. 塑造专业的职业形象

汽车销售相对于其他的产品销售而言，更讲究职业形象，要求销售与服务人员的仪表、气质、素养与所销售的汽车产品相符。

（1）销售人员职业形象之仪表　**仪表**是指人的外表，包括人的容貌和发型等方面。美国人文科学学会研究表明：人与人之间第一印象的好坏，93%取决于对方的外表。第一印象的形成往往只需要几秒钟，但是要改变它却要付出很长时间的努力。所以，仪容仪表对于汽车销售人员树立专业形象十分关键。汽车销售人员每天上班前必须对自己的仪容仪表进行检查，不仅要符合企业要求，同时也可以增强自信，增加亲和力，如图1-1所示。

1）男销售人员的着装要求。

① 西装。对于买来的西装应该拆除衣袖上的商标和标签等；在穿着前应该将西装熨烫平整并扣好纽扣；着西装应该将衣袖放下来，不卷不挽；西装的内衣要巧妙搭配，黑色西装最好搭配浅色内衣，慎重搭毛衣；西装口袋要少装东西，或尽量不装东西。

② 衬衫。衬衫面料以高织精纺的纯棉、纯毛制品为主；必须为单一色彩，白色为佳，无任何图案为佳，禁止同时穿着竖条纹的西装和衬衫；衬衫以无胸袋者为佳，有口袋的衬衫口袋里最好不要塞东西；衬衫袖长要适度（比西装袖口长约1cm）；衬衫下摆要在皮带里放好；衬衫最好每天清洗并熨烫平整；系领带时，衬衫衣扣要全部扣上。

图1-1 销售人员职业形象之仪表
a) 男士 b) 女士

③ 领带。领带以搭配西装和衬衫，美观大方为佳；要保持领带的整洁；领带要服帖并紧贴领口；系领带时要注意结法、长度和配饰等。

④ 皮鞋。搭配衬衫和西装的皮鞋以黑色牛皮鞋为好，并且要保持鞋内无异味，鞋面光亮无尘，鞋底无泥，鞋垫相宜，鞋跟完整。

⑤ 袜子。袜子以深色、单色为宜，尽量与西服和皮鞋同色，要干净、完整、合脚。

⑥ 注意事项。勤理发、勤梳头，无头屑，不宜染颜色过杂或怪异的彩发；头发前不覆额、侧不掩耳、后不及领、面不留须，不留长发和怪发，鬓角不可太长；不使用任何发饰；勤洗手、勤修剪指甲，禁留长指甲，禁抹指甲油；上班前不喝酒，不吃带强烈刺激气味的食物；衬衫下摆必须掖入裤内，不可悬垂于外或腰间打结；袜口不可暴露于外。

2）女销售人员的着装要求。

① 制服。女销售人员的制服要坚持"三色原则"（即色彩应被限定在三种以内）；坚持统一，体现职业，坚持工整，体现专业；忌脏、忌皱、忌破、忌乱。

② 套裙。女销售人员的套裙要造型合身，大小适度，衬衣以单色为佳，最好无图案；穿着到位，上衣最短可以齐腰，袖长以恰好盖住着装者的手腕为佳，裙子最长可以到达小腿中部；上衣领子要完全翻好，衣袋盖子要拉出来盖住衣袋；上衣衣扣必须全部系上，衬衣纽扣除最上端一粒允许不系外，其他纽扣均不得随意解开；上班前务必检查纽扣是否系好、拉锁是否拉好。

③ 女士皮鞋。以黑色牛皮鞋或与套裙色彩一致的皮鞋为宜，忌鲜红、明黄、艳绿、浅紫的皮鞋；以高跟、半高跟的船式或盖式皮鞋为宜，忌系带式和丁字式皮鞋、皮靴及凉鞋等。

④ 女士鞋袜。以单色的尼龙丝袜或羊毛袜为宜，如肉色、黑色、浅灰色和浅棕色等；以高筒袜与连裤袜为套裙的标准搭配，忌中统袜和低统袜。

⑤ 注意事项。头发以自然、端庄为宜；披肩长发应当用深色丝带扎起来，刘海不宜过密过长；避免公开修饰头发；不浓妆艳抹，以自然适度为宜；避免过量使用芬香型化妆品；避免当众化妆或补妆，力戒妆面出现残缺；不宜涂指甲油，不可佩戴手镯和带坠子的耳饰，不宜戴惹眼的胸饰、领花和戒指；首饰最多不超过三种，每种不宜多于两件，不佩戴与个人身份有关的首饰和可能过度张扬"女人味"的首饰；出于礼貌，不可在客户面前脱下上衣，直接以衬衣面对客户；常备备用裤袜保证不时之需，鞋袜不可当众脱下或将袜子脱下去一半；不同时穿两双袜子，不将健美裤、九分裤等裤装当成袜子来穿；佩戴胸牌、丝巾和手表等。

（2）销售人员职业形象之气质　气质是根据人的表情、姿态、行为等元素结合起来的，给他人的一种感觉。汽车销售人员的气质主要体现在表情、站姿、坐姿和走姿等。

1）表情。微笑是汽车销售及服务过程中十分重要的表情。它能拉近销售人员与客户之间的距离，增加客户的信任度，消除客户的戒备情绪，使人心情愉悦，是对付愤怒的良药，如图1-2所示。

图1-2　表情

微笑时应该注意以下几点。

① 眼神三角区。以人的两眼和嘴为大致范围，构筑眼神凝视的"三角区"，称为凝视的标准区域。

② 社交注视。与新客户的谈话，凝视标准区域的时间应占交谈时间的30%～60%，称为"社交注视"。

③ 眼神动作。眼睛转动的幅度不要太快或太慢，应表现出活力。太快表示不诚实、不成熟，给人轻浮、不庄重的印象；太慢则显得没有活力、迟钝。

2）站姿。

① 女士。女士在站立时，要注意表现出女士轻盈、妩媚、娴静、典雅的韵味，要努力给人以一种"静"的优美感。因此，女士在站立时，应将双手相握或叠放于腹前，如图1-3a所示。

② 男士。男士在站立时，要注意表现出男士刚健、潇洒、英俊、强壮的风采，要力求给人以一种"劲"的壮美感。因此，男士在站立时，应将双手相握，叠放于腹前，或者相握于身后，如图1-3b所示。

③ 注意事项。不要两腿交叉，手不宜插在腰间及衣裤袋中，不要扭动身体，不要东张西望。

3）坐姿。入座前应先把椅子轻轻地拉出来请客户入座，请客户坐在右侧；与客户面对面入

a)　　图1-3　站姿　　b)
a）女士　b）男士

座时应采用后退步方式,动作不要太快或太慢、太重或太轻,上半身与桌子保持一拳距离,坐满椅子的2/3;入座后上身垂直,腰部挺起,重心垂直向下,大小腿成直角,膝盖并拢,不跷腿、不抖腿,不要搭拉肩膀、驼背和含胸等,如图1-4所示。

4)走姿。走路过快易给人轻浮的印象,过慢则显得没有时间观念,没有活力,因此速度宜显得整个人稳重且步伐适度;头正颈直,两眼平视前方,面色爽朗,上身挺直,挺胸收腹,两腿跟在一条直线上,脚尖偏离中心线约10°。

① 女士。上体自然挺直,收腹、挺腰、两腿靠拢而行,走出一条直线;步履应匀称自如、轻盈、端庄文雅、含蓄、恬静,显示出女士庄重优雅的温柔之美,如图1-5所示。

图1-4 坐姿

图1-5 走姿

② 男士。步履应稳健大方,显示男士刚强雄健的阳刚之美。

(3) 销售人员的职业素养　汽车销售人员的职业素养主要为内在的涵养,表现为思维严谨、热情大方、专业、态度诚恳、行为得体、处事大气、彬彬有礼等。要做到这些,销售人员必须不断扩大知识量,经常读书学习,陶冶情操,在不断丰富内涵的基础上提升自身的素养。

2. 销售资料夹的准备

在接待客户之前,每位销售顾问都要准备一个销售资料夹,如图1-6所示,包括签字笔、纸、计算器、名片、产品资料、竞品资料、精品单、打火机、保险文件、客户登记表、新车报价单、合同订单、车辆购置费用明细表、上牌委托书、按揭明细表和试乘试驾协议书等。销售顾问销售之前都要确保资料的完整性,以便销售过程的顺利进行。

3. 展厅车辆的准备

(1) 展车的摆放和布置

1) 同一车系的车型应摆放在一起,将本品牌热销车型摆放在展厅的中间位置,注意颜色和排量的合理搭配,以便客户进行选择和比较。

2) 确保车辆之间的距离,确保车门能顺利打开至90°,而不碰触到旁边的车辆,且客户能在每辆车周围轻松绕行。

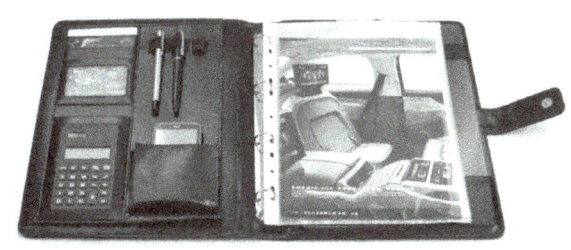

图 1-6　销售资料夹

3）在每辆展车的侧前方树立车辆参数标签，对车辆的主要参数和配置进行说明。

4）所有展车都应放置有注明车辆车型名称的牌子，以便客户辨识。

5）每辆展车都要放一张 CD，以便客户一打开 CD 就可以听到音乐。

6）展车内应铺放脚垫，脚垫若有标志，标志应放正，脚垫脏了要及时更换或清洁。

7）在展车外部可以进行适量的装饰，如布设一些聚焦灯，以突出车辆的优点。

(2) 展车的清洁

1）展示新车时，应去掉车辆表面、转向盘、倒车镜、座椅和遮阳板等的所有保护膜。

2）必须安排专门人员对展车进行清洁和打蜡，每天应不定时检查。因为车辆的光洁度非常高，很容易留下指纹，所以销售人员应随时保持车辆的清洁度。

3）要注意发动机的清洁卫生，并喷涂表板蜡保持光亮；轮胎要喷轮胎亮光剂以保持亮度。

4）要注意将展车夹缝擦拭干净，如发动机舱盖内的四周沟槽、轮毂内侧、油箱盖内、座椅导轨和门铰链等处。

(3) 展车位置的调整

1）同排座椅从侧面看必须是一致的。

2）转向盘调整到最上面、最前面的位置，扩大腿部空间。

3）驾驶座椅调节到最低位置，椅背倾斜度不宜过大。

4）收音机调整到常用电台，音量适中，确保客户打开收音机就能收听。

5）外后视镜调整到与座椅相匹配的角度。

6）车窗玻璃全部降到最底部，斜开启天窗。

7）轮毂中间的品牌标志应摆正，与地面成水平状态，轮胎下面应垫上轮胎垫。

8）确保各项功能运转正常，随时可以交车。

二、接待

接待的一般手势如图 1-7 所示，接待主要包括电话接待（图 1-8）和来店接待等。

1. 电话接待

(1) 准备工作　由内勤人员每天上、下午分两个小时检查以下所有工作并及时补给。

1）电话机旁放置来店顾客的登记表及电话记录表。

2）公司内部电话本。

图1-7　接待手势

图1-8　电话接待

3）有关车型资料、按揭资料、库存信息资料和促销信息资料。

4）售后服务的有关信息资料。

（2）电话礼仪　销售咨询时使用来店顾客登记表，交代、交办业务事项时使用电话记录表。

1）电话响铃三声内接听。

2）自报家门（例如：您好，×××4S中心，我是销售顾问×××，有什么可以帮助您）。

3）主动询问来电原因。

4）如需转接，应在20s内顺利转接电话。

5）销售咨询时，主动邀请对方来店（例如：欢迎您来店洽谈，欢迎您来店试乘试驾）。

6）询问客户的联系方式与方法。

7）给来电者介绍进一步的联络方式。

8）结束时感谢顾客的来电。

9）确认顾客是否还有询问，在客户挂线后，方可挂线。

2. 来店接待

1）第一顺位和第二顺位值班人员在展厅门口值班，观察到达顾客。

2）顾客进店（不限于购车客户，指所有进店客户和售后、销售及兄弟公司领导）时，主动问好，以"您好，欢迎光临。"热情迎接。

3）询问顾客的来访目的。

① 售后维修保养或理赔客户，指引、带领到售后前台。

② 精品部客户则指引至精品超市。

③ 办理其他业务，如找指定人员、部门则按客户需求指引；找公司领导或集团领导，如未预约的则带领客户先到休息区等候，电话通知客户所找的领导，已有预约的请按来访要求指引。

④ 对看车客户要及时递上名片，进行简短的自我介绍并请教顾客尊姓。与顾客同行人员一一招呼，引导、带领顾客到需求车型区看车。

4）第一顺位值班人员离开接待台时，第二顺位值班人员接替第一顺位值班，同时通知第三顺位派人到接待台，循环执行上述1）~3）的程序。

3. 接待技巧

（1）塑造完美的第一印象　顾客在挑选车辆前都会挑选一个他喜欢的销售顾问，所以第一印象对于以后的销售至关重要。实践表明：热情、亲和、专业、客观的销售顾问往往能赢得客户的好感，在整个过程中更容易让客户感受到被尊重。

（2）消除客户的戒备心理　每位客户在购车过程中都有害怕吃亏上当的心理，因此谈话内容应先从寒暄开始，再逐渐扩大话题，切中客户的兴趣爱好和需求。销售顾问通过交流，应跟客户形成朋友式的谈话形式，注意倾听，不打断客户的谈话，不给客户压力，坦诚对待客户，消除客户的戒备心理，并且给客户提供购车方面的帮助，让客户信赖。

4. 接待七大禁忌

1）过早给客户下结论。
2）过早切入主题。
3）直接谈论价格话题（促销、优惠）。
4）提问直接、唐突。
5）不能照顾到所有人。
6）情绪不匹配或波动。
7）给客户的压力太大（语言或行为上）。

三、需求分析

1. 需求分析的目标

需求分析标目标在于销售顾问要能有针对性地提出问题，体现出销售顾问对客户的关怀，为谈判做好准备。

2. 需求分析要了解的信息

需求分析要了解的信息包括以下几个方面。

（1）个人信息　通过愉快的沟通了解顾客的个人信息，包括顾客的姓名、联系方式、职业、职务、兴趣爱好和家庭成员等，从这些基本信息可以分析出顾客所需的车型。

（2）购买愿望　通过轻松愉快的对话，了解客户对车辆造型、颜色、配置和预算的要求，了解客户买车的主要用途、行驶的区域、主要使用者、是否需要置换车辆、对本车以及竞争品牌的了解程度和选车时考虑的主要因素等，从这些基本信息中分析出客户所需的车型。

（3）用车经历　通过观察了解客户现在所用的车型、品牌、当初选购的理由和对用车不满意的原因等，从而选择适合客户的车型进行介绍。

（4）购买时间　在进行客户购车询问时，一定要确定客户的购买时间，对于一年左右才购买的客户可以在以后跟进的过程中，拉长跟进的周期，可以一个月沟通一次；对于三个月内就要买车的客户，在以后跟进的过程中，就要缩短跟进的周期，可以一个星期打一次电话。根据客户的购买时间确定跟进的频率，从而达到较好的效果。

3. 需求分析的关注点

（1）购买角色　要从众多来访者中判断出购买者、决策者、信息收集者、影响决策者、使用者和陪同者等，并了解他们的姓名、联系方式、行业、职业、职务、兴趣爱好和家庭成员等。

（2）意向车型　询问客户现拥有的车型以及给出的预算，运用销售术语了解客户的购买力、购车用途、对本品牌车型的了解和认知程度以及客户关注的竞争品牌的车型。

（3）关注点　要充分运用销售术语了解客户的关注点。

1）服务。包括车辆的价格、提车时间、付款方式、保险服务、精品服务、售后服务、展厅人员的服务和增值服务等。

2）形象。包括汽车品牌、造型、外观颜色、内饰颜色和内饰搭配等。

3）功用。包括空间、功能组合、舒适性和私密性等。

4）技术。包括安全、操控性、配置、动力性和先进技术等。

（4）隐形需求　隐形需求是指某种间接、客观存在的需求，也即关注点的上一级。比如关注价格可能的原因有企业预算有限、经营状况一般和监管部门有要求；潜在的需求可能是内在的驱动力和没有意识到的需求（如可能是决策者身边发生过事故，所以侧重安全，而信息收集者只想知道安不安全）。应通过自由谈话了解客户的重要关注点，从而向客户推荐适当的车型。

4. 需求分析的方法与技巧

1）观察。可通过衣着、姿态、眼神、表情、行为和随行人员等来观察客户。

① 衣着。客户的衣着在一定程度上能够反映其经济能力、选购品位、职业和喜好等。

② 姿态。客户的姿态会在一定程度上反映其职务、职业和个性等。

③ 眼神。客户的眼神可传达购车意向和感兴趣的点。眼睛是心灵的窗户，客户喜欢什么很容易从眼睛中看出来，比如客户一直在看着DVD导航，并试着扳动按钮，从而可以看出客户对导航感兴趣。

④ 表情。客户的表情可反映情绪和选购的迫切程度。

⑤ 行为。客户的行为可传达客户的购车意向、感兴趣点和喜好等。

⑥ 随行人员。随行人员与客户的关系决定着随行人员对购买需求的影响力。随行人员的多少也能从一定程度上说明购车者的决策时间。如果一家人都来，那么当天购车或者近期购车的可能性很大。

总之，观察客户应遵循以下两大原则。

① 随时随地观察。对客户进行进展厅之前至离店的全时段观察，即在停车位、展厅入口、车旁、餐厅和客户休息区等所有客户出现的地点观察客户。

② 从细节入手进行观察。比如观察客户的手表、皮鞋、腰带、眼镜和发型等形象的细节以及语气，还有驾驶习惯、对人的态度、习惯动作和说话口气等语言细节。

2）询问。在观察完客户之后，要积极主动地和客户进行沟通和交流，目的就是询问，而且要根据观察的结果来开始询问。有的顾客知道需求，但不知道什么产品能满足其需求；有的顾客不知道自己的真实需求，因此要通过询问了解客户的真实潜在需求等。

询问时要注意技巧。首先要思考提什么问题；其次是如何表达（时机与方式）；最后对客户的反应做好预判断，设计好应对方式与内容。主动询问的方式主要有"开放式"问题和"封闭式"问题。主动询问的技巧：用开放式的问题鼓励客户表达；利用客户的兴趣点、担忧点和好奇点引导谈话方向；利用客户的观点、评价、经历来发现客户的需求信息；询问的问题中最好带有对客户的关心（利益点）；利用封闭式问题得到确切答案；一般问题，直接询问；敏感问题，巧妙询问。

3）倾听。倾听不仅仅是听，还要听懂，其技巧体现在以下几个方面：忘掉自己的观点，积极回应，适度地提问和复述，不急于打断客户，边听边记。

4）综合与核查。根据对客户的观察、询问和倾听，分析提炼出客户的主要需求，并用提问的方式确认自己的理解是否正确，并进行有针对性的产品推荐。比如，下面就是一个成功的产品推荐过程。

销售顾问：您想买什么款式的车？

客户：我也不清楚哪个款式最合适。不过，我现在用的这辆×××动力性差一些，用了好几年了，其他也没啥大毛病，但我不喜欢太时髦的款式。

销售顾问：我明白了，您是想选一款质量好、动力强劲的车，不过，您不喜欢时髦的是指什么？外形还是功能？

客户：都有，花钱买个没用的功能没这个必要。款式太时尚的车显得不够稳重，接待年纪大的客户不合适。

销售顾问：明白了，您是想要一款质量好、动力强劲、价格适中，最好外形稳重、大方的车，是吗？

5. 主动创造需求

通过对客户的购车需求、动机、能力、风险、情绪、注意、态度、直觉、记忆和环境等进行分析，提示情景化的场景，枚举当地已购车的企业，细致地分析客户的状态，渲染已购车客户的状态，从而创造客户需求。

四、车辆展示

1. 车辆展示的要点和技巧

1）介绍展车应该集中在客户关心的问题上。应针对需求分析的过程中了解的客户需求来介绍车辆。你能说出图1-9 JEEP广告体现了客户的哪些需求吗？

图1-9　JEEP广告

2）车辆展示要让客户听懂。很多汽车专业毕业的同学在给客户介绍车辆时，经常会引用很多专业术语，导致一些客户完全听不懂，以致不能有效地沟通，从而导致汽车销售失败。因此要对客户进行区别介绍，对比较懂车的人可以多用一些专业术语，但也不能太多；对不是很懂车的客户，可以用通俗的语言解说专业术语，以便让客户完全能理解。

3）介绍展车时要形成与客户的良性互动。

① 直接提问。例如直接询问客户：您想了解些什么？什么是您感兴趣的？

② 注意客户的身体语言。例如客户转向/看向哪里？客户在哪里停下来？什么地方他表现得没有兴趣？可以从这些身体语言中得到客户感兴趣或不感兴趣的信息。

③ 注意客户直接发出的信息。例如客户询问车型是什么配置，客户询问车身安全性如何，客户什么时候直接打断我，客户询问车型价格多少，可以从客户直接发出的信息中发现客户的需求。

④ 允许打断。例如在进行车型介绍前跟客户说明：如果您有任何问题的话，请打断我。这样一旦客户有问题时，可以随时打断提问而不会有顾虑。

4）设法使客户参与进来，并鼓励客户动手做一些事。这样做能够更好地体现顾问式服务的平易近人，同时培养客户与车的感情，放松客户的紧张情绪，集中客户的注意力，从而加深印象。

5）照顾到所有人。对于客户带来的朋友、重要参谋、使用者和决策者，应该好好照顾，在给决策者介绍车辆时不能忘掉给使用者、重要参谋、带来的朋友一些关心和照顾。比如，对于带孩子来看车的客户，可以带孩子去店内的儿童游乐区玩耍，给孩子一些糖果或者气球等。

6）尽量用案例、数据或第三方观点去介绍展车。比如激光焊接和定位焊的区别可以用拉链和纽扣来比喻。当用力拉扯拉链和纽扣时，纽扣更容易被扯断，从而说明激光焊接比定位焊更加安全；也可以用报纸、网络上的数据来说明情况；还可以用自己的朋友和客户等来说明问题，比如客户在说这款车的颜色不是很好看时，可以跟客户说前些天一位客户跟您差不多年纪，刚买了这个颜色的车，经常跑工地都不怎么洗车，相当不显脏。

2. 六方位绕车介绍

六方位绕车介绍（见图1-10）要按照客户的兴趣点来说，从客户所在位置开始，巡视车辆一周。

1）第一方位：正前方，如图1-11所示。

① 介绍要点。主要介绍品牌特征、车身造型特点、车辆的整体定位、车标和散热格栅、前照灯特性、刮水器设备、前风窗玻璃和保险杠的设计等。

② 动作要点及注意事项。引导客户至车前方约2m处开始介绍。介绍时与客户保持1m左右的距离，避免给客户造成压力。

③ 示例用语。如"首先请让我给您介绍一下一汽轿车的标志……"。

2）第二方位：右前方，如图1-12所示。

① 介绍要点。主要介绍整车造型、车身技术特性、车身尺寸、漆面特性、悬架特性、轴距和车顶架等。

图1-10 六方位绕车介绍

② 动作要点及注意事项。以手势引导客户走至车辆左前方45°（这是看车的最佳角度）位置，着重介绍整车的流线造型、整体造型、轴距参数、漆面和悬架特性等。

③ 示例用语。如"请问您买车最重视什么呢?"，"外形是大家看车时都非常重视的条件，这辆是新上市的……"等。

3) 第三方位：车辆右侧，如图1-13所示。

图1-11 正前方

图1-12 右前方

① 介绍要点。主要介绍侧面造型、侧面的安全性、轮毂造型，乘员区舒适的空间、乘客区的舒适和娱乐设施、乘员区座椅的调节、后排乘客安全特性和有色玻璃等。

② 动作要点及注意事项。打开侧门，引导客户进入车内，体验车辆的豪华配备，设计

图 1-13 车辆右侧

的造诣,感受车厢内宽敞的空间及座椅的舒适度,如图 1-14 所示。若有同行者,也要鼓励同行者一起坐坐看,同时说明及示范调整座椅的变化,应注意视线要与客户保持一致。

图 1-14 体验车辆的室内配置

③ 示例用语。如"后座大概都是谁在坐呢?"、"您可以到车里去试坐看看……"等。

4)第四方位:车辆后方,如图 1-15 所示

① 介绍要点。汽车的尾部造型,行李箱容积大小,后风窗玻璃的遮阳帘,尾灯(制动灯)特性,后门开启的方便性,备胎、工具和救生包等。

② 动作要点及注意事项。介绍车尾的造型设计,征求客户的意见,引导客户提问,争取让客户参与你的介绍过程,邀请客户动手打开后车门以证明后门开启的方便性。介绍完后,应小声谨慎地关上后车门,并确认客户头、手安全。

③ 示例用语。如"您可以来试开一下这个行李箱,操作起来是不是很轻松呢?"。

图 1-15 车辆后方

5)第五方位:驾驶舱,如图 1-16 所示。

① 介绍要点。座椅的多方向调节,气囊以及安全带特性,转向盘特性与调节,操作的方便性,音响、空调、仪表的特性,腿部空间的感觉,制动系统的特性和变速器的特性等。

② 动作要点及注意事项。打开驾驶座这边的车门，积极地邀请客户入座。等客户入座后，要弯下腰来，将身段放低，切不可趴在车顶或车门边缘与客户说话。也可进入右前座进行讲解，但需征得客户同意后，方可进入。尽量不要坐在后座与客户对话，要认真指导客户进行操作。

③ 示例用语。如"您可以到驾驶座试坐看看。""我方便进去坐在您旁边，向您说明吗？"等。

图1-16　驾驶舱

6）第六方位：发动机舱，如图1-17所示。

图1-17　发动机舱

① 介绍要点。发动机布局，发动机精准的调校，各液面位置，隔声与发动机的安静特性，发动机悬架的避振设计，环保特性，前部的安全性和行人保护等。

② 动作要点及注意事项。打开发动机舱盖并确认支撑已固定好后再进行解说。根据客户的情况把握介绍的内容，征求客户的意见以确定是否介绍发动机。在开关发动机舱盖时要保持安静，并确认客户头、手位置的安全。这是六方位绕车介绍的最后一步，介绍完时可询问客户看完展示车的感觉，可根据客户的疑问就之前的部位再进行详细的讲解。

③ 示例用语。如"您一般对排量有什么要求吗？""请问您还有其他的什么问题吗？可以提出来，我再给您讲解一遍。"等。

3. 运用 FAB 利益销售法强化客户利益

（1）FAB 利益销售法 即在进行产品介绍、销售政策（进货政策）和销售细节等表述的时候，针对客户的需求意向，进行有选择、有目的的逐条理由的说服。

1）F 指属性或功效（Feature 或 Fact），指产品设计上给予的特性及功能，可从各种角度发现产品的特性，例如从材料、制造工艺、功能和外观等方面着手。

2）A 指优点或优势（Advantage），解释产品特性和功能带来的优势之处，或超越竞争对手的有哪些地方，例如双温区恒温空调较普通空调带给客户的好处是驾驶座与副驾驶座可以分别调节温度，让客户体验个性化服务，乘坐更加舒适。

3）B 指客户利益与价值（Benefit），即这一优点所带给顾客的利益。例如："你不再一定要到维修中心寻求帮助，因为服务代表能够使用便携式修理工具为你修车。"

（2）FAB 优点到特殊利益（好处）的表达方式 例如：这对于您来说意味着……这给您节省……这能为您减轻……短期内这意味着……长期会给您带来……这给您带来……这简化了……对此您能得到……

4. 异议处理

在车辆展示的过程中，客户会产生很多异议。客户产生异议的原因有以下几种：客户的本能反应、产品本身的原因、和竞争品牌的比较和自身认识上的误区等。客户产生了异议不代表拒绝，大部分异议是表达客户有兴趣进一步了解和认知，异议处理得当能让客户坚定买此款车的信心，异议处理不好则可能遭到拒绝。所以，异议的处理相当重要。

（1）反问法 针对那些你一时不知道如何回答的问题。

客户：我朋友刚买了一辆车，比你报价便宜 5 万多元。

销售顾问：买车是应该多比较一下价格。请问您朋友买的是什么型号的车？带真皮座椅吗？带六碟 CD 吗？带……？

（2）"认同"法 针对那些我们的确存在的问题。

客户：去年×××好像召回了吧，是不是质量不过关？

销售顾问：看来您很关注×××啊！×××公司在去年 12 月下旬向质检总局提交了召回报告。召回的原因是驻车制动×××的管套可能磨损，备胎螺钉可能松动。我们的 20 多个老客户都没出现问题，换了新部件后用得更放心了。

（3）延期法 针对那些一时难以说清楚的问题。

客户：听说×××车没有×××车坐起来舒服。

销售顾问：您也听别人这么说过啊。×××系车的舒适性确实可以。这样吧，您什么时候有空我们给您安排一次试乘试驾，让您亲自感受一下×××车乘坐和驾驶的感觉。

（4）抵消法 用优点去抵消缺点。

客户：×××车好是好，但是有些贵。

销售顾问：我们老客户其实以前都觉得×××车有点贵，但用了一段时间之后就会发现还是挺值得的。他们都说客户看到来接他们的是×××商务车的时候，眼睛都在放光……

异议处理应首先对客户遇到的问题表示理解，其次运用以上四种方法进行应对，但是还要避免处理异议的错误做法。异议处理应避免以下处理方式：

1）直接反驳。例如：不……这是不对的……这个我还从来没听说过……这是您看错了……我告诉您吧，什么是对的……这种直接反驳客户的回答都是不合理的，即使客户的说法是错的也要婉转表达。

2）教训客户。例如：我不知道您从哪里得来的这个信息……您应该仔细读读资料说明书……我和您说过了，您应该知道的……这是谁和您讲的等训斥客户的语言都是处理异议的禁忌，不管客户的问题有多荒谬，都要先平复情绪，再跟客户慢慢解释。

3）诋毁竞争产品。例如：您看，×××车实在很烂，在动力性上，那车可比我们差远了……我觉得×××车根本是在欺骗客户等诋毁竞争品牌的语言也是不能出现的。作为一名销售顾问，应该站在客户的角度客观分析本产品和竞争品牌的优缺点，并提出建议，这样客户才会感受到销售顾问的真诚服务。

五、试乘试驾

1. 试乘试驾的意义

1）在试乘试驾中为客户提供更优质的服务，有助于提高客户对产品、对销售顾问和对经销商的信心，相当于增加了我们表现的时间，提高了购买几率。

2）强化客户对车辆各项性能的印象，加深体会，增强其购买信心和购买几率。调查表明，最好的推销方法就是把产品送给客户试用，一段时间后，客户对产品产生了依赖，有了感情，再去做销售说服工作，那就会容易很多。

2. 试乘试驾的流程

销售顾问应适时邀请客户进行试乘试驾，其流程分为以下几个部分。

（1）试乘试驾前的准备工作　试乘试驾前，销售顾问要准备好以下内容，以便试乘试驾能顺利进行。

1）资料的准备。在试乘试驾前要准备以下资料：车辆行驶证、保险单、赔偿表、试驾协议书、试乘试驾跟进表、意见调查表和试乘试驾检查表（内部使用）。

2）车辆的准备。每家4S店都要准备试乘试驾车辆供客户试乘试驾使用，一般不同排量、不同车型各一辆，车型一般都是最高配置，这样可以让客户感受到更多的功能。在试乘试驾前，要检查试乘试驾车的车况，加满油，保持车辆整洁、气味清新，车内不能放置其他与试乘试驾无关的闲置物品，铺好车内脚垫并保持脚垫整洁。试乘试驾车辆应停放在单独的试乘试驾区，车内准备好CD、纸巾和水等用品。

3）路线的准备。一般4S店会在店附近特定区域进行试乘试驾，行驶路线一般包括直路（体现车辆的加速性能、操控性和制动性能等）、颠簸路（体现车辆的舒适性）和弯道（体现车辆的转弯能力和稳定性等）等。销售顾问应提前实地查看确认路况是否有变化，如修路、改道，并将试乘试驾路线制成路线图。

4）客户的准备。提前跟客户确定试乘试驾时间，提醒客户带驾照、穿运动鞋等，询问客户有没有特殊要求，是否携带家人同来并核实试驾者的驾驶技能。如客户未曾预约来到店中，应经检查，条件符合者都可以进行试乘试驾，但是要防止客户穿高跟鞋驾驶车辆，以防发生意外。

（2）试乘试驾前的工作　在试乘试驾前给客户讲解流程和相关规定，签署试驾协议，登记驾驶证并复印存档，填写相关信息，并且介绍行驶路线，向客户解释车辆的基本功能和使用方法，指导客户调整各项装备（座椅、倒车镜和音响等）。如不是销售顾问驾驶车辆，应介绍其他陪同人员，并提醒客户系好安全带。

（3）试乘试驾中的工作　在试乘试驾过程中，先由销售顾问开第一段路，边示范边讲解。驾驶过程中简要地提醒客户体验的重点内容，以强化客户对该车的感受。选择安全地点换由客户驾驶，先将车熄火，再拉起驻车制动器。销售顾问要及时记录客户的个性化要求，提醒客户注意安全，如有危险和违章动作，应果断制止，并向顾客讲解保障安全的重要性，取得谅解后，改试驾为试乘。

（4）试乘试驾后的工作　提醒客户携带随身物品，以免遗忘在车内；引导客户回到展厅洽谈区，提供免费饮品；询问客户试乘试驾的感受并填写意见调查表，强化驾驶感受，激发客户的购买冲动；对于客户试驾中的个性要求进行重点解释和异议处理，以进入报价阶段；对试驾车辆进行基本检测。

3. 试乘试驾的核心要素分析

在试乘试驾前，销售顾问不承诺试乘试驾感受；试乘试驾前车辆准备要充分，确保流程的顺畅；针对前期信息制订详细的计划；试乘试驾过程中对客户进行仔细观察，对各种情况做到随机应变；事后强化针对性并准确及时跟进。

4. 试乘试驾过程中应注意的事项

（1）试乘时的注意事项

1）让客户熟悉路况，为接下来的顺利试驾做好准备，也让客户熟悉车内的各项配备。

2）销售顾问在驾驶的过程中要向客户讲解此次试驾的主要内容，让客户了解在什么地方体验加速性能，什么地方体验制动性能，什么地方体验转向性能，什么地方体验悬架系统，什么地方感受舒适性，什么地方感受爬坡性能等。这样一方面提高了试驾的效果，另一方面也提高了试驾的安全性。

3）销售顾问在驾驶过程中，要注意提醒客户，体验乘坐的舒适性，并通过自己边驾驶边介绍，让客户对车辆有更加真切的感受。

4）销售顾问驾驶车辆时，要依据车辆行驶的状态进行车辆说明，全面展示车辆的动态特性，让客户有更真切的感受。

（2）试驾时的注意事项

1）在预定地点停车，此地点必须为安全地带，销售顾问与客户交换位置，由客户驾驶汽车。

2）再次提醒客户安全驾驶的有关事项。等客户坐在驾驶室内时，再把钥匙递给客户，以双手将钥匙递交于客户，以示对客户的尊重。

3）销售顾问一定要在客户的视线范围内换副驾驶座，避免出现意外。换位后协助客户将座椅、后视镜、音响和转向盘等调节到最佳位置，并确认客户系好了安全带。请客户体验起动发动机的快感和发动机在怠速情况下车舱内的静谧。在市区路段，请客户将车窗关好以感受良好的车舱隔音效果。在等红灯时，请客户来回挂入空挡和D位，测试入挡的平顺感。

4）在客户驾驶的过程中，销售顾问的话要少些，让客户自己去体验。

5）销售顾问要仔细倾听客户的谈话，观察客户的驾驶方式，发现更多的客户需求，并耐心解决出现的问题。尽管试乘试驾之前销售顾问在车辆介绍和试驾前准备工作里都已经为客户做了详尽的解释，但只要一上路试乘试驾，客户仍然会有很多问题。这是个好现象，因为互动式交流可以进一步了解到客户的需求点。

6）当客户在驾驶过程中出现危险动作时，销售顾问应及时制止，以确保客户与车辆的安全。

7）对于驾龄不是很长并且不是经常开车的客户，建议试乘。对于随同客户的老人、孩子和孕妇等，不建议随车试乘试驾。

六、报价成交

1. 正确认识价格谈判

1）客户对价格抱怨并不都能通过价格谈判来解决，价格谈判只能解决客户想压价或得到特惠待遇的问题。

2）价格谈判是帮助客户实现汽车梦想的重要一环。

3）有意识地控制客户的期望值。

4）对等双赢。

2. 价格谈判的时机把握与心理暗示

（1）确定是否进入到了报价成交环节　判断是否进入报价与成交环节非常重要。因为，在不恰当的时候讨论价格不仅无益于成交，而且还会浪费销售顾问的销售机会。客户提到价格不一定算是进入了价格成交的环节。

1）没有准备购买。客户第一次询问通常不会做出决定！在客户不打算做决定的时候与其谈论价格是浪费时间！浪费时间就是浪费成交机会！客户没有准备购买的表现为：在展厅内四处看；询问价格时漫不经心；询问的问题相对浅显；围车一周后问车价。

2）准备购买。当客户准备购买时，要注意同客户不断地交流产品信息是一个无休止的过程。这种无休止的交流同样是浪费客户的时间。浪费客户的时间就是错失良机。客户准备购买的表现为：来过两三次；最近电话联系频繁；对竞争车型了解清楚；出现了准备交易的"信号"。

（2）报价与成交前的心理暗示三部曲　进行心理暗示有几个重要的作用：控制客户的期望值；拉近与客户的关系，打消陌生感；通过介绍产品的特点，激起客户的购买冲动；通过介绍产品的销售量，消除客户的恐惧。

1）第一步——在进入价格谈判前将车价暗示给客户。我们是专业、正规、诚信的经销商；主动道出最近客户的成交价；充分展示自己关心客户利益的形象。

2）第二步——重温熟悉感。在客户进店的时候就应能叫出客户的姓名；总结出客户最关注的车的要点；提示第一次来访时的情景（当时的天气、陪同人员和特殊情况等）。

3）第三步——简单介绍一下这段时期的变化。车市的变化（价格——最近车又涨价了，特别好卖）；我的变化（荣誉——我的业绩不错）；车行的变化（销量——您看上的那款车又卖出去三台）。

3. 向客户解释报价单

在向客户解释报价单时，应该注意以下事项。

1）销售顾问应该详细地向客户解释报价单，包括产品型号和选装件，并让客户确信这辆车符合客户的个性，同时报价单上应有销售顾问的签名。

2）确保报价单上包含详细的车辆信息（无论是标配还是选装件）、销售顾问和经销店的联系方式和相应条款等。技术参数以及图片等也可以包含在报价单中。

3）利用递交报价单的机会介绍金融服务和售后服务。

4）在递交和解释报价单时避免接听电话。

4. 价格谈判的策略

1）"坚持公司产品的价格"和"坚持自我品牌的价值"重要性。价格如同销售顾问的尊严，传递给客户这样的信息：天下没有免费的午餐。

2）不要首先提出任何折价。适度但不盲目地坚挺价格，拒绝客户的第一次换盘，并努力挖掘客户更多的信息。

3）在合理的范围内报价。每一次降价都要换回客户的感谢与认同，合理报价，递减降价。

4）最多让步两次，同样的方法不要重复使用。

5）强调"物有所值"。强调产品能很好地满足客户需求；售后服务可消除后顾之忧；自身4S店的信誉和地位优势；销售顾问与客户信任关系的确立等。

6）转移法。如果客户在价格上要挟你，就和他们谈质量；如果客户在质量上苛求你，就和他们谈服务；如果客户在服务上挑剔你，就和他们谈条件；如果客户在条件上逼近你，就和他们谈价格。

7）适度地进行压力推销，促使客户让步。

8）设置门槛来终止谈判。给客户寻找一个心理平衡点，适当降低期望，利用虚拟底线终止谈判。

5. 跟进与成交的方法和技巧

（1）如何判断成交信号　销售顾问可以通过倾听与观察客户的语言和动作两个方面进行判断。当出现以下信号时，销售顾问要注意客户有成交的倾向。

1）语言信号。客户问及使用方法及售后服务；询问货款支付方式；询问提车时间及应办的手续；请教你买车后的相关事宜，比如保养车、使用注意事项；询问车内装饰和上牌照需要的时间；要求看新车（而不是展车）；要求找经理谈谈；询问能否帮助要个好车号。

2）行为信号。再次坐在驾驶座位，握住转向盘，设想驾驶的感觉；再次观看车辆，查看车的一些细节部位；向后仰，靠在椅背上舒展身体；多次来展厅，后又带亲属、朋友一起来；关注新车的里程；表现得焦虑不安；不断吸烟、不断开关车门；对车的细微部分比较关注；不停打手机等。

（2）促成交易的技巧　促成交易的技巧可以分成以下几种。

1）直接请求成交法：是指直接以问题的形式询问客户是否购车。例如，销售顾问对客户说："×××先生，你对我刚才介绍的新款×××是否满意？"

2）假定成交法：是指假设客户已经买车，将会享受什么样的服务。例如，销售顾问对客户说："如果您今天下单的话，我们将会送您万元大礼包。"

3）保证成交法：是指销售人员直接向客户提出成交保证，促使客户立即成交的一种方法。例如，销售顾问对客户朱先生说："您放心，我们×××汽车的售后服务是最令人放心的，我们7500km给您免费首保一次，还给您两年60000km的保质期，只要在保证期内不是人为因素损坏，都可以由本店售后部门免费维修。"

4）选择成交法：是指推销人员为客户设计出一个有效成交的选择范围，使客户只在有效成效范围进行成交方案选择的一种成交技术。例如，销售顾问："李先生，我可以为您减去3000元，这意味着您只需付487000元"。客户："您说的是487000元……"客户："哦，我回去考虑考虑，明天再说。"销售顾问："好吧，没问题。毕竟这是一大笔钱。每天9点以后您都能在这里找到我"。

5）留有余地成交法：是指销售顾问对优惠措施先行不谈，等到最后关键时刻再进行提示，这是成交的最后法宝。例如，面对很想买车但犹豫不决的客户，销售顾问对客户说："先生，我去请示下经理，看看能不能再给您优惠点？"于是，销售顾问到经理室，把经理请下来，表示对客户的重视，让经理说出销售顾问留有的优惠，这样更容易促成成交。

6）T字形法（利益汇总法）：是指将购车为客户带来的好处一一罗列出来促使客户下决定成交。例如："有了车，您以后再也不用挤公交了，下雨天也不怕拦不到出租车了；有了车后，每个星期都可以带家人出去自驾游；有了车后，冬天再也不用戴着手套、围巾上班，只需要打开汽车、开着空调、听着音乐，享受高品质的生活。"

一般，客户不能成交的原因有可能是以下几种：需要再和家人商量、觉得价格不合适、钱不到位。即使客户没有购买我们的产品，也不要气馁，有好的开始就应该有好的结束，不论交易是否成功都衷心赞扬客户的选择，亲自将客户送到门外，感谢客户对本品牌的关注，如有困难仍可提供帮助，表达今后合作的希望。

七、新车递交

1. 新车递交的重要性

抓住客户的兴奋点对销售人员非常重要。从图1-18中可以看出，对于客户而言，交车时客户的心情最为兴奋和激动，对于销售顾问而言，促成签约时最为兴奋和激动。因此，为促成交易，应努力使自己的兴奋点和客

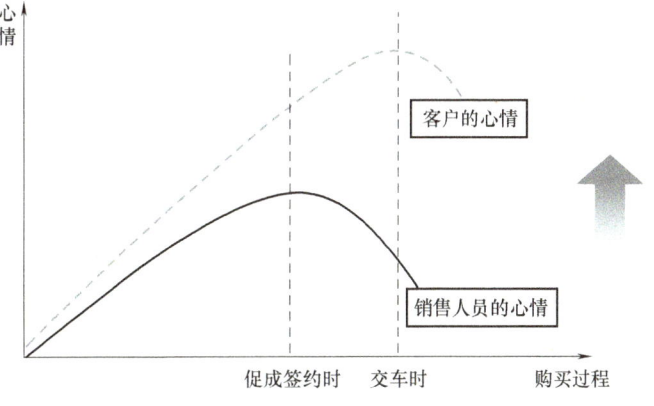

图1-18　新车递交的心情对比图

户的兴奋点重合。在这个过程中，客户期待着销售顾问向他多次保证他的购买决定是对的，并且乐于分享他得到崭新××商务车的喜悦。

新车递交是客户考察服务的开始。交定金前销售顾问热情的服务是想达成交易，交完定金后的服务才是真正的服务。新车递交中的服务是衡量销售满意度指数的关键点。

新车递交也是获得长期利益的开始。一笔交易的成功没有什么值得骄傲的，客户就像一颗种子，获得长期利益才是公司和销售顾问的追求。成功的销售顾问追求的是长期利益，是回头客。而想要获得回头客，追求长期利益，就必须让你的客户满意。真正让客户满意的开始就是交车这个环节。推销活动真正的开始是在成交之后，而不是之前。真正的技巧也不仅仅是指如何把车卖出去，而是让你的客户成为你的义务推销员。

2. 新车递交的准备工作

交车前应做的准备工作如下：在交车前应该准备好需要签字的各种文件和PDI检查表（4S店对车辆的检查表）；检查车辆是否清洁、清新，将车放在适当的位置，并注意布置车辆交车；协调好售后服务部门的人在交车时到场；进行一些特殊安排（相机、鲜花、小礼物等）；与客户协商，确定交车时间并查明与客户同行来提车的人及交通工具（潜在客户）。

3. 新车递交的流程

（1）欢迎客户到店接车　在接待客户前，应确保交车区域安静整洁，并备好饮品、花束等；应确保手续、表格流程的通畅；应确保车辆的所有资料齐全；在客户到来前，在4S前门牌子上写上"恭喜×××先生喜获爱车"。

当客户到店时，销售顾问应以热情的态度欢迎客户并恭喜客户购买×××车，流程如下：

1）前台通知客户到达后，前来迎接并问候客户和所有陪同人员。
2）引导客户至交车区域，向客户及陪同人员提供欢迎茶点，以放松气氛。
3）整体介绍交车的流程和时间表，并判断客户对不同交车环节的重视程度。
4）向客户建议首先完成所有书面文件，如果客户有不同意见，应当灵活处理。

（2）移交钥匙　在移交钥匙之前，应带领客户结清所有费用，并要求客户在交车文件上签字，将相关文件移交客户，包括操作手册、保险手册和车辆钥匙等。告知客户×××车的道路援助联系方式以及该方式在文件中所在的位置，流程如下：

1）结清所有费用。
2）浏览所有文件，一一检查并解释。
3）确保客户在所有需要签名的文件上签名。
4）从客户处获取所有应得而未得的资料或文件。
5）利用PDI检查单或交车检查单进行检查，以避免遗漏。
6）解释发票各联的作用，提醒只有一份。
7）再次核对客户姓名与身份证。
8）解释合格证和保养手册的作用，提醒只有一份。
9）讲解保养维修手册。
10）告知车辆保养维修的各项规定，在维修手册中标注本经销商的位置，将2~3张本人名片夹入维修手册。

（3）车辆讲解、演示

1）带客户走近车的同时，演示钥匙遥控器的使用方法。

2）提醒客户再一次检查车辆的外观漆面。

3）告诉客户发动机号、车架号的位置并和客户共同核对。如有客户询问，可告知液面正常高度。

4）与客户清点工具，并告知车辆备胎及千斤顶的使用注意事项。

5）让客户站在车前车后，自己入驾驶座，检查车辆灯光。

6）招呼客户近前，告知客户灯光按钮的使用方法，做喷玻璃水和刮水器演示。

7）让客户坐副驾驶座，演示音响、空调，检查点烟器、仪表盘故障显示灯（天窗演示、CD使用、巡航定速）。

8）自己和客户均下车，请客户入座驾驶座之前，告知轮胎的正常状态及油箱盖里侧的气压标值。

9）让客户入座，调节座椅和后视镜，提醒贴好临时车牌。

在车辆讲解、演示过程中应注意以下几点：在检查车况时，尽量要同客户一起参加；检查完一项，在客户面前标注一项，标注完后一定要客户签字确认；交车标志着销售过程的结束以及车主周期的开始，介绍（对该客户）负责的服务顾问以及跟进电话事宜，将客户转化为将来的业务伙伴；呈上礼物并与客户合影留念（如果客户同意）；以上提到的人员应参与仪式，恭贺客户并报以掌声（如果可行）；与客户确认之后的服务跟进以及客户接收的联络方式，简要介绍跟进的内容；服务顾问讲解车主手册并说明车辆保养周期。

（4）提醒和道别

1）再次向客户表示感谢。

2）询问客户是否满意（填写客户满意度调查表）。

3）告知客户如有任何问题可致电本人或服务顾问。

4）提醒如有朋友对您的车感兴趣，可推荐来试驾。

5）提醒后期 CSI（服务满意度指数）/SSI（销售满意度指数）问卷。

6）提醒后期 CRM（客户关系管理）跟进电话。

7）提醒销售顾问的销售跟进电话。

8）目送客户离开。

八、售后跟踪

1. 维系客户关系的价值

世界上最伟大的销售员——乔·吉拉德曾经有著名的乔·吉拉德250定律：冒犯一个人就冒犯了250人，你让一个人不满意，就有250人让你不满意！维系客户关系的价值在于：每一位满意的客户都能给企业带来长期甚至意想不到的利益。一个满意的客户至少会向其他3个人讲述他的经历，而开发一个新客户的成本是维持一个老客户的6倍。忠诚的客户会再次购买，介绍新客户，协助销售等。

2. 客户的建档与分类

客户信息是一笔宝贵的财富，要随时随地详细地记录下来。在记录过程中应注意分清等级：按照客户价值、与自己关系的亲密度等综合评价；记全信息，包括年龄、职业、行业、爱好和家人等，方便今后沟通，例如找到关心和交流的话题等；使用卡片，利于客户等级的排序，方便更新调序。

3. 客户跟踪的方法与技巧

（1）第一封感谢信　第一封感谢信应在向客户交车的 24h 内发出。因为感谢信的作用，客户周围的人会恭喜他购得爱车，更重要的是可以传递专营店做事规范、值得信赖的信息。这个重要信息有可能影响到这群人当中的某一个成为你的潜在客户。

（2）第一次回访　销售顾问要在交车后的 3 日内亲自回访客户，一来可以感谢客户买车；二来询问客户对新车的感受，有无不明白的问题；三来可以及时处理客户的不满和投诉。回访结果要如实记录到"访问记录报告表"中。

（3）第二次回访　新车交付后 7 日内，销售经理应对客户进行回访，内容包括以下几项。

1）询问客户对新车的感受。
2）询问客户对销售顾问服务的满意程度。
3）询问客户有无投诉，若有则如实记录，并及时解决。

最后将回访结果记录到"访问记录报告表"中，并审核销售顾问填写的信息。

（4）定时与客户联系或见面　寻找合适的时机，巧用工作顺道等方式去看望客户；了解车辆的使用情况，提醒客户做常规保养和车险续保；还可以投客户所好，通过打球、钓鱼等活动增进与客户的友谊，变商业客户为真诚的朋友。

（5）对客户日常的关怀　及时通知客户有关专营店免费保养活动和汽车养护知识课堂等相关活动信息，传递有关新车和新品的上市信息；客户的生日、节日或者纪念日要及时发出祝贺；看到有趣的笑话也不忘用短信或者邮件的形式与客户一起分享等。所有的这些关怀都会在无形中博得客户的好感和信任。

在售后跟踪过程中，应遵守以下原则。

1）提供朋友式服务——真诚。
2）提供顾问式服务——专家。
3）总是恪守承诺——诚信。
4）主动联系客户——体贴。
5）终生服务——永恒。

【技能训练】

训练1　运用 FAB 法对汽车六方位进行介绍

1. 目的

1）准确进行需求分析。
2）熟练运用 FAB 法对车辆六方位进行介绍。

3）能够将专业术语用自己的语言表达出来，做到通俗易懂，并且设置客户买车后的美好场景，为客户做出决定奠定基础。

4）能够有效地与客户进行沟通交流，对客户关注的问题进行详细讲解。

2. 准备

销售文件夹一只，性能正常的上海帕萨特、丰田卡罗拉展车各一辆，着正装，戴胸牌，女生系丝巾，男生系领带。在商务实训区内进行实训（包括前台接待、谈判区等）。实训前布置学生自学帕萨特和卡罗拉轿车的相关配置和技术，并掌握六方位介绍的要点。

3. 学习情境

一个合格的汽车销售人员应该具备什么技能以及什么素质呢？任何一个人是否都有可能成为优秀的汽车销售人员呢？

4. 步骤

1）将同学分成三人一组，每组都由两名客户和一名销售顾问组成。

2）将事先准备好的两种客户类型发给客户，一种客户需求是经济型家庭用车，要求省油耐用；一种客户需求是商务用车，要求大气、稳重。注：一定要在销售顾问不知道客户类型的情况下进行。

3）设置场景：客户在展厅看车，销售顾问上前接待，对客户需求进行分析，然后选定一辆车进行具体介绍。

4）分别从车辆的正前方、右前方、车辆右侧、车辆后方、车辆驾驶室和发动机舱六个方位对汽车进行讲解。例如在车辆右侧重点讲解车辆的安全性，帕萨特轿车的激光焊接技术，一次性冲压成形的车门等。

5）运用FAB法介绍车辆。例如对于ESP车身稳定系统，首先介绍ESP的性能：能够主动探测和分析车况，当车辆急速转弯时能够修正车辆的行驶状况；然后介绍ESP的优点：使车辆稳定；最后介绍ESP给客户带来的好处：可以在紧急情况下最大限度地保障客户安全。还可以举例说明：国外一些国家的汽车都是标配ESP，我国现在也慢慢开始对车辆进行ESP普及。又如，奔驰唯雅诺商务车六座所有的座椅都配备双侧扶手，这样可以保证每位乘员享有同样的舒适空间，带来乘坐头等舱的体验，每位乘员都满意就更能体现您公司尊重客户的良好商业形象。

6）从客户所在的位置进行六方位介绍。例如，客户现在在汽车的后方，那么直接从汽车的后方开始进行六方位绕车。所以六方位绕车应该灵活运用，因地制宜。

7）最后对每组同学的表现进行评价打分。

8）分配学生关闭好车窗，关闭车上的用电设备，调整座椅到实训之前的位置，打扫车内以及商务实训区的清洁卫生，摆放好座椅，放置好文件夹，离开实训区。

5. 学习评价

学习评价见表1-1。

项目一　汽车销售与信贷

表1-1　六方位训练的学习评价

序号	项目	操作内容	规定分	评分标准	得分
1	准备	帕萨特轿车相关资料的准备 卡罗拉轿车相关资料的准备	10分	酌情扣分	
2	客户接待	是否递名片 递名片的时机是否恰当 与客户沟通是否顺畅、轻松	15分	操作不当扣1~5分 操作不当扣1~5分 操作不当扣1~5分	
3	需求分析	准确把握客户的需求 能为客户准确介绍需求车辆	15分	操作不当扣1~5分 操作不当扣1~10分	
4	六方位介绍	是否运用了FAB法对车辆进行讲解 是否熟悉掌握车辆六方位的介绍要点 是否抓住客户的兴趣点重点介绍	45分	操作不当扣1~15分 操作不当扣1~20分 操作不当扣1~10分	
5	安全文明	无安全隐患,无不文明操作	5分	未达标扣1~5分	
6	结束	工、量具清洁归位 工作场地清洁	5分 5分	漏一项扣1分,未做扣5分 清洁不彻底扣1~5分,未做扣5分	
	总分		100分		

训练2　汽车销售流程训练

1. 目的

1）熟练掌握汽车整车销售流程及每个流程的要点。

2）学会正确与客户沟通的技巧。

3）熟练掌握销售接待中的礼仪。

2. 准备

销售文件夹一只,性能正常的同一平台的整车两辆、CD一张。在商务实训区内进行实训（包括前台接待、谈判区等）。

3. 学习情境

黄女士决定买一辆车,而且还想买一辆好车。最初,她决心买的是一辆大众车,因为她听朋友说大众车质量好。在跑了大半个重庆城,看了很多售车点并进行反复的比较后,她却走进了她家附近一个新开的上海通用汽车特约销售点。如果你是销售人员,你如何做好接待工作?

4. 步骤

1）实训前先进行销售软件学习,确定项目内容。

2）将同学分组进行实训,每组3名同学,一名扮演销售顾问,两名扮演客户。

3）客户从进入到商务实训区开始,销售顾问从展厅接待到需求分析到车辆展示到试乘试驾到报价成交到新车交接到售后服务都进行演示。

4）剩下的小组在旁边参考学习。每结束一组，剩下几组都对其进行评分，并说出做得好的地方和不足的地方。

5）最后教师对每组同学进行讲解总结，分享优点，改掉缺点。让同学们把优点记下来，以便进行改进。

6）分配学生关闭好车窗，关闭车上的用电设备，调整座椅到实训之前的位置，打扫车内以及商务实训区的清洁卫生，摆放好桌椅，放置好文件夹，离开实训区。

5. 学习评价

学习评价见表1-2。

表1-2 销售流程训练的学习评价

序号	评分项目	操作内容	分值	评分标准	得分
1	准备	实训软件的学习	5分	酌情扣分	
2	客户接待 需求分析	接待礼仪 通过谈话了解客户需求	30分	操作不当扣1～15分 操作不当扣1～15分	
3	车辆展示	对车辆展示流程要点的掌握	15分	操作不当扣1～15分	
4	其他流程	试乘试驾流程的要点 报价成交流程的要点 交车流程的要点、售后服务流程的要点	30分	操作不当扣1～10分 操作不当扣1～10分 操作不当扣1～10分	
5	安全文明	无安全隐患，无不文明操作	10分	未达标扣1～10分	
6	结束	工、量具清洁归位 工作场地清洁	5分 5分	漏一项扣1分，未做扣5分 清洁不彻底扣1～5分，未做扣5分	
		总分	100分		

任务2 汽车消费贷款

【相关知识】

汽车消费贷款即对申请购买汽车的借款人发放的人民币担保贷款，是银行与汽车销售商向购车者一次性支付车款所需的资金提供担保贷款。随着人们消费观念的改变，汽车消费信贷也越来越被大众接受并广泛运用。目前，全世界有70%的私人用车是用贷款购买的。汽车消费信贷已成为世界上汽车消费的主流方式。我国汽车信贷于1995年才开始起步。目前我国用信贷买车的比例只有25%左右。相对于全球信贷市场，我国汽车信贷市场还有很大的发展空间。

一、发展汽车消费贷款的必要性

在国家统计局的分类中，汽车工业是一个包含了六个子行业的大行业。汽车行业可以带动钢铁、冶金、橡胶、石化、塑料、玻璃、机械、电子和纺织等众多相关产业的发展，对国家经济和地方经济能产生巨大的拉动效应，是"1∶10 的产业"，即汽车工业每增加一个百分点的产出，能够带动整个国民经济总体增加 10 个百分点的产出。据统计，2009 年我国汽车工业总产值占 GDP 的比重已经超过了 8%，可见汽车工业在国民经济中占有重要的地位。

刺激汽车消费的主要政策包括费改税、车辆购置税下调、放宽汽车信贷、加速汽车报废和鼓励发展新能源汽车等措施，其中放宽汽车信贷的发展空间最大。据统计，2010 年 3 月我国汽车消费信贷比例仅有 7.8%，2011 年受央行连续加息的影响，车贷成本上升，致使汽车消费信贷比例一直维持在 10% 以内。然而来自世界主要国家汽车消费贷款的统计数据显示，贷款购车最盛行的西班牙占比高达 80%，其次是美国和英国，均为 70%，德国和日本分别为 60% 和 50%，发展中国家印度也高达 65%。可见，我国汽车消费信贷市场具有巨大的发展空间。

二、我国汽车消费贷款的现状及存在的问题

1. 我国汽车消费贷款的现状

目前我国汽车销售中，最多只有 25% 涉及汽车信贷，而全球市场的这一比例平均达到 70%。由于种种原因，目前国内汽车经销商有将近 40% 面临倒闭，80% 的汽车经销商处于亏损状态。

2. 我国汽车消费贷款存在的问题

（1）缺乏个人信用制度　在国外，很多国家都建立了健全的个人信用制度，为消费贷款打下了良好的基础。我国尚未建立起个人信用体系，对个人资信评估缺乏统一的客观标准，从而影响了银行对贷款申请人信用的调查评定，迫使银行在放贷时只能靠不断提高"门槛"来防范风险，从而造成手续繁杂、条件苛刻的现状。

（2）我国汽车消费的贷款提供方比较单一　从国内汽车金融市场的格局看，我国仍处于汽车金融市场的发展初期，商业银行占据汽车消费信贷的主导地位，其占比高达 80% 以上。国内汽车信贷市场缺乏公平竞争的环境，商业银行由于有政策的支持处于明显的优势，而汽车金融公司由于政策的限制不能与商业银行公平竞争，就使贷款来源无形中趋于单一化。从中国人民银行提供的数据来看，2007 年汽车消费贷款的 89.2% 由商业银行提供，仅有 6.9% 的汽车消费贷款由汽车金融公司提供。截至 2008 年年底，我国各金融机构发放的 1583 亿元汽车消费贷款额中，仅有 318 亿元来源于汽车金融公司，只占到 20%。

（3）贷款手续繁杂　对汽车消费者来讲，最头疼的是贷款手续问题。办理信贷，要求申请人具备五大条件，并提交身份证、收入证明及购车协议等，还要找一个担保人。贷款程序也有七大步骤，从提供身份证、户籍证明、职业和收入证明，到接受资信评估调查、提供担保所需证明等，费时费力不说，还要支付额外费用。此外，银行大都规定，贷款人必须购买指定经销商的车，并提供银行认可的财产抵押、质押或第三方保证，手续的繁琐不言而喻，这迫使很多希望贷款购车的客户望而生畏，进而影响购买动机。

（4）我国老百姓"积累型"的消费传统习惯难以迅速改变　个人消费者根深蒂固的传统消费观念制约着汽车信贷的发展。国家统计局公布的统计数据显示，2010 年农村居民人均纯收入 5919 元，剔除价格因素，比 2009 年实际增长 10.9%；城镇居民人均可支配收入

19109元，实际增长7.8%。然而2010年中国的储蓄总额却达到了GDP的50%，如此高的储蓄率显示出影响我国居民消费的主要原因仍是消费观念。

三、汽车消费贷款的模式

1. 以银行为主体的直客模式

（1）直客模式的概念　**直客模式汽车消费信贷**是由银行、专业资信调查公司、保险公司和汽车经销商四方联合完成的。该模式的特点是由银行直接面对汽车消费者，完成资信调查，评定合格后，银行与客户签订贷款协议，客户拿贷款额度到汽车市场上选车。在这种模式下，银行是中心，银行指定征信机构出具客户的资信报告，银行指定保险公司并要求客户购买其保证保险，银行指定经销商销售汽车。在这一模式中，风险由银行和保险公司共同承担。银行的车贷中心还为客户提供相应的售后服务，如汽车维修、汽车救援、维修期间提供代用车及汽车租赁等一系列增值服务。

（2）直客模式的优缺点

1）优点：对客户来说，可以全款购车，提高对经销商的议价权；省去中间费用，并享受银行提供的基准利率下浮10%等优惠；建立起良好的信用记录，为今后再贷款提供便利。对银行来说，有利于增强防范风险和选择客户的主动性。

2）缺点：对客户来说，可选择的车型少；对银行来说，前期投入比较大。

2. 以经销商为主体的间客模式

以经销商为主体的间客模式是指由经销商负责为购车者办理贷款手续，以自身资产为客户承担连带责任保证，并代银行收缴贷款本息。

间客模式包含两种不同模式：银行把钱贷给信得过的汽车生产企业或汽车经销商，再由该汽车生产企业或经销商贷给消费者；银行、保险与经销商三方合作，通过经销商作中介贷款给购车人。

直客模式与间客模式的对比见表1-3。

表1-3　直客模式与间客模式的对比

项目 类型	银行为主体的 直客模式	经销商为主体的 间客模式1	经销商为主体的 间客模式2
1. 贷款途径	直接贷款给购车人	统一贷款给经销商，再以分期付款方式贷给购车人	通过经销商作中介贷款给购车人
2. 办理贷款手续的时间	最短15天，最长两个月	最快两小时，最慢两天	最快1天，最慢两天
3. 贷款成功率	非常低	相对较高	相对较高
4. 风险管理	银行负责	经销商负责	经销商负责
5. 业务管理	银行负责	经销商负责	经销商负责
6. 收益	银行获得贷款利息，经销商获取车辆价差	银行获得贷款利息，经销商获取车辆价差	银行获得贷款利息，经销商获取车辆价差
7. 规模及保险公司的风险	由于销车收益少，贷款规模小，保费收入低，一旦发生风险，保险公司风险度加大	由于销车收益大，保费收入较高，一旦发生风险，保险公司支付概率和压力均较低	由于销车收益大，保费收入较高，一旦发生风险，保险公司支付概率和压力均较低

项目一 汽车销售与信贷

3. 以汽车金融公司为主体的间客模式

以汽车金融公司为主体的间客模式主要由汽车金融公司完成对购买者的资质调查、担保和审批工作,向购买者提供分期付款。

2004年8月18日,中国第一家来自汽车业的带有"海外血统"的汽车金融公司"上汽通用汽车金融公司"正式登入上海滩。

汽车金融公司和银行汽车贷款的比较:车贷的利率相同;银行有资金优势和网络优势;金融公司有专业优势,总体费用较低,但在中国个人信用和抵押制度尚不完善的环境下优势无法发挥。银行与丰田金融公司车贷的比较见表1-4。

表1-4 银行与丰田金融公司车贷的比较 (单位:元)

项目	丰田金融公司	银行	项目	丰田金融公司	银行
首付40%	43 080	43 080	律师费	—	200~300
购置税	9205	9205	验资费	—	200~300
保险(全险)	约4000	约4000	续保押金	—	1000
验车上牌	400	500	首付合计	56 685	59 777~60 127
担保费	—	1292	月还额(3年期)	2002	1950
抵押费	—	150~200	月还额(5年期)	1295	1236
家访费	—	150~250	—	—	—

注:一般银行指工商银行和建设银行等从事汽车信贷业务的银行,贷款利率以当前利率为准。

四、我国汽车消费信贷的贷款类型

汽车消费担保贷款是商业银行与汽车经销商向对购买汽车的借款人发放的用于消费者购买汽车所支付购车款的人民币担保贷款,包括汽车抵押贷款、汽车按揭贷款和汽车质押贷款。

1. 汽车抵押贷款

汽车抵押贷款是以借款人或第三人的汽车或自购车作为抵押物向金融机构或汽车消费贷款公司取得的贷款。在国内来说,银行一般不做汽车抵押贷款服务,这类服务普遍需要找民间的专业信贷机构来申请办理。

(1)汽车抵押贷款的价值

1)快速取得现金周转,车不用卖,免得资金周转过来时重新买车又得花费很多时间和成本。

2)免除和亲戚朋友借钱的尴尬,免除别人知道购车人资金短缺的事实。

3)无需当地户口,只要车是本人的就可以抵押贷款。

4)无需长时间预约,正规合法车辆均可以贷款,前期无需任何定金,只要是合法车、合格车即可。但杜绝套牌车和组装车等,必要时可进行刑侦验车或者交公安机关处理。

5)灵活。资金回笼时可以即刻还款取车,无需违约金。

6)无须押车的汽车抵押贷款价值明显,以宜信公司推出的"宜车贷"为例,宜车贷

"GPS 类抵押借款服务"中，客户办理抵押手续后，车辆可继续使用。

（2）申请条件与资料　申请汽车抵押贷款服务所需的条件如下：

1）年满 18 周岁，具有完全民事行为能力，在中国境内有固定住所的中国公民。

2）具有稳定的职业和经济收入，能保证定期偿还贷款本息。

3）在贷款银行开立储蓄存款户。

4）能为汽车抵押贷款提供贷款银行认可的担保措施。

5）愿意接受贷款银行规定的其他条件。

（3）申请汽车抵押贷款服务所需的材料

1）身份证、户口簿或其他有效居留证件原件，并提供其复印件。

2）职业和经济收入证。

3）与经销商签订的购车协议、合同或者购车意向书。

4）合作机构要求提供的其他文件资料。

2. 汽车按揭贷款

汽车按揭贷款是指银行向申请购买本人名下汽车的借款人发放的，用于支付所购车辆车款的贷款，还款方式为分期偿还本息的贷款。汽车按揭贷款一般期限不超过 5 年。

（1）申请条件及资料

1）一般要求借款人是贷款行所在地常住居民户口且具有完全民事行为能力。

2）借款人具有还款能力，没有不良贷款记录。

3）借款人身份证件、婚姻状况证明、户口簿。

4）银行认可的部门出具的借款人职业和经济收入证明。

5）与银行指定的经销商签订的购车协议或合同。

6）不低于首期款的存款凭证或首期款收据。

7）以财产抵押或质押的，应提供抵押物或质押物清单、权属证明、有权处分人（包括财产共有人）同意抵押或质押的证明以及有权部门出具的抵押物估价证明。

8）由第三方提供保证的，应出具保证人同意担保的书面文件、有关资信证明材料及一定比例的保证金。

9）银行要求提供的其他资料。

（2）办理流程

1）申请贷款。借款人填写贷款申请表，并提供有关资料。

2）审贷。银行自收到借款人申请及符合要求的资料后，按规定对借款人和保证人的资信情况、偿还能力和材料的真实性进行审查，并在审查后做出答复。

3）签约。银行审查同意贷款后，借款人再办理之后的手续：银行与借款人签订借款合同和担保合同，办理公证、抵押登记和保险等有关手续。

4）发放贷款。以招行为例：在借款人办妥相关手续后，招行会将贷款发放至借款人个人账户并根据借款人的委托将贷款划付相关的收款方账户。

（3）汽车消费贷款本息月还款额的计算　汽车消费贷款的月还款额的计算以期初贷款总额为基数，按签约时银行同期贷款利率计算，在还款期间内，如遇银行利率变化，则随利率调整，一年一定。

本息月还款额的两种计算方法：等额本息法和本息递减法。

1）等额本息法。按照贷款期限把贷款本息平均分为若干等份，每月还款额度相等，因此也简称等额法。其计算公式为

每月还款额 = 贷款本金 × 月利率 + 贷款本金 × 月利率 / $[(1+月利率)^{还款总月数} - 1]$

2）本息递减法。借款人每月以相等的额度偿还贷款本金，利息随本金逐月递减，每月还款额也逐月递减，因此也简称递减法。其计算公式为

每月还款额 = 每月还款的本金 + 每月还款利息

每月还款本金 = 贷款本金 ÷ 贷款期月数

每月还款利息 = （贷款本金 − 累计已偿还本金）× 月利率

3. 汽车质押贷款

汽车质押贷款是指借款人以合法有效且符合银行规定条件的质物出质，向经中国银行业监督管理委员会批准开办个人信贷业务的银行业金融机构申请取得的人民币贷款。

（1）申请条件

1）在中国境内居住且具有完全民事行为能力。

2）具有良好的信用记录和还款意愿。

3）具有偿还贷款本息的能力。

4）提供银行认可的有效权利凭证作为质押担保。

5）在银行开立个人结算账户。

6）银行规定的其他条件。

（2）贷款金额　贷款额度单笔（户）最低 1 万元（含），最高不超过 2000 万元。

（3）贷款期限　贷款期限一般为 1 年，最长不超过 3 年（含）。

（4）贷款利率　贷款利率执行中国人民银行同期同档次期限利率。以个人凭证式国债质押的，贷款期限内如遇利率调整，贷款利率不变。

（5）还款方式　贷款期限在 1 年（含）以内的，采用一次还本付息的还款方式；贷款期限超过 1 年的，可采用按月（季）还息、一次还本，或按月等额本息、等额本金的还款方式还款。

（6）申请贷款应提交的资料　借款人向银行申请个人质押贷款，应填写申请表，同时提交如下资料：

1）申请人本人的有效身份证件，以第三人质物质押的，还需提供第三人有效身份证件。

2）有效质物证明。以第三人质物质押的，还须提供受理人、借款申请人和第三人签署同意质押的书面证明。

3）银行规定的其他资料。

（7）操作指南　银行以转账方式向借款人指定个人结算账户发放贷款，其他操作同个人汽车消费贷款。

【技能训练】

训练1　等额本息汽车贷款购车首付款和月供的计算

1. 目的

1）能够正确计算贷款买车的月供和首付款，会运用计算公式等。

2）准确算出首付款，让客户能够准确知道需要准备的资金以及每月要承担的基本费用。

2. 准备

每位同学准备好纸和笔。

3. 学习情境

王先生购买现代瑞纳1.4GLSAT款的轿车，4S店销售价为10万元，首付3成，分3年付清，请计算每月还款额以及首付款。银行月还款见表1-5。

表1-5　月还款统计

借款金额/元	借款期限/月	年利率（%）	月利率（‰）	月还款额/元
10 000	13	5.49	4.575	811.46
10 000	24	5.49	4.575	460.51
10 000	36	5.49	4.575	322.26
10 000	48	5.58	4.65	253.86
10 000	60	5.58	4.65	212.39

4. 步骤

1）首先计算王先生的首付车款：10万×30% = 3万元。

2）其次计算王先生每月还款的金额：10万×70% = 7万元，分3年付清。根据公式：每月的还款额 = 贷款总额 × 每万元贷款年限所对应的月还款额，得

王先生每月还款金额 = 7×322.26元 = 2255.82元

注意：王先生首付3万元，并不能把车提走，还需要交纳购车税、车船税、保险费和上牌费等费用，后面项目中会讲到保险费用的计算。

5. 学习评价

学习评价见表1-6。

表1-6　首付款和月供计算的学习评价

序号	项　目	操作内容	分值	评分标准	得　分
1	准备	笔和纸的准备	10分	酌情扣分	
2	等额本息计算	公式的正确运用，计算准确	80分	酌情扣分	
3	结束	实训教室清洁	5分 5分	清洁不彻底扣1~5分，未做扣5分	
		总分	100分		

项目一 汽车销售与信贷

训练2 办理汽车按揭贷款的贷款流程及申请银行需要的相关资料

1. 目的

1）能够掌握办理按揭贷款的流程。

2）了解申请按揭贷款的条件及所需的资料。

2. 准备

准备汽车按揭贷款软件。

3. 学习情境

王先生申请贷款购买现代瑞纳1.4GLSAT款的轿车，4S店销售价为10万元，请问王先生怎样申请按揭贷款？

4. 步骤

以考试的形式进行（具体步骤见四、我国汽车消费信贷的贷款类型中的2. 汽车按揭贷款）。完成考试统计学生成绩。

5. 学习评价

学习评价见表1-7。

表1-7 汽车按揭贷款的学习评价

序号	评分项目	操作内容	规定分	评分标准	得 分
1	准备	汽车软件	10分	酌情扣分	
2	软件操作	软件熟悉程度，用时长短，正确度	80分	酌情扣分	
3	结束	实训教室清洁	10分	清洁不彻底扣1~10分，未做扣10分	
		总分	100分		

【项目小结】

本项目讲解了汽车整车销售流程，即销售准备、接待、需求分析、车辆展示、试乘试驾、报价成交、新车递交、售后服务等流程及每个流程应掌握的要点。此外，还介绍了汽车贷款的相关知识并给出了重要的计算公式。

【巩固与提高】

一、填空题

1. 电话礼仪中，电话响铃＿＿＿＿声内接听比较合适。

2. 六方位介绍中的第三方位介绍要点是＿＿＿＿＿＿＿＿＿＿＿＿＿＿＿＿＿＿。

二、选择题

1. 销售人员塑造专业的职业形象不通过（　　）来体现。

　　A. 仪容　　　　　　B. 气质　　　　　　C. 身高　　　　　　D. 素养

2. 销售资料夹一般不包括（　　）。

A. 计算器　　　　B. 名片　　　　C. 产品资料　　　D. 香烟
3. 在进行需求分析的过程中，销售顾问不需要了解客户的（　　）。
A. 个人信息　　　B. 购买愿望　　　C. 用车经历　　　D. 家庭关系

三、判断题

1. 社交注视是指与新客户的谈话，凝视标准区域的时间应占交谈时间的30%～60%。（　　）

2. 在展车调节的过程中，转向盘应调整到最下面、最后面的位置，以扩大腿部空间。（　　）

3. 在电话接待过程中，销售顾问应在电话响铃三声内接听，并自报家门，20s内进行转接，等客户挂电话后再挂电话。（　　）

4. 入座前应先把椅子轻轻地拉出来先请客户入座，请客户坐在右侧，与客户面对面入座时应采用后退步方式，动作不要太快或太慢、太重或太轻，上半身与桌子保持一拳距离，坐满椅子的2/3。（　　）

四、简答题

1. 整车销售服务有哪些流程？
2. 需求分析要掌握哪些要点？
3. 六方位绕车介绍法介绍的分别是哪几个方位？每个方位的介绍要点是什么？
4. 谈谈汽车消费贷款存在的弊端及解决的方法。

项目二 购车手续代理服务

【学习目标】

1. 了解汽车入户的相关规定，熟悉车辆上牌的工作流程，能协助客户完成车辆入户手续的办理及上牌工作。

2. 熟悉车辆变更、过户、转籍手续的办理和机动车辆行驶证、号牌遗失补办手续的办理方法，能对相关环节做出细致的解释，并解决相关的实际问题。

任务1 新车证照的办理

【相关知识】

新车在取得新车牌照之前，存在一段无正式牌照的时段，为了方便用户临时上路行驶，一般销售商与车管所联网提供临时牌照。但在临时牌照的有效期内应将车辆入户确定身份，也就是给新车办证上牌，即车辆选好交款后，带上购车发票、车辆合格证和车主身份证，先到国税部门缴纳车辆购置税，到保险公司购买机动车交通事故责任强制保险（简称交强险），然后再到当地车管部门进行验车上牌。现在各地由车管所授权的汽车4S店已开设机动车登记服务站，车主买车后可现场办理登记、领取牌证，汽车上牌的手续和流程趋于简化，如图2-1所示。

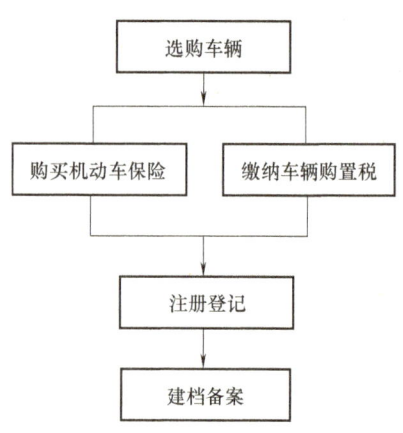

图2-1 汽车上牌的手续和流程

一、新车办证的手续

1. 准备新车办证的资料

（1）车主身份证明　个人提供居民身份证或者临

时居民身份证（含居住证明）；单位提供加盖公章的《组织机构代码证书》和书面委托原件以及委托人身份证明。

（2）车辆价格证明

1）境内购置车辆（包括国产车和进口车），提供机动车销售统一发票（发票联、报税联和注册登记联）。

2）进口自用车辆，提供《海关进口关税专用缴款书》、《海关代征消费税专用缴款书》或海关征免税证明。

（3）车辆合格证明

1）国产车辆：整车出厂合格证明（以下简称合格证）。

2）进口车辆：《中华人民共和国海关货物进口证明书》、《中华人民共和国海关监管车辆进/出境领/销牌照通知书》或《没收走私汽车、摩托车证明书》。

2. 缴纳车辆购置税

车辆购置税是对在我国境内购置规定车辆的单位和个人征收的一种税，由车辆购置附加费演变而来。车辆购置税的税率为10%，计算公式为

$$应纳税额 = 计税价格 \times 税率$$

$$国产车计税价 = 车辆销售价（含增值税） \div 1.1$$

$$进口车计税价 = 关税完税价格 + 关税 + 消费税$$

如果计税价格低于国税总局颁布的最低计税价格，则按国税总局规定的最低计税价格计征。应税车辆应当自购置之日起60日内申报纳税，并且车辆购置税税款要一次缴清。

办理缴税的流程：填写购置税纳税申报表→提交资料（车主身份证明、车辆价格证明、合格证明原件及复印件）→受理审核→办理→缴费→发证（完税证明分正本和副本，正本由纳税人保管，副本用于车辆登记注册）。

3. 新车买保险和缴纳车船税

（1）机动车交通事故责任强制保险　《机动车交通事故责任强制保险条例》自2006年7月1日起施行。本条例所称**机动车交通事故责任强制保险**是指由保险公司对被保险机动车发生道路交通事故造成本车人员和被保险人以外的受害人的人身伤亡和财产损失，在责任限额内予以赔偿的强制性责任保险。

交强险是国家强制要求缴纳的保险险种，实行统一的保险条款和基础保险费率，且与其他保险业务分开管理，单独核算。交强险是每个车主购险时必须考虑的第一险种，购买车险是以交强险为基础，再加以适当商业险的组合。保监会核准的财产保险公司，均可办理交强险业务。保险销售或代理销售的主要途径有4S店、保险业务员、网络和电话。

根据车型的不同，交强险的基础费率也不相同，但对同一车型，全国执行统一价格。以六座以下新车为例，私家车保费为950元，企业非营业汽车保费为1000元，机关非营业汽车保费为950元，营业出租租赁车保费为1800元。

签订交强险合同时，投保人应当一次支付全部保险费；保险公司应当向投保人签发保险单和保险标志。保险单和保险标志应当注明保险单号码、车牌号码、保险期限和保险公司的名称、地址和理赔电话号码。保险标志应粘贴在被保险机动车辆上。

项目二 购车手续代理服务

新车尚未取得行驶证的,应提供新车购置发票复印件或出厂合格证复印件,待车辆获得牌照号码办理变更号牌手续时,再提供行驶证复印件。续保时只需要提供上期保单和行驶证、身份证。对交强险而言,如果上一保险年度没有出险,还可以在当年享受7~9折优惠。

(2)缴纳车船税 **车船税**是以车船为征税对象,向拥有车船的单位和个人征收的一种税。缴纳机动车车船税有两种方式:一种方式是纳税人自行向主管税务机关申报缴纳车船税;另一种方式是纳税人在办理机动车交通事故责任强制保险时由保险机构代收代缴车船税。

现在购买新车,车船税一般由保险机构代缴,即在办理机动车交强险时一并缴纳车船税,这样可以方便车主在购买机动车交通事故责任强制保险的同时履行纳税义务,为车主节约时间成本。有些地方也将车船税的缴纳与交强险的缴纳一并由保险公司代为执行。

由于车船税属于地方税,各地征收的标准并不统一,办理时要关注当地的具体适用税额。例如,山东省乘用车(9人及以下)车船税年基准税额见表2-1。使用节约能源和新能源的车船可以减征或者免征车船税。

表2-1 山东省乘用车(9人及以下)车船税年基准税额

车辆排量	车船税基准税额/元
1.0L(含)以下	240
1.0~1.6L(含)	360
1.6~2.0L(含)	420
2.0~2.5L(含)	900
2.5~3.0L(含)	1800
3.0~4.0L(含)	3000
4.0L以上	4500

车船税是按年申报,分月计算,一次性缴纳的。如果是购置的新车船,购置当年的应纳税额自纳税义务发生的当月起按月计算,计算公式为

$$应纳税额 = 年应纳税额 \div 12 \times 应纳税月份数$$

二、新车上牌流程

准备好新车上牌的资料(见表2-2)并到车辆管理所或机动车登记服务站(汽车4S店内)一站式办理注册登记。

表2-2 新车上牌准备的资料

上牌顾客		销售公司	新购车辆
单位	个人		
1)企业代码 2)公章 3)经办人身份证 4)委托书	1)身份证 2)网上申请的预选号码打印单(不作要求,可自主选择)	1)新车发票(注册登记联) 2)保险单(交强险副本) 3)购置完税证明或者免税凭证(关于保险和购置税,4S店内有设点,并提供服务)	1)整车出厂合格证 2)车辆识别代号拓印膜(拓印的钢号)(车管所) 3)机动车标准照片(车管所) 4)进口机动车的进口凭证原件

新车上牌流程如图 2-2 所示。

车管所设置查验岗、登记审核岗和档案管理岗来办理机动车登记业务，办理程序是：查验车辆→符合规定的，收存相关资料并录入信息→收费→制作牌证与发放。

1. 查验岗

审查国产机动车的整车出厂合格证明（以下简称合格证）或者进口机动车的进口凭证（以下简称进口凭证）；不属于免检机动车的，还应当审查机动车安全技术检验合格证明；查验机动车，核对车辆识别代号拓印膜；制作机动车标准照片，并粘贴到机动车查验记录表上；符合规定的，在机动车查验记录表上签字；录入机动车信息，将机动车查验记录表内部传递至登记审核岗。

自 2010 年 10 月 8 日起，国产轿车上牌可免检。即新车在上牌之前，不用再进行上线检测，只需直接到检测场检验外观、拍照、拓号和检测尾气即可。而在此前，所有的进口机动车和部分国产轿车、小型、微型载客汽车已纳入免检范围，但国产轿车免检车型相对较少。

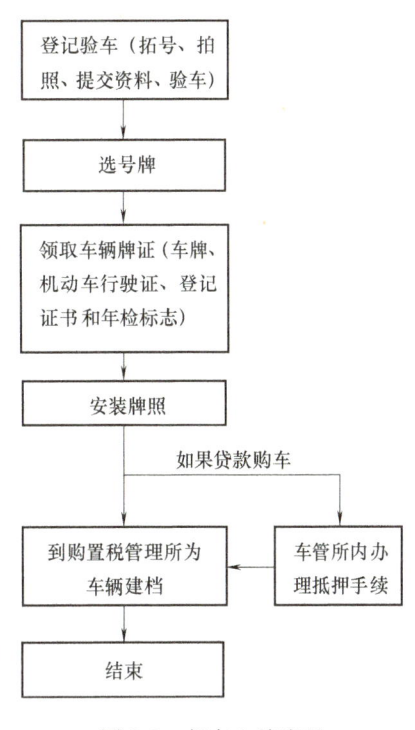

图 2-2　新车上牌流程

自 2011 年 1 月 1 日起，汽车和半挂车出厂时生产厂家随车配发实车的车辆识别代号拓印膜和实车拍摄的机动车外部彩色相片。符合相关标准要求的，交管部门在办理注册登记时，将不再要求车主拓印车辆识别代号和照相，而直接采用厂家提供的相关资料。

随车配发的车辆识别代号拓印膜和彩色相片主要在新车注册登记时使用。在办理变更登记、转移登记、补办或换领行驶证等业务时，如需拓印膜和彩色相片的，车主仍需要现场拓印车辆识别代号、现场照相。

2. 登记审核岗审查

审查机动车注册、转移、注销登记/转入申请表、机动车所有人身份证明、机动车来历证明、合格证或进口凭证、车辆购置税完税证明或免税凭证、机动车交通事故责任强制保险凭证和机动车查验记录表。符合规定的，录入登记信息，向机动车所有人出具受理凭证，确定机动车号牌号码，制作机动车号牌（以下简称号牌）、机动车行驶证（以下简称行驶证）、机动车登记证书（以下简称登记证书）和机动车检验合格标志（以下简称检验合格标志），并交机动车所有人。

车辆管理所按照规定签注行驶证（见图 2-3）、登记证书和检验合格标志。

3. 档案管理岗核对

核对计算机登记系统的信息，整理资料，装订、归档。将下列资料存入机动车档案。

1) 机动车注册、转移、注销登记/转入申请表原件。

2）机动车所有人身份证明复印件。

3）机动车的来历证明原件或者复印件。其中，全国统一的机动车销售发票、协助执行通知书和国家机关、企业、事业单位或者社会团体出具的调拨证明应当是原件。

4）车辆购置税的完税证明或者免税凭证副联原件。

5）机动车交通事故责任强制保险凭证第三联原件。原件丢失的，收存其他任一联复印件并加盖保险公司印章。

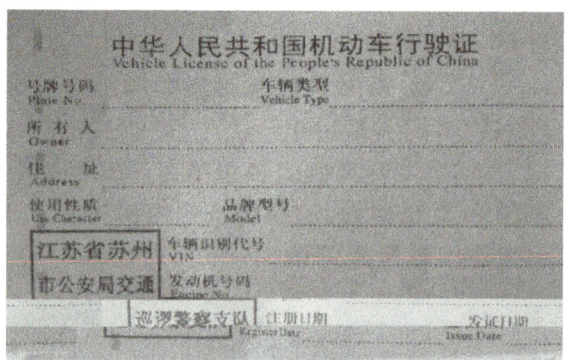

图2-3　中华人民共和国行驶证

6）属于国产机动车的，收存合格证原件。

7）属于进口机动车的，收存进口凭证原件。其中，挂车、半挂车、轮式专用机械收存进口凭证原件或者复印件。通过全国进口机动车计算机核查系统比对的，收存全国进口机动车计算机核查系统核对无误证明书。通过发证机关查询的，收存发证机关出具的鉴定证明或者传真查询证明原件。

8）属于警车的，收存警车号牌审批表原件。

9）属于救护车、消防车和工程救险车的，收存车辆使用性质证明原件。

10）机动车查验记录表原件。

11）法律、行政法规规定应当在机动车登记时提交的其他证明、凭证的原件或者复印件。

4. 新车选牌号

新车牌照的选号方式主要有以下几种。

1）"十选一"。车主在车管所办公大厅、新车检测场发牌点或远郊车管站，持机动车受理凭证在计算机自动选取的选号机上，从随机抽取的十个机动车号牌号码中选取一个。

2）"自编自选"。车主在车管所办公大厅、新车检测场发牌点或远郊车管站，持机动车受理凭证在自编自选选号机上，按照编码规则，自行编排、选取机动车号牌号码。

3）"网上选号"。登录交管局网站，选择进入"网上车管所"的网上自主预选机动车号牌号码系统，录入车主姓名、身份证号或组织机构代码证号、车辆识别代码号（即车架号）和发票号，通过验证后即可按编码规则查询、选取机动车号牌号码。

对于网上选号来说，由于其规定的时间只有20min，所以在登录前一定要准备好车主姓名、身份证号（暂住证号）、车辆识别代号（车架号）、购车发票号码、发票开票日期、固定电话、移动电话、住宅地址（身份证、暂住证标明的住址）、邮寄地址和邮编等。进口汽车还需准备好进口凭证号码、签发日期、车身颜色和厂牌型号，以免因操作超时造成选号失败。

网上选号方便快捷，目前已被大多数人所接受，适用范围较广。但是，网上选号目前只适用于尚未办理新车注册登记的小型汽车，二手车、出租汽车、工程抢险车辆、救护车辆、消防车辆、海关监管车辆、外籍车辆和使馆号牌车辆仍需到车辆管理所确定号牌号码。

5. 安装牌照

前号牌安装在机动车前端的中间或者偏右，后号牌安装在机动车后端的中间或者偏左；临时通行牌证两张分别放置或粘贴在机动车前、后风窗玻璃内侧，无驾驶室的机动车，应当随车携带。

关于牌照架的安装使用，自2011年1月1日起正式实施新标准，规定使用固定式牌照架，不允许使用可拆卸活动号牌架和可翻转号牌架。机动车号牌架外框不得带有标志、字母和装饰图案，更不得遮挡号牌字符。临时牌照须在前、后风窗玻璃内侧各粘贴或放置一张，否则视为涉牌涉证违法行为。

6. 车辆拍照

机动车的标准照片是指长88mm、宽60mm、圆角半径4mm的悬挂机动车号牌的全车外部彩色照片。拍摄照片时，应当从车前方左侧45°拍摄，摩托车和挂车应当从车后方左侧45°拍摄；机动车影像应占标准照片的2/3；机动车照片应当能够明确辨别机动车号牌号码和车身颜色。

【技能训练】

训练　新车办证上牌

1. 目的

1）熟悉新车办证上牌的手续和流程。

2）学会新车购置税、交强险与车船使用税、办证上牌等各项费用的计算方法；学会拓号和拍照。

3）能协助客户完成新车的上牌工作。

2. 准备

1）车主张先生身份证。

2）整车一辆和车辆合格证。

3）购车发票。

3. 学习情境

张先生是山东肥城人，看好了一辆上海大众斯柯达昊锐1.4TSI 2012款汽车，售价19.99万，近日在泰安北方欧泰汽车销售服务有限公司4S店内提车。张先生认为4S店提供的保险、购置税、挂牌一条龙服务省时又省力，于是选择在店内办理上牌。

1）请计算张先生的购车费用（商业险暂不要求）。

2）请帮助张先生完成新车的办证上牌。

4. 步骤

（1）准备办证上牌的资料

1）复印。车主张先生身份证复印两份（税务、车管）、车辆合格证原件以及复印件两份（税务、环保）、购车发票正本原件以及复印件一份（保险）。

2）车架号拓印。新车买来，一般都有拓印的钢号。

3）计算新车的各项税费。

4）网上选号，并打印选号单（此为可选项）。登录相应的城市交管局网站进行车牌选号。以山东为例，张生生需登录山东省车管所网上服务大厅，进入××市"机动车网上预选号系统"，录入身份证明号码、车辆识别代号和新车发票号码，经系统验证符合条件后，进行网上选号。选号成功后，可直接打印机动车注册申请表。机动车所有人（或代理人）持车辆注册登记相关证明和凭证即可到车管分所或所辖新车检测场办公大厅办理注册登记。

（2）购买保险　办理交强险时，张先生需要提供本人身份证、新车合格证和新车发票，交强险和车船税一起缴纳，保险公司向投保人张先生签发保险单和保险标志。车险保单生效时间为次日的零时起，在这期间最好避免驾驶。

（3）申领临时牌照（此为可选项）　尚未注册登记的车辆，需要临时上道路行驶的，车主可以办理临时牌照。张先生在4S店凭本人身份证、车辆合格证和机动车交强险凭证可办理一张临时牌照。

（4）购买购置税　办理购置税时，先要填写车辆购置税纳税申报表，只要在表格左下方的"纳税人签名"处填上与销售发票上的购车单位一致的名字即可，其他不用填写。填好后随销售发票（含复印件）和合格证（含复印件）一起交给办理人员。算出具体税额后，就可向办理人员交纳购置税。张先生应交纳的购置税为17 085元。

（5）注册登记

1）拓印发动机号码和车架号码并拍照。

2）提交资料。车主身份证原件和复印件、合格证、发票注册登记联、交强险副本、完税证明和机动车查验记录表（张贴机动车标准照片和车架号拓印）。

3）查验车辆。符合规定的，在机动车查验记录表上签字。

4）业务受理。所有资料上传至车管系统。

5）选号。张先生拿着流水号在选号机上选择心仪的牌号。

6）打印机动车注册登记申请表，公车需单位盖章，私车需车主签名。

7）收费（地方标准）。

①轿车牌照费125元（车牌100元、登记证10元、行车证15元）。

②机动车人工查验费50元。

③拓号费20元。

④牌照安装费10元。

⑤喷砂费60元（自愿）。

8）制证。打印机动车行驶证、机动车登记证和机动车检验合格标志。

9）领牌。去车管所出具行车证，在收费发票现场制作并领取牌照。

10）安装牌照。

（6）新车备案

最后到车辆购置税征稽部门建档，并在车辆购置税证上加盖"已建档"戳证。

5. 学习评价

学习评价见表2-3。

表2-3 新车办证上牌的学习评价

序号	评分项目	操作内容	配分	评分标准	得分
1	购车费用的计算	购置税、车船税、车险费（交强险）、拓号费、机动车人工查验费、牌照费、牌照安装费、喷砂费	30	收费标准不清或计算错误均不计分	
2	新车上牌资料的准备	顾客资料、新车辆资料和凭据	30	准备不全不得分	
3	新车上牌办理程序操作规程	新车上牌办理程序操作规程的执行情况	40	违反操作规程扣1～40分	
	总分		100		

任务2 车辆变更、过户、转籍手续的办理

【相关知识】

《机动车登记规定》于2004年5月1日与《机动车驾驶证申领和使用规定》同步施行。此后，在2008年和2012年进行了两次修订，其中对车辆变更、过户和转籍登记有明确规定。

一、车辆变更手续的办理

1. 申请车辆变更的情形

所谓车辆变更是指已注册登记的机动车有下列情形之一的，机动车所有人应当向登记地车管所申请变更登记。

1）改变机动车车身颜色的。
2）更换发动机的。
3）更换车身或者车架的。
4）因质量问题更换整车的。
5）改变机动车使用性质的。
6）迁出或者迁入车辆管理所管辖区的。
7）共同所有人姓名变更的。

有下列情形之一的，在不影响安全和识别号牌的情况下，机动车所有人可以自行变更，不需要办理变更登记。

1）小型、微型载客汽车加装前后防撞装置的。
2）货运机动车加装防风罩、散热器、工具箱和备胎架的。
3）增加机动车车内装饰的。
4）机动车喷涂、粘贴标识或者车身广告的。但喷涂、粘贴标识或者车身广告，应当遵守以下规定：

① 喷涂和粘贴车身广告需经当地户外广告管理处审批，未经批准一律不准在车身上做广告。

② 在机动车车身外喷涂、粘贴标识的（不含车窗玻璃和前、后风窗玻璃），允许喷涂和粘贴的内容为：单位名称、标识、电话、地址和网址。喷涂字迹应端正，字号大小不得大于车身高度的10%；字迹和标识颜色面积不得大于车身主体颜色的1/3，不得改变车身整体颜色，原行驶证和机动车登记证书登记的车身颜色不变。

③ 重型、中型载货汽车及其挂车应在车身后部喷有与号牌字体相同的车牌号，放大倍数应为号牌字体的2.5倍的放大号，字迹颜色应与车身颜色色差分明；厢式货车和封闭货车在车身两侧分别喷有统一的"厢式货车、封闭货车"字样；大型货车和大型客车车门两侧应喷有载重吨位及乘员人数字样，字迹要端正，颜色与车身颜色色差分明。

有下列情形之一的，不予办理变更登记。

1）改变机动车的品牌、型号和发动机型号的，但经国务院机动车产品主管部门许可选装的发动机除外。

2）改变已登记的机动车外形和有关技术数据的，但法律、法规和国家强制性标准另有规定的除外。

3）机动车所有人的住所迁出本市时，有涉及机动车的交通安全违法行为和交通事故处理情况的。

4）机动车所有人或代理人提交的证明、凭证无效的。

5）机动车达到国家规定的强制报废标准的。

6）机动车被人民法院、人民检察院或行政执法部门依法查封、扣押的。

7）机动车属于被盗抢的。

8）其他不符合法律和行政法规规定的情形的。

2. 车辆变更提交的资料

为规范办理机动车登记业务，公安部修订后下发《机动车登记工作规范》，要求各级公安机关交通管理部门车辆管理所按照该规范规定的程序办理机动车登记。申请变更登记的车主应当填写申请表，交验车辆，并按规定提交资料。

1）申请改变机动车车身颜色、更换发动机、更换车身或者车架的，机动车所有人或者代理人应当在变更后十日内按下列规定提交资料并交验车辆：

① 机动车变更登记/备案申请表。

② 机动车所有人身份证明原件。

③ 由代理人代理的，还需提交代理人身份证明原件和复印件（代理人为单位的，还需提交经办人身份证明原件和复印件）以及机动车所有人的书面委托。

④ 机动车登记证书。

⑤ 机动车行驶证。

⑥ 机动车所有人因机动车在被盗抢期间，发动机号码、车辆识别代号（车架号码）或者车身颜色被改变，申请办理变更的，应当提交能够确认被鉴定的机动车与被盗抢的机动车为同一辆车的有关技术鉴定证明或者公安机关发放的证明。

⑦ 机动车查验记录表。

2）机动车因质量问题更换原型号整车的，机动车所有人或者代理人应在更换后按下列规定提交资料并交验车辆：

① 机动车变更登记/备案申请表。

② 机动车所有人身份证明原件和复印件。

③ 由代理人代理的，还需提交代理人身份证明原件和复印件（代理人为单位的，还需提交经办人身份证明原件和复印件）以及机动车所有人的书面委托。

④ 机动车登记证书。

⑤ 机动车行驶证。

⑥ 机动车整车出厂合格证明或进口机动车进口凭证。

⑦ 不属于国家机动车产品主管部门认定免于检验的车型的，还需提交机动车安全技术检验合格证明。

⑧ 车辆识别代号（车架号码）拓印膜。

⑨ 机动车查验记录表。

⑩ 车身颜色改变的，还需提交更换整车后的机动车标准照片两张。

3）申请营运机动车改为非营运机动车、非营运机动车改为营运机动车的，机动车所有人或者代理人应在变更后提交下列资料并交验车辆：

① 机动车变更登记/备案申请表。

② 机动车所有人身份证明原件和复印件。

③ 由代理人代理的，还需提交代理人身份证明原件和复印件（代理人为单位的，还需提交经办人身份证明原件和复印件）以及机动车所有人的书面委托。

④ 机动车登记证书。

⑤ 机动车行驶证。

⑥ 申请事项发生变更的证明。

4）机动车所有人住所迁出本地的，机动车所有人或者代理人应在变更后提交下列资料并交验车辆：

① 机动车变更登记/备案申请表。

② 机动车所有人身份证明原件和复印件。

③ 由代理人代理的，还需提交代理人身份证明原件和复印件（代理人为单位的，还需提交经办人身份证明原件和复印件）以及机动车所有人的书面委托。

④ 机动车登记证书。

⑤ 机动车行驶证。

⑥ 机动车查验记录表。

⑦ 机动车号牌。

⑧ 车辆识别代号（车架号码）拓印膜。

5）因机动车所有人的住所迁入或两人以上共同所有的机动车的所有人变更后机动车需要转入的，机动车所有人或代理人应当提交下列资料并按照注册登记规定的地点查验机动车，在办理注册登记的地点申请变更登记：

① 机动车注册、转移注销登记/转入申请表。

② 机动车所有人身份证明原件和复印件。

③ 由代理人代理的，还需提交代理人身份证明原件和复印件（代理人为单位的，还需提交经办人身份证明原件和复印件）以及机动车所有人的书面委托。

④ 机动车在转入时已超过检验有效期的，还需提交机动车安全技术检验合格标志和机动车交通事故责任强制保险凭证。

⑤ 车辆识别代号（车架号码）拓印膜。

⑥ 机动车查验记录表。

⑦ 机动车登记证书。

⑧ 机动车档案。

6）因两人以上共同所有机动车，将登记的机动车所有人姓名变更为其他所有人姓名的，机动车所有人或代理人应当提交下列资料：

① 机动车变更登记/备案申请表。

② 变更前和变更后机动车所有人的身份证明原件和复印件。

③ 由代理人代理的，还需提交代理人身份证明原件和复印件（代理人为单位的，还需提交经办人身份证明原件和复印件）以及机动车所有人的书面委托。

④ 机动车登记证书。

⑤ 机动车行驶证。

⑥ 机动车为共同所有的公证证明（属于夫妻共同所有的提交可以证明夫妻关系的居民户口簿或者结婚证）。

⑦ 属于变更后机动车所有人的住所不在车辆管理所管辖区内的，还应当提交车辆识别代号（车架号码）拓印膜。

7）已注册登记的机动车，机动车所有人住所在车管所管辖区内迁移或者机动车所有人姓名（单位名称）和联系方式变更的，应当申请变更备案。

8）机动车所有人住所在车辆管理所管辖区域内迁移、机动车所有人姓名（单位名称）、机动车所有人身份证明名称或者号码变更的，机动车所有人或代理人应当提交下列资料：

① 机动车变更登记/备案申请表。

② 机动车所有人的身份证明原件。

③ 由代理人代理的，还需提交代理人身份证明原件和复印件（代理人为单位的，还需提交经办人身份证明原件和复印件）以及机动车所有人的书面委托。

④ 机动车登记证书。

⑤ 相关事项变更证明。

9）机动车所有人联系方式变更的，机动车所有人或代理人应当提交下列资料：

① 机动车变更登记/备案申请表。

② 机动车所有人的身份证明原件。

③ 由代理人代理的，还需提交代理人身份证明原件和复印件（代理人为单位的，还需

提交经办人身份证明原件和复印件）以及机动车所有人的书面委托。

④ 机动车行驶证。

10）在当地注册登记的机动车，发动机号码、车辆识别代号因磨损、锈蚀、事故等原因辨认不清或者损坏的，可以向车辆管理所申请备案。机动车所有人或代理人应当提交下列资料。

① 机动车变更登记/备案申请表。

② 机动车所有人的身份证明原件。

③ 由代理人代理的，还需提交代理人身份证明原件和复印件（代理人为单位的，还需提交经办人身份证明原件和复印件）以及机动车所有人的书面委托。

④ 机动车登记证书。

⑤ 机动车行驶证。

⑥ 机动车查验记录表。

3. 车辆变更登记的业务流程

车管所机动车变更的办理程序为：申请→车辆外观检验→窗口受理→现场审查→发牌证。

二、车辆过户手续的办理

1. 车辆过户的情形

车辆过户是指车辆登记注册地未变而车主发生变动的情形。办理机动车过户一是从法律上完成车辆所有权的转移，避免买到走私车、盗抢车、拼装车和报废车等，保障车辆来源的合法性；二是明确了买卖双方与车辆相关的责任划分，如债务纠纷和交通违法等，确保买卖双方的合法权益。过户需要到当地的二手车交易市场走标准流程交易，如图2-4所示。

办理车辆过户时，现机动车所有人应当于机动车交付之日起30日内提交相关资料到指定地点查验车辆，办理转移登记。

有下列情形之一的，不予办理机动车转移登记。

1）机动车与该车档案记载内容不一致的。

2）属于海关监管的机动车，海关未解除监管或者批准转让的。

3）机动车在抵押登记、质押备案期间的。

4）机动车涉及未处理完毕的道路交通安全违法行为或者交通事故的。

5）超过检验有效期未进行安全技术检验的。

6）机动车所有人提交的证明和凭证无效的。

7）机动车来历证明被涂改或者机动车来历证明记载的机动车所有人与身份证明不符的。

8）机动车达到国家规定的强制报废标准的。

9）机动车被人民法院、人民检察院或行政执法部门依法查封、扣押的。

10）机动车属于被盗抢的。

11）其他不符合法律和行政法规规定的情形。

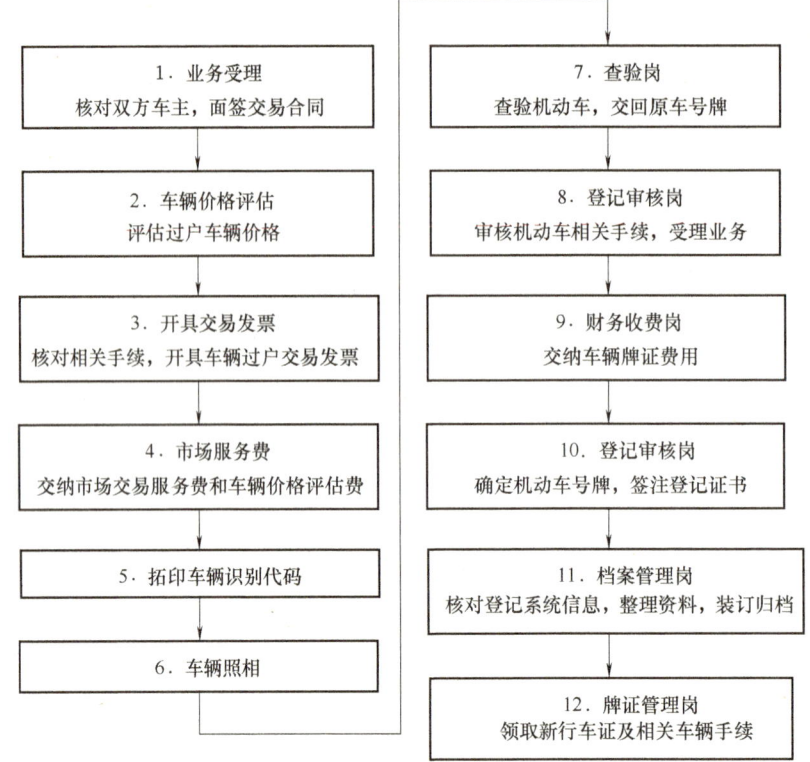

图 2-4 过户流程

2. 车辆过户提交的资料

需提供原车主身份证、新车主身份证、车辆行驶证正/副本、购置税本、车船使用税完税证明、机动车登记证书、机动车刑侦验车单、保险单/卡/发票等原件。

3. 基本过户流程

到机动车交易市场办理相关手续→填写机动车注册、转移注销登记/转入申请表、提交过户资料→车管所查档→刑侦、工商验车→领取行驶证受理回执→领取行驶证正本→保险更名。

4. 车辆转移登记业务流程

车管所办理转移登记的业务流程和具体事项如下：

1）查验岗审查行驶证；查验机动车，核对车辆识别代号拓印膜；机动车超过检验有效期的，还应当审查机动车安全技术检验合格证明；制作机动车标准照片，并粘贴到机动车查验记录上。符合规定的，在机动车查验记录表上签字并内部传递至登记审核岗。

2）登记审核岗审查机动车注册、转移、注销登记/转入申请表、现机动车所有人身份证明、所有权转移的证明或者凭证、登记证书、行驶证和机动车查验记录表；属于海关监管的机动车的，还应当审查中华人民共和国海关监管车辆解除监管证明书或海关批准的转让证明；属于机动车超过检验有效期的，还应当审查交通事故责任强制保险凭证；对涉及机动车的交通安全违法行为和交通事故处理情况进行核查；与被盗抢机动车信息系统比对。符合规定的，录入登记信息，向现机动车所有人出具受理凭证。

3）现机动车所有人住所在车辆管理所管辖区域内的，确定机动车号牌号码后，登记审核岗签注登记证书，收回原号牌和行驶证并销毁，制作号牌、行驶证和检验合格标志，交机动车所有人。现机动车所有人住所不在车辆管理所管辖区域内的，需在所属的车辆管理所管辖区域内办理机动车的转入业务，核对车辆识别代号（车架号码）拓印膜并查验有无被凿改嫌疑；与全国被盗抢机动车信息系统比对。符合规定的，车辆管理所才受理变更登记申请，收存相关资料，向机动车所有人出具受理凭证。

4）档案管理岗核对计算机登记系统的信息，整理资料，装订归档。下列资料存入机动车档案。

① 机动车注册、转移、注销登记/转入申请表原件。

② 现机动车所有人的身份证明复印件。

③ 机动车所有权转移的证明、凭证原件或者复印件。其中，二手车销售发票、协助执行通知书和国家机关、企业、事业单位和社会团体等单位出具的调拨证明应当是原件。

④ 属于海关监管的机动车的，收存中华人民共和国海关监管车辆解除监管证明书或者海关批准的转让证明原件。

⑤ 属于现机动车所有人住所不在车辆管理所管辖区域内的，收存行驶证原件。

⑥ 机动车查验记录表原件。

说明：机动车在办理转移登记后，原机动车所有人申请办理新购机动车注册登记时，可以申请使用原机动车号牌号码，但应当符合下列条件。

1）在办理转移登记后六个月内提出申请。

2）机动车所有人拥有原机动车三年以上。

3）涉及原机动车的道路交通安全违法行为和交通事故应处理完毕。

三、车辆转籍手续的办理

1. 车辆转籍的情形

车辆转籍是指同一车辆的登记注册地发生变动的情形。车辆转籍分转出和转入。即车辆从一地车管所转出，并在异地车管所入户，办理时需要到原车管所提档然后回当地入户就可以了。

有下列情况者，车辆不准转籍。

1）当年或上年度检验不合格的车辆或未进行年检的车辆，一律不能办理转出或转入手续。

2）车辆使用年限距报废条件两年以内的，不准办理转籍手续。

3）凡发生交通事故或刑事、经济案件中涉及车主尚未结案处理的车辆，或车辆产权、使用性质与档案记录不相符的，不能办理转籍手续。

2. 车辆的转出

机动车的所有人的住所迁出车辆管理所管辖区的，需持下列资料，向机动车管辖地车辆管理所申请变更登记，并交验车辆。

1）属于机动车所有人的住所迁出原车辆管理所管辖区情形的，提交机动车所有人的身份证明、机动车登记证书、机动车号牌和机动车行驶证。

2）属于机动车所有权发生转移且现机动车所有人的住所不在原车辆管理所管辖区情形的，应提交现机动车所有人的身份证明、机动车登记证书和机动车交易凭证，并交回机动车号牌和机动车行驶证。

3）海关监管的机动车，还应当提交监管海关出具的中华人民共和国海关监管车辆进（出）境领（销）牌照通知书。

3. 车辆的转入

申请机动车转入的，机动车所有人应提交以下材料。

1）机动车注册、转移注销登记/转入申请表。

2）机动车所有人身份证明原件和复印件。

3）由代理人代理的，还需提交代理人身份证明原件和复印件（代理人为单位的，还需提交经办人身份证明原件和复印件）以及机动车所有人的书面委托。

4）机动车来历证明。

5）机动车已超过检验有效期的，还应当提交机动车安全技术检验合格证明和交通事故责任强制保险凭证。

6）车辆识别代号（车架号码）拓印膜。

7）机动车登记证书。

8）机动车查验记录表。

9）机动车档案。

【技能训练】

训练　二手车过户

1. 目的

1）熟悉二手车的过户和转籍流程。

2）能协助客户完成二手车的过户工作。

2. 准备

1）原车主身份证、新车主身份证。

2）车辆行驶证、机动车登记证、购置税本、保险单、车船税完税证明。

3）车辆购买原始发票或过户发票、作价单、过户合同和买卖双方的委托书。

4）机动车到场。

5）机动车转移登记表、机动车刑侦验车单。

3. 学习情境

山东泰安的张先生有一辆别克凯越2009款汽车，现要过户给山东潍坊诸城的王先生，请问怎样办理该车辆的过户手续？

4. 步骤

1）准备过户的资料。

① 卖方张先生的身份证原件及复印件。

② 买方王先生的身份证原件及复印件。
③ 车辆原始购置发票或上次过户发票原件及复印件。
④ 过户车辆的机动车登记证书原件及复印件。
⑤ 车辆行驶证原件及复印件。
2) 在原车辆所在地泰安某个二手车交易市场办理过户手续，买卖双方需要签订买卖合同。
3) 在原车管所办理转籍提档手续。
4) 把档案提出来后在现车主所在地潍坊上牌照，此时不需卖方身份证及所有手续。
5) 变更保险。

5. 学习评价

学习评价见表2-4。

表2-4 二手车过户的学习评价

序号	评分项目	操作内容	分值	评分标准	得分
1	车辆过户手续的准备		50分	准备不全不得分	
2	车辆过户和转籍的办理程序	车辆过户和转籍办理程序操作规程的执行情况	50分	违反操作规程扣1~50分	
	总分		100分		

任务3 机动车辆行驶证和号牌遗失补办手续的办理

【相关知识】

《机动车登记规定》中明确要求，机动车号牌、行驶证灭失、丢失或者损毁的，机动车所有人应当向登记地车辆管理所申请补领、换领。

一、机动车行驶证和号牌的补办

机动车所有人在申请办理机动车号牌和行驶证的补（换）领时，应填写申请表并提交身份证明。车辆管理所自受理之日起一日内补发、换发行驶证，十五日内补发、换发号牌，原机动车号牌号码不变。补发、换发号牌期间应核发有效期不超过十五日的临时行驶车号牌。

1. 机动车行驶证的补办手续

1) 提交机动车所有人的身份证明，由代理人代理的，还需提交代理人身份证明原件和复印件（代理人为单位的，还需提交经办人身份证明原件和复印件）以及机动车所有人的书面委托。

2) 机动车标准照片一张。

2. 机动车号牌补办手续

1) 提交机动车所有人的身份证明，由代理人代理的，还需提交代理人身份证明原件和复印件（代理人为单位的，还需提交经办人身份证明原件和复印件）以及机动车所有人的书面委托。

2）机动车行驶证。

3）机动车号牌辨认不清的或丢失一面号牌的应将原号牌交回。

4）同时申请补两面牌照由所辖区或丢失地派出所出具丢失证明。

3. 机动车行驶证和号牌的补办程序

1）领取并填写机动车牌证申请表，单位车辆被委托人签字，个人车辆车主签字。委托代理人办理的，还应提交代理人身份证明原件和复印件以及机动车所有人的书面委托，代理人在机动车牌证申请表上签字。

2）机动车号牌辨认不清或丢失一面号牌的应将原号牌交回车管部门。

3）机动车丢失两面号牌的由所辖区或丢失地派出所出具丢失证明。

4）在业务窗口办理补领手续，并领取受理凭证。

5）到收费岗交费后，领取行车证或临时牌照。

6）补领牌照的十五日后，凭临时牌照和受理凭证到牌照发放处领取号牌。

二、办理补、换领号牌、行驶证的业务流程和具体事项

1）登记审核岗审查机动车牌证申请表和机动车所有人身份证明。符合规定的，录入相关信息，收回未灭失、丢失或者损坏的部分并销毁。属于补、换领行驶证的，向机动车所有人出具受理凭证，并制作行驶证交机动车所有人。属于补、换领号牌的，向机动车所有人出具受理凭证，并在受理凭证上签注领取时间；核发有效期不超过十五日的临时行驶车号牌；号牌制作完成后交机动车所有人。

2）档案管理岗核对计算机登记系统的信息，整理资料，装订并归档。下列资料存入机动车档案。

① 机动车牌证申请表原件。

② 机动车所有人身份证明复印件。

【技能训练】

训练　机动车牌证的补换

1. 目的

1）熟悉机动车号牌的补换手续。

2）能协助客户完成机动车的牌证补换工作。

2. 准备

1）须到派出所开具报案证明。

2）查询违章记录，如果有违章记录要先去缴纳违章罚款。

3）车主张先生身份证、行驶证原件和复印件。

4）代理人的身份证原件及复印件（可选）。

3. 学习情境

张先生停在小区的车的车牌被盗了，请写出张先生车牌的补办手续。

4. 步骤

1）填写机动车牌证申请表。

2）缴费，确认号牌邮寄地址。

3）办理临时号牌。

5. 学习评价

学习评价见表2-5。

表2-5 机动车牌证的补换的学习评价

序号	评分项目	操作内容	分值	评分标准	得分
1	机动车牌证申请表	填写机动车牌证申请表	50分	填写不全不得分	
2	办理临时号牌的程序	办理临时号牌的办理程序操作规程的执行情况	50分	违反操作规程扣1~50分	
	总分		100分		

【项目小结】

本项目主要讲解了新车办证上牌的程序及所产生的费用，车辆变更、过户和转籍的办理程序和机动车牌证的补办手续。

【巩固与提高】

一、填空题

1. 尚未登记的机动车，需要临时上路行驶的，应当取得_____。
2. 机动车号牌丢失、损毁，机动车所有人申请补发的，应当_____。
3. 跨行政辖区的临时行驶车号牌的有效期最长不超过_____。
4. 机关、企业、事业单位和社会团体的身份证明是_____。
5. 机动车过户所需的资料有_____。

二、选择题

1. 车辆过户是指车辆登记注册地未变而（　　）发生变动的情形。
   A. 车主　　　　B. 驾驶人　　　　C. 客人　　　　D. 交警
2. 国产车辆的车辆合格证明是指（　　）。
   A. 整车检验合格证明　　　　B. 整车使用合格证明
   C. 整车交车合格证明　　　　D. 整车出厂合格证明
3. 补发、换发号牌期间应核发有效期不超过十五日的（　　）车号牌。
   A. 交警任用　　B. 临时行驶　　C. 交警使用　　D. 政府使用

三、判断题

1. 国产机动车的注册登记日期是其发证日期。（　　）
2. 更换发动机的，需在变更前向车辆管理所申请准予变更。（　　）
3. 任何单位和个人不得收缴、扣留机动车号牌。（　　）

4. 依照法律和行政法规制定的地方性尾气排放标准不能作为转入退办的依据。（   ）

5. 小型客车加装前后防撞装置可以不到车辆管理所申请变更登记。（   ）

6. 个人机动车可在暂住地办理注册登记，单位机动车不能在异地办理注册登记。（   ）

四、简答题

1. 请写出当地的新车上牌流程。

2. 办理车辆过户和转籍手续要注意哪些问题？

3. 重庆人想在广州购买一辆新车，如何办理上牌手续？

项目三 汽车保险

【学习目标】

1. 熟悉交强险和商业险的责任范围及责任免除范围，能正确计算出保费。
2. 了解并熟悉承保的工作流程，熟悉核保业务的工作内容。
3. 掌握汽车保险理赔的流程及原则，掌握现场查勘的流程及工作内容，熟悉立案和定损的工作内容，熟悉赔款理算和核赔的工作内容等。

任务1 汽车保险产品

【相关知识】

汽车保险产品可以分为两类：一类为机动车辆交通事故责任强制保险（即交强险），另一类为机动车商业保险。机动车商业险又可以分为基本险（或称主险）和附加险及特约条款。交强险是国家强制性保险，只要车辆上路行驶就必须投保交强险。车主还可以根据自身的实际情况投保商业险。

一、机动车辆交通事故责任强制保险

1. 交强险的概念

机动车交通事故责任强制保险是指由保险公司对被保险机动车发生道路交通事故造成的本车人员和被保险人以外的受害人的人身伤亡和财产损失，在责任限额内予以赔偿的强制性责任保险。

交强险保障的对象是因被保险机动车发生交通事故遭受人身伤亡或者财产损失的人，但不包括被保险机动车本车车上人员和被保险人。

2. 出台交强险的意义

1）通过国家法律这样一个强制手段，来提高机动车第三方责任险的覆盖面，在人民生

命财产安全、道路使用者的生命财产安全等方面都可以得到充分保障，同时可以保证交通事故者受害人最大可能地获得及时和基本的保障。为了鼓励大家安全驾驶，增强交通安全意识，还设计了交通安全信息平台，对保险费率杠杆作用也起到了调节作用，在费率方面，安全驾驶的人员一年如果不出事故，可以享受一定的优惠，而如果一年内事故比较多，就会受到经济调节手段的约束。这样必将促进驾驶人员提高安全守法、合规驾驶的意识。

2）减轻车主负担，对行人有益，对使用公共道路的人员也有益，包括相关的一些财产损失，各方面都可以通过这种制度得到保障。所以交强险不是绝对的，只对有车人士有保障，因为它的保障涉及每一个道路通行者。从这个角度来说，它与老百姓的切身利益也是密切相关的。通俗地讲，交强险是社会公益性很强的险种，车主投保交强险之后，一旦发生交通事故，将由保险公司向受害的第三方及时提供赔偿，这对保障公民合法权益和维护社会稳定有很重要的现实意义。

3. 保险责任

(1) 保险责任成立应满足的条件

1）被保险人在中华人民共和国境内使用被保险机动车。

2）发生交通事故。

3）造成受害人的人身和财产损害。

4）依法由被保险人承担的损害赔偿责任。

(2) 责任限额　**责任限额**是指被保险人机动车发生交通事故，保险人对每次保险事故所有受害人的人身伤亡和财产损失所承担的最高赔偿金额。

交强险实行分类责任限额，即责任限额分为死亡伤残赔偿限额、医疗费用赔偿限额、财产损失赔偿限额和被保险人在道路交通事故中有无责任的赔偿限额。

条款通过定义明确责任限额是保险人对"每次事故所有受害人"的最高赔偿金额，以避免在理赔实践中产生误解和纠纷。

具体责任限额数额分为被保险人在交通事故中有责和无责两类。

1）被保险人在交通事故中有责情况下的责任限额数额：死亡伤残赔偿限额为110 000元；医疗责任赔偿限额为10 000元；财产损失赔偿限额为2000元。

2）被保险人在交通事故中无责情况下的责任限额数额：死亡伤残赔偿限额为11 000元；医疗责任赔偿限额为1000元；财产损失赔偿限额为100元。

随着交强险的实行，根据交强险整体盈利情况和风险保障需要的变化，交强险的责任限额数额可能进行调整。

(3) 各分类责任限额负责赔偿的范围

1）死亡伤残赔偿限额和无责任死亡伤残赔偿限额项下负责赔偿丧葬费、死亡补偿费、受害人亲属办理丧葬事宜支出的交通费、残疾赔偿金、残疾辅助器具费、护理费、康复费、交通费、被抚养人生活费、住宿费、误工费以及被保险人依照法院判决或者调解承担的精神损害抚慰金。

2）医疗费用赔偿限额和无责任医疗费用限额项下负责赔偿医疗费、诊疗费、住院费、住院伙食补助费、必要的合理的后续治疗费、整容费和营养费。

3）财产损失赔偿限额和无责任财产损失赔偿限额项下负责赔偿受害人的直接财产损失。

4. 垫付与追偿

被保险机动车在以下情形下发生交通事故，造成受害人受伤需要抢救的，保险人在接到公安机关交通管理部门的书面通知和医疗机构出具的抢救费用清单后，按照国务院卫生主管部门组织制定的交通事故人员创伤临床诊疗指南和国家基本医疗保险标准进行核实。对于符合规定的抢救费用，保险人在医疗费用赔偿限额内垫付。被保险人在交通事故中无责任的，保险人在无责任医疗费用赔偿限额内垫付。对于其他损失和费用，保险人不负责垫付和赔偿。下述情况下，对于垫付的抢救费用，保险人有权向致害人追偿。

1）驾驶人未取得驾驶资格的。
2）驾驶人醉酒的。
3）被保险机动车被盗抢期间肇事的。
4）被保险人故意制造交通事故的。

5. 责任免除

下列损失和费用，交强险不负责赔偿和垫付。

1）受害人故意造成的交通事故的损失。
2）被保险人所有财产及被保险机动车上的财产遭受的损失。
3）被保险机动车发生交通事故，致使受害人停业、停驶、停电、停气、停产、通信或者网络中断、数据丢失和电压变化等造成的损失以及受害人财产因市场价格变动造成的贬值、修理后因价值降低造成的损失等其他各种间接损失。交强险制度创设的目的在于为受害人提供基本保障，而间接性损失则不属于基本保障之列。
4）因交通事故产生的仲裁或者诉讼费用及其他相关费用。

6. 交强险保费的计算

（1）基准保费的计算

1）一年期基准保费的计算。投保一年期机动车交强险的，按不同机动车种类，根据表3-1所列的机动车交通事故责任强制保险基准费率表中相对应的金额确定基准保险费。

表3-1　机动车交通事故责任强制保险基准费率表

家庭自用汽车	6座以下	6座及以上	—	—	—
	950	1100	—	—	—
非营业客车	6座以下	6~10座	10~20座	20座以上	—
党政事业团体	950	1070	1140	1320	—
企业	1000	1130	1220	1270	—
营业客车	6座以下	6~10座	10~20座	20~36座	36座以上
出租、租赁	1800	2360	2400	2560	3530
城市公交	—	2250	2520	3020	3140
公路客运	—	2350	2620	3420	4690

（续）

货车	2t 以下	2～5t	5～10t	10t 以上	—
非营业货车	1200	1470	1650	2220	—
营业货车	1850	3070	3450	4480	—
特种车	特种车型一	特种车型二	特种车型三	特种车型四	—
	3710	2430	1080	3980	—
拖拉机	兼用型拖拉机 14.7kW 及以下	兼用型拖拉机 14.7kW 以上	运输型拖拉机 14.7kW 及以下	运输型拖拉机 14.7kW 以上	
	70	110	460	640	
摩托车	50mL 及以下	50～250mL（含）	250mL 以上及侧三轮	—	
	80	120	400	—	

2）短期基准保险费的计算。投保保险期间不足一年的机动车交强险，按短期费率系数计收保险费，不足一个月的按一个月计算。短期月费率系数见表 3-2。

表 3-2 短期月费率系数

保险期间/月	1	2	3	4	5	6	7	8	9	10	11	12
短期月费率系数（％）	10	20	30	40	50	60	70	80	85	90	95	100

具体计算方法：先按不同机动车种类，根据机动车交通事故责任强制保险基准费率表中所对应的金额确定年基准保险费，再根据投保期限选择相对应的短期月费率系数，两者相乘即为短期基准保险费，即

短期基准保险费 = 年基准保险费 × 短期月费率系数

【例 3-1】 一辆家庭自用 5 座轿车投保交强险后半年将达到强制报废时间，计算投保人投保期的短期基准保险费。

解：由表 3-1 查得年基准保险费为 950 元，由表 3-2 查得短期月费率系数为 60%，则

短期基准保险费 = 950 元 × 60% = 570 元

（2）交强险费率浮动暂行办法及交强险基准费率浮动比率表

《机动车交通事故责任强制保险费率浮动暂行办法》（以下简称《暂行办法》）由保监会会同公安交通管理部门制定，自 2007 年 7 月 1 日起试行。《暂行办法》对交强险续保时的费率浮动进行了明确规定。

1）交强险费率实行与道路交通事故相联系的浮动机制。根据《机动车交通事故责任强制保险条例》（以下简称《条例》）第八条的规定，交强险实行与道路交通安全违法行为和道路事故相联系的费率浮动机制。但是，考虑到目前实践中的可操作性和公平性，自 2007 年 7 月 1 日起在全国范围内统一实行交强险费率浮动与道路交通事故相联系，暂不在全国范围内统一实行与道路交通安全违法行为相联系。实行交强险费率浮动机制有利于促使驾驶人

提高道路交通安全意识和守法意识，有利于预防和减少道路交通事故的发生。

2）交强险费率浮动的因素及比率。交强险费率浮动标准根据被保险机动车所发生的道路交通事故计算，摩托车和拖拉机暂不浮动，费率浮动因素及比率见表3-3。

表3-3 交强险费率浮动因素及比率表

浮动因素			浮动比率（%）
与道路交通事故相联系的浮动A	A1	上一个年度未发生有责任道路交通事故	－10
	A2	上两个年度未发生有责任道路交通事故	－20
	A3	上三个及以上年度未发生有责任道路交通事故	－30
	A4	上一个年度发生一次有责任不涉及死亡的道路交通事故	0
	A5	上一个年度发生两次及两次以上有责任道路交通事故	10
	A6	上一个年度发生有责任道路交通死亡事故	30

3）几种特殊情况的交强险费率浮动方法。首次投保交强险的机动车费率不浮动；在保险期限内，被保险机动车所有权转移，交强险费率不浮动；机动车临时上道路行驶或境外机动车临时入境投保短期交强险的，交强险费率不浮动。其他投保短期交强险的情况下，根据交强险短期基准保险费并按照上述标准浮动；被保险机动车经公安机关证实丢失后追回的，根据投保人提供的公安机关证明，在丢失期间发生道路交通事故的，交强险费率不向上浮动；机动车上一期交强险保单期满后未及时续保的，浮动因素计算区间仍为上期保单出单日至本期保单出单日之间；在全国车险信息平台联网或全国信息交换前，机动车跨省变更投保地时，如投保人能提供相关证明文件的，可享受交强险费率向下浮动，不能提供的，交强险费率不浮动。

4）交强险费率浮动的实现方式。投保人明确表示不需要的，保险公司应当在完成保险费计算后、出具保险单以前，向投保人出具《机动车交通事故责任强制保险费率浮动告知书》，经投保人签章确认后，再出具交强险保单和保险标志。投保人有异议的，应告知其有关道路交通事故的查询方式。

已经建立车险联合信息平台的地区，可通过车险联合信息平台实现交强险费率浮动。除当地保险监管部门认可的特殊情形以外，《机动车交通事故责任强制保险费率浮动告知书》和交强险保单必须通过车险信息平台出具。未建立车险信息平台的地区，通过保险公司之间相互报盘、简易理赔共享查询系统或者手工方式等实现交强险费率浮动。目前，由于《暂行办法》刚施行，各地均未建立车险联合信息平台，保监会正会同国务院公安部门逐步推进机动车联合信息平台的建设。

（3）最终保险费的计算办法 在实行《暂行办法》前，前面计算的基准保险费就是最终保险费。在实行《暂行办法》后，应先计算出基准保险费，再根据《暂行办法》计算出"与道路交通事故相联系的浮动比率"，两者相乘即为最终保险费，即

最终保险费 = 基准保险费 × （1 + 与道路交通事故相联系的浮动比率）

【例3-2】 王先生的5座私家车连续两年未出险，今年交强险保费应为多少钱？

交强险最终保险费 = 交强险基础保险费 × （1 + 与道路交通事故相联系的浮动比率A）=

950元×(1-20%)=760元。

(4) 解除保险合同的保险费计算办法　根据《条例》规定解除保险合同的，保险人应按如下标准计算退还被保险人的保险费（包括从中提取的道路交通事故社会救助基金部分）。

1) 投保人已缴纳保险费，但在保险责任开始前解除合同的，全额退还保险费并不扣减手续费。

2) 投保人已缴纳保险费，但在保险责任开始后解除合同的，按日费率退还未了责任期部分的保险费。

退还保险费 = 保险费 × (1 - 已了责任天数/保险期间天数)

二、机动车辆商业保险——基本险

2006年，在中国保险行业协会组织协调下，交强险实行条款、费率、手续费比例和实务的四统一，而在商业险方面，实行了行业A、B、C三套条款和费率规章。由于A、B、C三套行业条款在条款结构、费率水平和保障范围上差别不大，而且所有商业机动车辆保险的保险条款的基本架构都大同小异，所以这里以行业A条款非营业用车辆为例，介绍机动车商业险。

1. 机动车损失险

(1) 车损险的概念　**机动车辆损失保险**是指在保险期间内，被保险人或其允许的合法驾驶人在使用被保险机动车的过程中，因列明原因造成被保险机动车的损失，保险人依照本保险合同的约定负责赔偿。

(2) 保险责任　**保险责任**是保险公司承担保险赔偿的约定责任范围。在机动车辆保险中，保险责任一般是列明发生损失的直接原因，由列明原因引起的损失保险人员负责赔偿。这些内容反映在保险条款中，可以避免产生歧义和纠纷，发生事故后只要属于列明原因造成的损失，除非另有约定，保险人都应该赔偿。

《非营业用汽车损失保险条款》保险责任部分明确了保险责任的赔偿内容和保险责任的构成要件。

1) 保险责任的赔偿内容。保险车辆发生由于列明原因造成的损失以及被保险人为防止或者减少被保险机动车的损失所支付的必要、合理的施救费用，保险人负责赔偿。

2) 保险责任构成要件。主要有：事故发生在保险期间内，即事故发生在保险起讫时间范围内；事故发生时的驾驶人必须是被保险人或其允许的合法驾驶人，合法驾驶人是指符合《道路交通安全法》有关规定的驾驶人；事故发生在被保险机动车使用的过程中，包括行驶和停放，而进厂维修、维护和测试等不属于使用过程；保险车辆的损失必须是以下列明原因造成的损失，这些原因归纳起来可分为意外事故、自然灾害和特定灾害事故。

① 碰撞、倾覆、坠落。

a) 碰撞：指被保险机动车与外界物体直接接触并发生意外撞击、产生撞击痕迹的现象，包括被保险机动车按规定载运货物时，所载货物与外界物体的意外撞击。

b) 倾覆：指意外事故导致被保险机动车翻倒（两轮以上离地、车体触地），处于失去正常状态和行驶能力、不经施救不能恢复行驶的状态。

c）坠落：指被保险机动车在行驶中发生意外事故，整车腾空后下落，造成本车损失的情况。非整车腾空，仅由于颠簸造成被保险机动车损失的，不属坠落责任。

② 火灾、爆炸、自燃。

a）火灾：指被保险机动车本身以外的火源引起的、在时间或空间上失去控制的燃烧（即有热、有光、有火焰的剧烈的氧化反应）所造成的灾害。

b）爆炸：物体在瞬间分解或燃烧时放出大量的热和气体，并以很大的压力向四周扩散，形成破坏力的现象。发动机因其内部原因发生爆炸或爆裂和轮胎爆炸等，不属本保险责任。

c）自燃：指在没有外界火源的情况下，由于本车电器、线路、供油系统和供气系统等被保险机动车自身原因发生故障或所载货物自身原因起火燃烧。

③ 外界物体坠落、倒塌。

a）外界物体坠落：陨石或飞行器等空中掉落物体所致保险车辆受损，属本保险责任。吊车的吊物脱落及吊钩或吊臂的断落等造成保险车辆的损失，也视为本保险责任。但吊车本身在操作时由于吊钩、吊臂上下起落砸坏保险车辆的损失，不属于保险责任。

b）外界物体倒塌：保险车辆自身以外的物体倒下或陷下。

④ 暴风、龙卷风。

a）暴风：指风速为28.5m/s的风（相当于11级大风）。风速以气象部门公布的数据为准。

b）龙卷风：一种范围小而时间短的猛烈旋风，平均最大风速一般为79～103m/s，极端风速一般在100m/s以上。

⑤ 雷击、雹灾、暴雨、洪水、海啸。

a）雷击：由雷电造成的灾害。由于雷电直接击中保险车辆或通过其他物体引起保险车辆的损失，均属本保险责任。

b）雹灾：由于冰雹降落造成车辆遭受的损失，属本保险责任。

c）暴雨：每小时降雨量达16mm以上，或连续12h降雨量达30mm以上，或连续24h降雨量达50mm以上造成保险车辆的损失，属本保险责任。

d）洪水：凡江河泛滥、山洪暴发、潮水上岸及倒灌，致使保险车辆遭受泡损、淹没的损失，都属于本保险责任。

e）海啸：海啸是由于地震或风暴而造成的海面巨大涨落现象，按成因分为地震海啸和风暴海啸。由于海啸以致海水上岸泡损、淹没、冲失保险车辆都属本保险责任。

⑥ 地陷、冰陷、崖崩、泥石流、滑坡。

a）地陷：地壳因为自然变异、底层收缩而发生突然塌陷以及海潮、河流、大雨侵蚀时，地下有孔穴、矿穴，以至地面突然塌陷造成保险车辆的损失，属本保险责任。

b）冰陷：在公安交通管理部门允许车辆行驶的冰面上，保险车辆通行时，冰面突然下陷造成保险车辆的损失，属本保险责任。

c）崖崩：石崖、土崖因自然风化、雨蚀而崩裂下塌，或山上岩石滚落，或雨水使山上沙土透湿而崩塌，致使保险车辆遭受的损失，属本保险责任。

d）雪崩：大量积雪突然崩落造成保险车辆的损失，属本保险责任。

e）泥石流：山地突然暴发饱含大量泥沙、石块的洪流造成车辆遭受的损失，属本保险责任。

f）滑坡：斜坡上不稳的岩体或土体在重力作用下突然整体向下滑动，造成车辆遭受的损失，属本保险责任。

⑦ 载运被保险机动车的渡船遭受自然灾害（只限于驾驶人随船的情形）。保险车辆在行驶途中过渡，驾驶人把车辆开上渡船并随车到对岸，这期间因遭受自然灾害（雷击、暴风、龙卷风、暴雨、洪水、海啸、地陷、冰陷、崖崩、雹灾、泥石流和滑坡等），致使保险车辆本身发生损失，保险人予以赔偿。

3）被保险人为防止或者减少被保险机动车的损失所支付的施救费用必须是必要的、合理的，而且最高不超过保险金额的数额。

施救包括施救措施和保护措施。施救措施是指灾害事故或意外事故发生时为减少和避免车辆的损失而实施的抢救行为。保护措施是指保险责任范围内的自然灾害或事故发生以后，为防止保险车辆损失扩大和加重而实施的抢救行为。

（3）责任免除

1）巨灾和不可抗力责任。

① 地震：指地球内部的变动引起地壳的震动。无论地震使保险车辆直接受损，还是地震造成外界物体倒塌所致保险车辆的损失，保险人都不负责赔偿。

② 战争、军事冲突、恐怖活动、暴乱、扣押、收缴、没收和政府征用。

a）战争：国家与国家、民族与民族、政治集团与政治集团之间为了一定的政治、经济目的而进行的武装斗争。

b）军事冲突：国家或民族间在一定范围内的武装对抗。

c）恐怖活动：为了达到一定的政治目的或其他目的进行的暴力活动。

d）暴乱：破坏社会秩序的武装骚动。

e）扣押：采用强制手段扣留保险车辆。

f）收缴：行政机关或行政机关授权的机构对于保险车辆依法采取的占有转移措施。

g）没收：司法机关或行政机关没收违法者的保险车辆，作为处罚。

h）政府征用：政府利用行政手段有偿或无偿占用保险车辆。

这类风险事故发生的原因复杂，往往是社会、自然甚至是人为原因综合作用的结果。有些损失一个国家和其政府都无法承担，作为独立法人的商业保险公司更是无力、无法承担，故将其设定为责任免除（战争、军事冲突、恐怖活动、暴乱以政府宣布为准）。

2）其他列明责任免除。

① 因污染（含放射性污染）造成的损失。污染指被保险机动车正常使用过程中或发生事故时，由于油料、尾气、货物或其他污染物的泄漏、飞溅、排放、散落等造成被保险机动车污损或状况恶化。

② 市场价格变动造成的贬值和修理后价值降低引起的损失。

③ 被保险机动车所载货物坠落、倒塌、撞击、泄漏造成的损失。

④ 被盗窃、抢劫、抢夺以及因被盗窃、抢劫、抢夺受到损坏或车上零部件、附属设备丢失。

⑤ 无明显碰撞痕迹的车身划痕。

⑥ 被保险机动车转让他人，未向保险人办理批改手续。转让是指以转移所有权为目的，处理被保险机动车的行为。被保险人以转移所有权为目的，将被保险机动车交付他人，但未按规定办理转移（过户）登记的，视为转让。保险合同由投保人和保险人订立，合同为被保险人提供保险保障。被保险人对保险标的具有可保利益。机动车转让他人后被保险人失去可保利益，而受让人并不是合同约定的被保险人，其结果是转让人可能会要求退保，而受让人重新投保，这样既复杂又增加费用。为此，可以在转让结束时提出批改，未做批改的属于责任免除范围。

⑦ 竞赛、测试、教练及在营业性维修、养护场所修理和养护期间。

a）竞赛：指被保险机动车作为赛车参加车辆比赛活动，包括以参加比赛为目的进行的训练活动。

b）测试：指对被保险机动车的性能和技术参数进行测量或试验。

c）教练：指尚未取得合法机动车驾驶证，但已通过合法教练机构办理正式学车手续的学员，在固定练习场所或指定路线并有合格教练随车指导的情况下驾驶被保险机动车。

竞赛、测试、教练不属于正常的使用期间，而保险车辆在营业性维修、养护场所修理和养护期间则不属于使用期间。这些情况下保险车辆或者由于其本身已经处于危险状态，或者不在被保险人控制状态，危险程度增加，与合同约定的风险状态不在同一水平，所以被列入责任免除。

⑧ 其他不属于保险责任范围内的损失和费用。保险条款列明保险责任，并且突出了责任免除，但事故的发生原因往往既不属于保险责任范围内列明的原因，又不属于责任免除所列举的情形，在后期处理过程中容易引发纠纷，为此该条实质上是关门条约，也就是说只要不属于保险责任范围内列明原因造成的损失，就不属于保险责任。

3）驾驶人风险责任。保险合同作为一种特定合同，必须符合国家有关法律和法规，违法活动本身就是法律惩戒的对象，因此由于驾驶人的违法责任，特别是严重违反国家有关法律法规的行为引起的事故必然会被列入责任免除范围，否则只会助长违法行为的蔓延，与保险的基本原则和目标相悖。

① 利用被保险机动车从事违法活动。

② 驾驶人饮酒、吸食或注射毒品、被药物麻醉后使用被保险机动车。

a）饮酒：指驾驶人饮酒后开车。可根据下列情况之一来判定：公安交通管理部门处理交通事故时做出的酒后驾车结论；有饮酒后开车的证据。

b）吸食或注射毒品：指驾驶人吸食或注射鸦片、吗啡、海洛因、大麻、可卡因以及国务院规定管制的其他能够使人形成瘾癖的麻醉药品和精神药品。

c）药物麻醉：指驾驶人食入或注射有麻醉成分的药品，在整个身体或身体的某一部分暂时失去控制的情况下驾驶车辆。

③ 事故发生后，被保险人或其允许的驾驶人在未依法采取措施的情况下驾驶被保险机

项目三 汽车保险

动车或者遗弃被保险机动车逃离事故现场，或故意破坏、伪造现场，毁灭证据。

④ 无驾驶证或驾驶证有效期已届满。

⑤ 驾驶的被保险机动车与驾驶证载明的准驾车型不符。

⑥ 实习期内驾驶执行任务的警车、消防车、救护车和工程救险车以及载有爆炸物品、易燃易爆化学物品、剧毒或者放射性等危险物品的被保险机动车，实习期内驾驶的被保险机动车牵引挂车。

⑦ 持未按规定审验的驾驶证以及在暂扣、扣留、吊销、注销驾驶证期间驾驶被保险机动车。

⑧ 使用各种专用机械车和特种车的人员无国家有关部门核发的有效操作证。

⑨ 依照法律法规或公安机关交通管理部门有关规定不允许驾驶被保险机动车的其他情况下驾车。

⑩ 非被保险人允许的驾驶人使用被保险机动车。

4）必然风险责任和车辆自身风险。

① 除另有约定外，发生保险事故时被保险机动车无公安机关交通管理部门核发的行驶证、号牌，或未按规定检验，或检验不合格。

② 自然磨损、朽蚀、腐蚀、故障。

a）自然磨损：指车辆由于使用造成的机件损耗。

b）朽蚀：指机件与有害气体和液体接触，被腐蚀损坏。

c）腐蚀：指材料在环境的作用下引起的破坏或变质。

d）故障：由于车辆某个部件或系统性能发生问题，影响车辆的正常工作。

③ 玻璃单独破碎，车轮单独损坏。

a）玻璃单独破碎：指未发生被保险机动车其他部位的损坏，仅发生被保险机动车前后风窗玻璃和左右车窗玻璃的损坏。

b）车轮单独损坏：指未发生被保险机动车其他部位的损坏，仅发生轮胎、轮辋、轮毂罩的单独损坏，或上述三者之中任意两者的共同损坏，或三者的共同损坏。

④ 自燃仅造成电器、线路、供油系统和供气系统的损失。

⑤ 标准配置以外新增设备的损失。

（4）严重违章和故意行为责任

1）遭受保险责任范围内的损失后，未经必要修理继续使用被保险机动车，致使损失扩大的部分。

2）人工直接供油和高温烘烤造成的损失。

① 人工直接供油：不经过车辆正常供油系统的供油。

② 高温烘烤：无论是否使用明火，凡违反车辆安全操作规则的加热和烘烤升温的行为。

3）发动机进水后导致的发动机损坏。不论任何原因造成的发动机进水后导致发动机的损失，均不负责赔偿。

4）被保险人或驾驶人的故意行为造成的损失。

5）交强险赔偿的金额。交强险和商业险的赔付次序是交强险先行赔付，之后商业险赔付。根据财产保险的补偿原则,为避免同一案件重复索赔造成不当得利,因此商业险将交强险赔偿的金额列为责任免除。

6)合同约定的免赔责任。保险人在依据本保险合同约定计算赔款的基础上,实行按责赔付,根据事故责任比例,对赔偿责任实行免赔率。

① 负次要事故责任的免赔率为5%,负同等事故责任的免赔率为8%,负主要事故责任的免赔率为10%,负全部事故责任或单方肇事事故责任的免赔率为15%。

② 被保险机动车的损失应当由第三方负责赔偿的,无法找到第三方时,免赔率为30%。

③ 被保险人根据有关法律、法规规定选择自行协商方式处理交通事故,不能证明事故原因的,免赔率为20%。

④ 投保时约定了行驶区域,而保险事故发生在约定行驶区域以外的,增加免赔率10%。

单方肇事事故是指不涉及与第三方有关的损害赔偿的事故,但不包括因自然灾害引起的事故。免赔率的实行体现了保险的补偿原则,同时也是控制风险,特别是控制道德风险的一种选择。

(5)机动车辆损失险保费计算

1)确定基准保险费。按照被保险人类别、车辆用途、车辆种类和车辆使用年限等分类因素选择车辆损失险基本费率表中对应的档次,确定基础保险费和费率,按下列公式计算车辆损失险基准保险费。

$$基准保险费 = 基础保险费 + 车辆损失险保险金额 \times 费率$$

2)使用费率调整系数表进行费率调整。费率调整系数是在基本费率的基础上,根据车辆风险状况结合营销策略等对基本费率进行调整的参数。根据车辆的使用情况,确定适用系数,进行费率调整。

$$车辆损失险保险单保险费 = 基准保险费 \times C_1 \times C_2 \times C_3 \times \cdots \times C_n$$

式中 C_1、C_2、C_3、$\cdots$、C_n——费率浮动系数。

【例3-3】 一辆6座家庭自用汽车投保A条款机动车损失保险,车龄为1年,保险金额为20万元,约定平均行驶里程<30 000km。计算应缴纳保险费(表3-4示为A条款部分基本费率表,表3-5为费率调整系数表)。

表3-4 A条款部分基本费率表

家庭自用汽车与企业非营业用车		机动车损失保险			
		1年以下		1~2年	
		基础保险费/元	费率(%)	基础保险费/元	费率(%)
家庭自用车	6座以下	539	1.28	513	1.22
	6~10座	646	1.28	616	1.22
企业非营业客车	6座以下	305	1.01	290	0.96
	6~10座	365	0.96	348	0.91
	10~20座	365	1.03	348	0.98
	20座以上	381	1.03	363	0.98

表 3-5 费率调整系数表（部分）

序号	项目	内容	系数	适用范围
1	无赔款优待及上年赔款记录	连续 3 年没有发生赔款	0.70	所有车辆
		连续两年没有发生赔款	0.80	
		上年没有发生赔款	0.90	
		新保或上年赔款次数在 3 次以下	1.00	
		上年发生 3 次赔款	1.10	
		上年发生 4 次赔款	1.20	
		上年发生 5 次及以上赔款	1.30	
2	多险种同时投保	同时投保车损险、三责险	0.95~1.00	
3	客户忠诚度	首年投保	1.00	
		续保	0.90	
4	平均年行驶里程	平均年行驶里程＜30 000km	0.90	
		平均年行驶里程≥50 000km	1.10~1.30	

解：由表 3-4 查得基础保险费是 616 元，费率是 1.22%，则

基准保险费 =（616 + 200 000 × 1.22%）元 = 3056 元

再查表 3-5，由于约定平均年行驶里程＜30 000km，费率浮动系数是 0.9，则

应缴纳保险费 = 3056 元 × 0.9 = 2750.4 元

需要注意，在保险费计算的过程中，使用费率调整系数进行费率调整，费率浮动采用系数连乘的形式。使用费率调整系数后，各险别的费率优惠幅度超过监管部门规定的最大优惠幅度时，按照监管部门规定的最大优惠幅度执行。

2. 机动车第三者责任保险

（1）第三者责任险的概念　**第三者责任险**是指在保险期间内，被保险人或其允许的合法驾驶人在使用保险车辆的过程中发生意外事故，致使第三者遭受人身伤亡和财产的直接损毁，依法应由被保险人承担的经济赔偿责任。保险公司对于超过机动车交通事故责任强制保险各分项赔偿限额以上的部分，按照《机动车第三者责任保险条款》的规定负责赔偿。

（2）保险责任　《机动车第三者责任保险条款》规定了保险责任范围和保险责任构成要件。

1）保险责任范围。被保险人或其允许的合法驾驶人在使用被保险机动车的过程中发生意外事故，致使第三者遭受人身伤亡或财产直接损毁，依法应当由被保险人承担的损害赔偿责任，保险人依照本保险合同的约定，对于超过机动车交通事故责任强制保险各分项赔偿限额以上的部分负责赔偿。

2）保险责任构成要件。保险责任成立必须同时具备以下条件。

① 风险事故必须发生在保险期间内，即在保险单上列明的保险合同起讫时间范围内。

② 风险事故必须是保险车辆在中华人民共和国境内（不含港、澳、台地区）行驶过程中发生的。

③ 风险事故必须是被保险人或其允许的合法驾驶人在使用保险车辆的过程中发生的。

④ 必须是保险合同中约定的第三者因被保险机动车发生意外事故遭受人身伤亡或者财产直接损毁的损失且超过交强险各分项赔偿限额以上的部分。

（3）责任免除 《机动车第三者责任保险条款》采用列明式对保险条款的责任免除范围进行了明确。

1）不属于第三者赔偿范围的责任。被保险机动车造成下列人身伤亡或财产损失，不论在法律上是否规定应当由被保险人承担赔偿责任，保险人均不负责赔偿。

① 被保险人及其家庭成员的人身伤亡和所有或代管的财产的损失。

② 被保险机动车本车驾驶人及其家庭成员的人身伤亡和所有或代管的财产的损失。

③ 被保险机动车本车上其他人员的人身伤亡或财产损失。

2）巨灾和重大社会风险引起的事故。下列情况下，不论任何原因造成的对第三者的损害赔偿责任，保险人均不负责赔偿。

① 地震。

② 战争、军事冲突、恐怖活动、暴乱、扣押、收缴、没收、政府征用。

3）违法、违规活动引起的事故责任。

① 利用被保险机动车从事违法活动。

② 驾驶人饮酒、吸食或注射毒品、被药物麻醉后使用被保险机动车。

③ 事故发生后，被保险人或其允许的驾驶人在未依法采取措施的情况下驾驶被保险机动车，或者遗弃被保险机动车逃离事故现场，或故意破坏、伪造现场，毁灭证据。

④ 驾驶人有下列情形之一者：无驾驶证或驾驶证有效期已届满；驾驶的被保险机动车与驾驶证载明的准驾车型不符。实习期内驾驶公共汽车、营运客车或者载有爆炸物品、易燃易爆化学物品、剧毒或者放射性等危险物品的被保险机动车；实习期内驾驶的被保险机动车牵引挂车；持未按规定审验的驾驶证以及在暂扣、扣留、吊销、注销驾驶证期间驾驶被保险机动车；使用各种专用机械车、特种车但无国家有关部门核发的有效操作证，驾驶营运客车但无国家有关部门核发的有效资格证书；依照法律、法规或公安机关交通管理部门有关规定不允许驾驶被保险机动车的其他情况下驾车。

4）危险程度增加引起的事故责任。

① 非保险人允许的驾驶人使用被保险机动车。

② 被保险机动车转让他人，未向保险人办理批改手续。

③ 除另有约定外，发生保险事故时被保险机动车无公安机关交通管理部门核发的行驶证、号牌，或未按规定检验或检验不合格。

④ 被保险机动车拖带未投保机动车交通事故责任强制保险的机动车（含挂车）或被投保机动车交通事故责任强制保险的其他机动车拖带。

⑤ 竞赛、测试、教练，在营业性维修、养护场所修理和养护期间。

5）其他列明损失。下列损失和费用，保险人不负责赔偿。

① 被保险机动车发生意外事故，致使第三者停业、停驶、停电、停水、停气、停产、通信或者网络中断、数据丢失、电压变化等造成的损失以及其他各种间接损失。

② 精神损害赔偿。

③ 因污染（含放射性污染）造成的损失。

④ 第三者财产因市场价格变动造成的贬值、修理后价值降低引起的损失。

⑤ 被保险机动车被盗窃、抢劫、抢夺期间造成第三者人身伤亡或财产损失。被盗窃、抢劫、抢夺期间是指被保险机动车被盗窃、抢劫、抢夺过程中及全车被盗窃、抢劫、抢夺后全车被追回。

⑥ 被保险人或驾驶人的故意行为造成的损失。

⑦ 仲裁或者诉讼费用及其他相关费用。

6) 交强险承担的赔偿责任。应当由交强险赔偿的损失和费用，保险人不负责赔偿。保险事故发生时，被保险机动车未投保交强险或交强险合同已经失效的，对于交强险各分项赔偿限额以内的损失和费用，保险人不负责赔偿。

7) 合同约定的免赔责任。保险人在依据本保险合同约定计算赔款的基础上，在保险单载明的责任限额内，按下列免赔率免赔：

① 负次要事故责任的免赔率为5%，负同等事故责任的免赔率为10%，负主要事故责任的免赔率为15%，负全部事故责任的免赔率为20%。

② 违反安全装载规定的，增加免赔率10%。

③ 投保时指定驾驶人，保险事故发生时为非指定驾驶人使用被保险机动车的，增加免赔率10%。

④ 投保时约定了行驶区域，而保险事故发生在约定行驶区域以外的，增加免赔率10%。

8) 非保险责任范围内的损失。其他不属于保险责任范围内的损失和费用，保险人不负责赔偿。

(4) 交强险与商业三责险的关系　交强险属国家强制险种，其保险责任有明确的规定，保额也有明确的划分，但交强险只能提供一个基本保障，保障赔偿金额较低。因此，出于对家庭和社会负责的角度考虑，机动车所有人和管理者在投保交强险的同时，可以投保商业三责险作为补充，以有效分散风险。交强险实行的是"无过错责任"原则，即无论被保险人是否在交通事故中负有责任，保险公司均将在责任限额内予以赔偿。第三者责任险规定了较多的责任免除事项和免赔率；而交强险的保险责任几乎涵盖了所有道路交通风险，且不设免赔率和免赔额。第三者责任险是以盈利为目的，属于商业保险业务；交强险则不以盈利为目的，无论盈亏，均不参与公司的利益分配，公司实际上起了一个代办的角色。当发生事故时，由交强险先行赔付，不足部分再由商业三责险进行补充赔付。

(5) 机动车第三者责任险保费的计算

1) 确定基准保险费。

① 如果责任限额小于100万元，按照被保险人类别、投保车辆类型、性质和责任限额等分类因素在基本费率表中直接查找对应的基准保险费。

② 如果责任限额大于100万元。选择A条款的公式为

$$基准保险费 = A + 0.9 \times N \times (A - B)$$

式中，A——同档次限额为100万元时的保险费；

B——同档次限额为50万元时的保险费；

N——系数，$N=$（限额 -100 万元）$/50$ 万元，限额必须是 50 万元的整数倍。

2）使用费率调整系数表进行费率调整。根据车辆使用情况以及费率调整系数表确定适用系数，进行费率调整。

第三者责任险保单保险费 = 基准保险费 $\times C_1 \times C_2 \times C_3 \times \cdots \times C_n$

【例3-4】 一辆6座家庭自用汽车，投保A条款商业第三者责任险，责任限额10万元，平均年行驶里程数小于30 000km，计算应缴纳的保险费（A条款部分基本费率见表3-6）。

表3-6 第三者责任险基本费率表（A条款）

家庭自用汽车与企业非营业用车		第三者责任险						
		5万元	10万元	15万元	20万元	30万元	50万元	100万元
家庭自用汽车	6座以下	671	940	1060	1141	1275	1515	1973
	6～10座	573	803	906	975	1090	1295	1686
	10座以上	573	803	906	975	1090	1295	1686
企业非营业客车	6座以下	628	955	1078	1160	1297	1540	2006
	6～10座	653	915	1032	1111	1241	1475	1921
	10～20座	779	1091	1231	1325	1481	1759	2291
	20座以上	1007	1410	1592	1713	1914	2274	2962

解： 由表3-6查得基准保险费是803元，再查表3-5，由于年平均行驶里程数小于30 000km，费率浮动系数是0.9，则

应缴纳保险费 $= 803$ 元 $\times 0.9 = 722.7$ 元

需要注意，在保险费计算的过程中，使用费率调整系数进行费率调整，费率浮动采用系数连乘的形式。使用费率调整系数后，各险别的费率优惠幅度超过监管部门规定的最大优惠幅度时，按照监管部门规定的最大优惠幅度执行。

三、机动车辆商业保险——附加险及特约条款

为了满足投保人对其他风险保障的需要，行业协会条款提供了一些大众化的附加险条款，以满足投保人对附加险的基本要求。各保险公司从保险市场需求和自身营销策略出发，也开发了一系列富有特色的附加险产品供投保人选择，以实现风险保障的充分性和差异性。

一般来说，附加险是针对机动车辆损失险和第三者责任保险的部分责任免除设置的，不能单独承保。只有在投保机动车辆损失保险或第三者责任保险的基础上，方可选择投保相应的附加险。附加险条款的效力优于基本险条款的效力，附加险条款中的未尽事宜以基本险条款为准。目前，车险市场上各家保险公司推出的附加险产品较多，这里仅对其中部分险种进行简要介绍。

1. 车辆损失险的附加险

（1）全车盗抢险

1）保险责任。

① 承保被保险机动车被盗窃、抢劫、抢夺，经出险当地县级以上公安刑侦部门立案证明，满60天未查明下落的全车损失。

②被保险机动车全车被盗窃、抢劫、抢夺后，受到损坏或车上零部件、附属设备丢失需要修复的合理费用。

③被保险机动车在被抢劫、抢夺过程中，受到损坏需要修复的合理费用。

2）责任免除。

①非全车遭盗窃，仅车上零部件或附属设备被盗窃或损坏。

②保险车辆被诈骗、罚没、扣押造成的损失。保险车辆被他人诈骗或被保险人因违反政府有关法律、法规被有关国家机关罚没、扣押期间造成的全车或部分损失，保险人不负责赔偿。

③被保险人因民事、经济纠纷而导致保险车辆被抢劫、抢夺。无论公安部门是否出具保险车辆被抢劫、抢夺的书面证明，只要是被保险人与他人因民事或经济纠纷而导致保险车辆被抢劫、抢夺，保险人均不负赔偿责任。

④租赁车辆与承租人同时失踪。

⑤全车被盗窃、抢劫、抢夺期间，保险车辆造成第三者人身伤亡或财产损失。指保险车辆在全车被盗窃、抢劫、抢夺期间，无论任何人驾驶该车辆肇事，导致第三者的人员伤亡或财产损失，保险人均不赔偿。

⑥被保险人及其家庭成员、被保险人允许的驾驶人员的故意行为或违法行为造成的损失。

3）赔偿处理。

①被保险人得知保险车辆被盗窃、抢劫、抢夺后，应在24h内（不可抗拒因素除外）向当地公安部门报案，同时通知保险人，并登报声明。（指被保险人在通知保险人后，在保险人指定的报纸上登载其保险车辆被盗窃、抢劫、抢夺的声明）

②被保险人索赔时，须提供保险单、机动车行驶证、机动车登记证书、机动车来历凭证、车辆购置税完税证明（车辆购置附加费缴费证明）或免税证明、车辆停驶手续以及出险当地县级以上公安刑侦部门出具的盗抢立案证明。被保险人向保险人索赔时，还须提供购车原始发票和车钥匙等。

③若为全车损失，则在保险金额内计算赔偿，并实行20%的免赔率。被保险人未能提供机动车行驶证、机动车登记证书、机动车来历凭证、车辆购置税完税证明（车辆购置附加费缴费证明）或免税证明的，每缺少一项，增加1%的免赔率。若为部分损失，则在保险金额内按实际修复费用计算赔偿。保险车辆在被盗窃、抢劫、抢夺期间受到损坏或车上零部件、附属设备丢失的损失，按实际修复费用计算赔偿，最高不超过全车盗抢险保险金额。

④被保险人索赔时，未能提供车辆停驶手续或出险当地县级以上公安刑侦部门出具的盗抢立案证明，保险人不承担赔偿责任。

⑤保险人确认索赔单证齐全、有效后，被保险人签具权益转让书，保险人赔付结案。

⑥保险车辆全车被盗窃、抢劫、抢夺后被找回的，保险人尚未支付赔款的，车辆应归还被保险人。保险人已支付赔款的，车辆应归还被保险人，被保险人应将赔款返还给保险人；被保险人不同意收回车辆，车辆的所有权归保险人，被保险人应协助保险人办理有关手续。

上述规定了全车盗抢险的赔偿处理方式,需要说明的是,保险车辆全车损失的,按本附加险载明的保险金额赔偿,即

$$赔款 = 保险金额 \times (1 - 免赔率)$$

保险车辆部分损失的,按实际修复费用赔偿。

4)保险费的计算。确定基准保险费,按照被保险人类别、车辆性质、车辆类型和座位数等分类因素在基本费率表中选择相应档次,确定基础保险费和费率,按下列公式计算全车盗抢险基准保险费。

$$基准保险费 = 基础保险费 + 全车盗抢险保险金额 \times 费率$$

使用费率调整系数表进行费率调整,根据车辆适用情况以及差费率调整系数表确定适用系数,进行费率调整。

$$全车盗抢险保单保险费 = 基准保险费 \times C_1 \times C_2 \times C_3 \times \cdots \times C_n$$

【例3-5】 一辆6座家庭自用汽车投保A条款全车盗抢险,保险金额20万元,属新保业务。计算应缴纳的保险费(表3-7为A条款盗抢险基本费率表)。

解:由表3-7查得基础保险费是140元,费率是0.44%,得

$$基准保险费 = (140 + 200\ 000 \times 0.44\%)\ 元 = 1020\ 元$$

再查表3-5,费率调整系数表,由于是新保业务,费率浮动系数是1.0,得

$$应缴纳保险费 = 1020 \times 1.0\ 元 = 1020\ 元$$

表3-7 盗抢险基本费率表

家庭自用汽车与企业非营业用车		盗 抢 险	
		基础保险费/元	费率
家庭自用汽车	6座以下	120	0.53%
	6~10座	140	0.44%
	10座以上	140	0.44%
企业非营业客车	6座以下	120	0.47%
	6~10座	130	0.44%
	10~20座	130	0.44%
	20座以上	140	0.52%

(2)玻璃单独破碎险

1)保险责任。承保被保险机动车风窗玻璃或车窗玻璃的单独破碎。投保了本保险的机动车辆在使用过程中,发生本车玻璃单独破碎,保险人按实际损失计算赔偿。

2)投保方式。投保人与保险人可协商选择或按进口或国产玻璃投保。保险人根据协商选择的投保方式承担相应的赔偿责任。投保人在与保险人协商的基础上,可自愿选择按进口风窗玻璃或国产风窗玻璃投保。

3)责任免除。安装、维修车辆过程中造成的玻璃单独破碎,保险人可免除责任。除此之外还包括以下责任免除情况。

① 灯具、车镜玻璃破碎,保险人不负责赔偿。

②被保险人或驾驶人的故意行为造成的玻璃破碎，保险人也不负赔偿责任。

(3) 车身划痕损失险

1) 适用范围。适用于已投保车辆损失保险的家庭自用或非营业用，使用年限在3年以内，9座以下的客车。

2) 保险责任。无明显碰撞痕迹的车身痕迹损失，保险人负责赔偿。

3) 责任免除。被保险人及其家庭成员、驾驶人员及其家庭成员的故意行为造成的损失。

4) 赔偿处理。在保险金额内按实际修理费用计算赔偿。在保险期限内，赔款金额累计达到保险金额，本附加险保险责任终止。

(4) 自燃损失险

1) 保险责任。投保了本保险的机动车辆在使用过程中，因本车电器、线路、供油系统发生故障及运载货物自身原因起火燃烧，造成保险车辆的损失以及被保险人在发生本保险事故时，为减少保险车辆损失所支出的必要合理的施救费用，保险人在保险单该项目所载明的保险金额内，按保险车辆的实际损失计算赔偿；发生全部损失的按出险时保险车辆实际价值在保险单该项目所载明的保险金额内计算赔偿。

2) 责任免除。

① 自燃仅造成电器、线路和供油系统的损失。

② 所载货物自身的损失。

③ 被保险人在使用保险车辆的过程中，因人工直接供油、高温烘烤等违反车辆安全操作规则造成的损失。

④ 被保险人的故意行为或违法行为造成保险车辆的损失。

3) 赔偿处理。

① 全部损失，在保险金额内计算赔偿；部分损失，在保险金额内按实际修理费用计算赔偿。

② 施救费用在保险金额内按实际支出计算赔偿。

③ 每次赔偿实行20%的免赔率。

(5) 火灾、爆炸损失险

1) 保险责任。

① 火灾、爆炸造成保险车辆的损失。

② 发生保险事故时，被保险人为防止或者减少保险车辆的损失所支付的必要的、合理的施救费用。

2) 责任免除

① 自燃仅造成电器、线路和供油系统的损失。

② 所载货物自身的损失。

③ 轮胎爆裂的损失。

3) 赔偿处理。

① 全部损失，在保险金额内计算赔偿；部分损失，在保险金额内按实际修理费用计算

赔偿。

② 施救费用在保险金额内按实际支出计算赔偿。

③ 每次赔偿实行 20% 的免赔率。

(6) 新增设备损失保险

1) 保险责任。投保了本保险的机动车辆在行驶过程中，发生基本险条款所列的保险事故，造成车上新增加设备的直接损毁，保险人在保险单该项目所载明的保险金额内，按实际损失计算赔偿。

2) 赔偿处理。本保险每次赔偿均实行绝对免赔率，绝对免赔率的比例按照基本险的规定确定。

3) 其他事项。本保险所指的新增加设备，是指保险车辆出厂时原有各项设备以外，被保险人另外加装的设备及设施。新增加设备损失险可从以下几个方面来理解。

① 如在保险车辆上加装制冷、加氧设备、清洁燃料设备、CD 及电视录像设备、检测设备、真皮或电动座椅、电动升降器、防盗设备和 GPS 等。

② 未发生保险事故，而新增加设备单独损毁，如被盗窃、丢失、故障、老化和被破坏等，保险人不负赔偿责任。

③ 实际价值指在投保时新增加设备的市场价格，保险金额在实际价值内由保险人和被保险人协商确定。

4) 发生部分损坏时，按照实际修复费用赔偿。

5) 办理本保险时，应列明车上新增加设备明细表及价格。未列明的新增加设备，保险人不负责赔偿。

(7) 车辆停驶损失险

1) 保险责任。因发生车辆损失保险的保险事故致使保险车辆停驶，保险人在保险单载明的保险金额内承担赔偿责任。投保了本保险的机动车辆在使用过程中，因发生基本险保险责任范围内的保险事故，造成车身损毁，致使车辆停驶，保险人按以下规定承担赔偿责任。

① 部分损失的，保险人在双方约定的修复时间内，按保险单约定的日赔偿金额乘以从送修之日起至修复竣工之日止的实际天数计算赔偿。

② 全车损毁的，按保险单约定的赔偿限额计算赔偿。

③ 在保险期限内，上述赔款累计计算，最高以保险单约定的赔偿天数为限。

2) 责任免除。

① 被保险人或驾驶人员未及时将保险车辆送修或拖延修理时间造成的损失。

② 因修理质量不合格，返修造成的损失。

③ 保险人对车辆被扣押期间的停驶损失不负责赔偿。

3) 赔偿处理。全车损失，按保险单载明的保险金额计算赔偿；部分损失，在保险金额内按约定的日赔偿金额乘以从送修之日至修复之日止的实际天数计算赔偿，实际天数超过双方约定的修理天数的，以双方约定的修理天数为准。在保险期限内，赔款金额累计达到保险单载明的保险金额，本附加险保险责任终止。车辆停驶损失险可从以下几个方面来理解。

① 投保本附加险时，由保险双方在保险单上约定日赔偿金额和赔偿天数。约定赔偿天

数最高为60天。

② 赔款的计算公式为

$$全车损毁赔款 = 日赔偿金额 \times 约定赔偿天数$$
$$部分损失赔款 = 日赔偿金额 \times 实际修理天数$$

③ 在保险期限内，每次赔偿后要冲减约定的赔偿天数，赔偿天数一次或多次累计达到约定赔偿天数时，本附加险的保险责任即行终止。

④ 本附加险的保险期限到期后，无论赔偿天数一次或多次累计是否达到约定天数，本附加险的保险责任即行终止，但如本附加险的保险期限到期后，保险车辆尚未修复完毕，保险人在约定的赔偿天数内继续承担保险承担。

（8）救助特约条款　投保了车辆损失险的车辆，可附加本特约条款。

1）保险责任。保险车辆在行驶过程中发生事故或故障，保险人给予下列赔偿或救助。

① 下列情况下，被保险人为防止或者减少保险车辆的损失所支付的必要的、合理的施救费用，应由被保险人承担的部分，保险人负责赔偿。

a）车辆损失保险中，因不足额保险而由被保险人自己承担的施救费用。

b）根据车辆损失保险条款的约定，按驾驶人员在保险事故中所负责任比例应予免赔而由被保险人自己承担的施救费用。

c）应由第三方承担的施救费用，被保险人支付后又无法追回的。

② 在约定的救助区域内，因保险车辆发生意外事故或故障致使保险车辆无法行驶，经被保险人申请，保险人提供下列救助。

a）拖车（将车辆拖至距出险地点最近的修理场所）。

b）简单故障现场急修。

c）保险车辆因缺油、缺电而无法行驶时，保险人提供送油（每次以10L为限）、充电。

d）更换轮胎。

2）责任免除。

① 因车辆损失保险条款责任免除中约定的情况造成的车辆救助费用，保险人不负责赔偿。

② 非保险人提供的救助所产生的费用，保险人不负责赔偿。

③ 油料和更换的零配件、轮胎等成本费用，保险人不负责赔偿。

④ 法律或国家有关部门规定不允许进入的区域，保险人不负责救助。

⑤ 其他不属于本特约条款责任范围内的损失和费用，保险人不负责赔偿。

（9）机动车损失保险不计免赔率特约条款　承保车辆损失险保险事故发生后，经特别约定，按投保的机动车损失保险，应由被保险人自行承担的免赔金额按照车辆损失险事故责任免赔率计算，由保险人负责赔偿。

2. 第三者责任保险的附加险

在投保了第三者责任险的基础上，方可投保车上人员责任险、车上货物责任险和车载货物掉落责任险等。

（1）车上人员责任险

1）保险责任。发生意外事故，造成保险车辆上人员的人身伤亡，依法应由被保险人承担的经济赔偿责任，保险人负责赔偿。投保了本保险的机动车辆在使用过程中，发生意外事故，致使保险车辆上人员的人身伤亡，依法应由被保险人承担的经济赔偿责任以及被保险人为减少损失而支付的必要的、合理的施救、保护费用，保险人在保险单所载明的该保险赔偿限额内计算赔偿。

2）责任免除。

① 违章搭乘人员（指客货混载或超过核定载客数载客等）的人身伤亡。

② 车上人员因疾病、分娩、自残、殴斗、自杀、犯罪行为造成的人身伤亡或在车下时遭受的人身伤亡。

3）责任限额。车上人员每人责任限额和投保座位数由投保人和保险人在投保时协商确定。投保座位数以保险车辆的核定载客数（指机动车辆行驶证所载明的载客数）为限。保险事故发生时，如车上人员伤亡数多于投保座位数，保险人仅承担其中的投保座位数部分的赔偿责任。

4）赔偿处理。车上人员的人身伤亡按《道路交通事故处理办法》规定的赔偿范围、项目、标准以及保险合同的约定赔偿，每人赔偿金额不超过保险单载明的每人责任限额，赔偿人数以投保座位数为限。

① 车上人员伤亡的赔偿范围、项目和标准以《道路交通事故处理办法》的规定为准，在此基础上根据保险单载明的每座赔偿限额及投保座位数计算赔偿金额。

② 每次赔偿均实行相应的免赔率，免赔率及办法与基本险对免赔率的规定相同。

5）保险费的计算。

① 确定基准保险费。按照被保险人类别、车辆性质、车辆类型、座位数等分类因素在基本费率表中查对应的费率，按下列公式计算车上人员责任险基准保险费。

驾驶人座位基准保险费 = 驾驶人座位责任限额 × 驾驶人座位费率

乘员座位基准保险费 = 乘员座位每座责任限额 × 乘员座位费率 × 投保乘员座位

总基准保险费 = 驾驶人座位基准保险费 + 乘员座位基准保险费

② 根据车辆使用情况，查费率调整系数表确定适用系数，进行费率调整。

【例3-6】 一辆6座家庭自用汽车投保A条款车上人员责任险，双方约定驾驶人座位责任限额是5万元，乘员座位每座责任限额1万元，属续保业务，上年度未发生赔款。计算应缴纳的续保费（表3-8为A条款车上人员责任险基本费率表）。

解：由表3-8查得驾驶人座位费率是0.39%，乘员座位费率是0.25%，则

驾驶人座位基准保险费 = 50 000 元 × 0.39% = 195 元

乘员座位基准保险费 = 10 000 元 × 0.25% × 5 = 125 元

总基准保险费 = (195 + 125) 元 = 320 元

再查表3-5，由于属续保业务，费率浮动系数是0.9，则

应缴纳保险费 = 320 元 × 0.9 × 0.9 = 259.2 元

表3-8　车上人员责任险基本费率表

家庭自用汽车与企业非营业用车		车上人员责任险	
		驾驶人	乘客
家庭自用汽车	6座以下	0.41%	0.26%
	6~10座	0.39%	0.25%
	10座以下	0.39%	0.25%
企业非营业客车	6座以下	0.41%	0.25%
	6~10座	0.38%	0.23%
	10~20座	0.39%	0.23%
	20座以上	0.40%	0.24%

（2）车上货物责任险

1）保险责任。发生意外事故，致使保险车辆所载货物遭受直接损毁，依法应由被保险人承担的经济赔偿责任，保险人负责赔偿。

2）责任免除。

① 哄抢、自然损耗、本身缺陷、短少、死亡、腐烂、变质等造成的货物损失。

② 违法、违章载运或因包装不善造成的损失，包括因包装、紧固不善，装载、遮盖不当造成的货物损失。违章载货是指所载货物超过公安交通管理部门核定的长度、宽度和高度等。

③ 车上人员携带的私人物品。

3）责任限额。责任限额由投保人和保险人在投保时协商确定。

4）赔偿处理。被保险人索赔时，应提供运单、起运地货物价格证明等相关单据。保险人在责任限额内按起运地价格计算赔偿，每次赔偿实行20%的免赔率。承运的货物发生保险责任范围内的损失，保险人按起运地价格在赔偿限额内负责赔偿。

（3）车载货物掉落责任险

1）保险责任。被保险人或其允许的合格驾驶人在使用保险车辆的过程中，所载货物从车上掉落致使第三者遭受人身伤亡或财产的直接损毁，依法应当由被保险人承担的经济赔偿责任，保险人在保险单所载明的本保险赔偿限额内负责赔偿。

车载货物分为固体、液体和气体三种。本附加险所承担的保险责任，指投保了本保险的机动车辆在正常使用过程中，装载在保险车辆上的固体货物（对盛装液体和气体的容器视同固体货物对待）从保险车辆掉下，砸伤（亡）他人或砸毁他人的财产，应由被保险人承担的经济赔偿责任，保险人在保险单所载明的赔偿限额内计算赔偿。

2）责任免除。

① 被保险人及其家庭成员的人员伤亡和财产损失。

② 在装卸过程中货物掉落所造成的损失。

③ 车载货物掉落造成保险车辆及货物本身的损失。

④ 车上所载气体、液体泄漏所造成的第三者人身伤亡或财产损毁。

3）赔偿处理。本保险每次赔偿均实行20%的绝对免赔率，无论保险事故损失大小。

（4）附加油污污染责任险　承保被保险人或其允许的核发驾驶人在使用保险车辆过程中发生意外事故，由于保险车辆或其他机动车辆自身油料或所载油料泄漏造成道路路面的污染损失及清理费用。

（5）交通事故精神损害赔偿险　承保保险车辆在使用过程中，因发生交通事故，致使第三者的伤残、死亡或怀孕妇女意外流产，受害方据此提出精神损害赔偿请求，依照法院判决应由被保险人承担的精神损害赔偿责任。

（6）第三者责任险不计免赔率特约条款　承保第三者责任险保险事故发生后，按照第三者责任险事故责任免赔率计算的，应当由被保险人自行承担的免赔金额部分，经特别约定，应由保险人负责赔偿。

3. 特约险

只有在同时投保了车辆损失险和第三者责任险的基础上，方可投保本附加险，当车辆损失险和第三者责任险中任一险别的保险责任终止时，本附加险的保险责任同时终止。

（1）沿海气象灾害险

1）保险责任。

① 保险车辆在保险期限内，因下列列明原因造成保险车辆腾空、翻倒、泡损、淹没或下落不明的损失，保险人负责赔偿。

a）台风。

b）热带风暴。

c）海啸。

② 发生保险事故时，被保险人或其代表对保险车辆采取施救、保护措施所支出的合理费用，保险人负责赔偿。但此项费用的最高赔偿金额以保险金额为限。

2）保险金额。保险金额按保险车辆投保时的实际价值确定。

3）赔偿处理。保险人在保险单所载明该项目的保险金额内，按保险车辆的实际损失赔偿。

（2）地陷险

1）保险责任。

① 被保险人或其允许的合格驾驶人在使用保险车辆的过程中，因地表突然下陷造成保险车辆的直接损毁，保险人负责赔偿。本款中保险车辆的直接损毁包括由于地表突然下陷造成建筑物倒塌致保险车辆损毁等按近因原则应归属于本责任范围内的损失。

② 发生保险事故时，被保险人或其代表对保险车辆采取施救、保护措施所支出的合理费用，保险人负责赔偿。但此项费用的最高赔偿金额以保险金额为限。

2）保险金额。保险金额按保险车辆投保时的实际价值确定。

3）赔偿处理。保险人在保险单所载明该项目的保险金额内，按保险车辆的实际损失赔偿。

（3）地质灾害险

1）保险责任。

项目三 汽车保险

①被保险人或其允许的合格驾驶人在使用保险车辆的过程中，因下列列明原因造成保险车辆的直接损毁，保险人负责赔偿。

a）崖崩。

b）滑坡。

c）泥石流。

本款中保险车辆的直接损毁是指崖崩、滑坡、泥石流使保险车辆遭受撞击、冲击、翻倒、泡损、淹没、下落不明等按近因原则应归属本责任范围内的损失，伴随地震、洪水、暴雨等自然灾害发生的崖崩、滑坡、泥石流不属于本保险责任。

②发生保险事故时，被保险人或其代表对保险车辆采取措施、保护措施所支出的合理费用，保险人负责赔偿，但此项费用的最高赔偿金额以保险金额为限。

2）赔偿处理。保险人在保险单所载明该项目的保险金额内，按保险车辆的实际损失赔偿。

（4）冰雪灾害险

1）保险责任。

①被保险人或其允许的合格驾驶人在使用保险车辆的过程中，因下列列明原因造成保险车辆的直接损毁，保险人负责赔偿。

a）雪崩。

b）冰陷。

c）雪灾：因每平方雪压超过建筑结构规范规定的荷载标准，以致压塌房屋、建筑物造成保险车辆的损失。

d）冰凌：即气象部门称的凌汛，春季江河解冻期时冰块漂浮遇阻，堆积成坝，堵塞江道，造成水位急剧上升，以致冰凌、江水溢出江道、蔓延成灾。冰雪在物体上结成冰或冰块掉落致使保险车辆遭受损失，也属于本保险责任。

②发生保险事故时，被保险人或其代表对保险车辆采取施救、保护措施所支出的合理费用，保险人负责赔偿，但此项费用的最高赔偿金额以保险金额为限。

2）责任免除。保险车辆在非交通管理部门允许的冰面上行驶时造成的车辆损毁，保险人不负赔偿责任。

3）赔偿处理。保险人在保险单所载明该项目的保险金额内，按保险车辆的实际损失赔偿。

（5）过渡险

1）保险责任。

①被保险人或其允许的合格驾驶人在使用保险车辆的过程中，因跨越江河湖海和海峡的需要，驾驶人把车辆开上渡船并随车照料到对岸，在此期间因发生意外事故或遭受自然灾害，造成保险车辆车身损毁，保险人负责赔偿。

②发生保险事故时，被保险人或其代表对保险车辆采取施救、保护措施所支出的合理费用，保险人负责赔偿。但此项费用的最高赔偿金额以保险金额为限。

2）赔偿处理。保险人在保险单所载明该项目的保险金额内，按保险车辆的实际损失赔偿。

【技能训练】

训练：车险保费的计算

1. 目的

1）依据交强险费率浮动因素及比率表3-3，能够准确算出应缴交强险保费。

2）依据A条款部分基本费率表3-4和费率调整系数表3-5（部分），能够准确算出车损险保费。

3）依据第三者责任险基本费率表3-6，能够准确算出三责险的保费。

2. 准备

笔、纸、黑板、粉笔和书等。

3. 学习情境

张小姐去年在人保（人保采用的是A条款）买了一辆上海大众斯柯达晶锐1.4L排量的轿车（为5座两厢车），投保了交强险、车损险（10万）、三责险（10万）三大险种，全年未发生交通事故，今年打算续保这三大险种，问今年张小姐要交多少钱保费呢？

4. 步骤

1）学生自己先进行计算，通过查阅书本，计算出各保费。

2）老师进行总结演示如下：

① 由表3-1查得，家庭自用汽车6座以下，基准保险费为950元，由表3-3查得上一年未发生交通责任事故，浮动比率为-10%。

由交强险最终保费=基准保险费×（1+与道路交通事故相联系的浮动比率），得

交强险保费=950元×（1-10%）=855元

② 由基本费率表3-4得基础保险费是513元，费率是1.22%，由基准保险费=基础保险费+车辆损失保险金额×费率，得

基础保险费=513元+100 000元×1.22%=1733元

查费率调整系数表3-5（部分）得，上年没有发生赔款，浮动系数为0.9，同时投保车损险、三责险浮动系数为0.95，续保客户浮动系数为0.9，张小姐为女性，浮动系数为0.9。由车损险保费=基准保险费×C_1×C_2×…×C_n得

车损险保费=1733元×0.9×0.95×0.9×0.9=1200元

③ 由第三者责任险基本费率表3-6得，基准保险费是940元，再查费率调整系数表3-5，由于上年没有发生赔款，浮动系数为0.9，同时投保车损险、三责险浮动系数为0.95，续保客户浮动系数为0.9，张小姐为女性，浮动系数为0.9，则

第三者责任险保费=940元×0.9×0.95×0.9×0.9=651元

共要交纳保费=（855+1200+651）元=2706元

3）要求学生对照老师演示的步骤看看自己哪个地方有漏洞，最后将计算结果交由老师保管。

5. 学习评价

学习评价见表3-9。

表3-9 车险保费计算的学习评价

序号	评分项目	操作内容	分值	评分标准	得分
1	准备	带书、笔、纸	15分	酌情扣分	
2	计算过程	交强险保费计算 车损险保费计算 三责险保费计算	60分	操作不当扣1~20分 操作不当扣1~20分 操作不当扣1~20分	
3	计算过程	是否整洁、明了	10分	操作不当扣1~10分	
4	安全文明	无安全隐患，无不文明操作	5分	未达标扣1~5分	
5	结束	工具清洁归位 工作场地清洁	10分	漏一项扣1分，未做扣5分 清洁不彻底扣1~5分，未做扣5分	
	总分		100分		

任务2　汽车投保及承保实务

【相关知识】

一、汽车投保实务

1. 汽车保险的选择

（1）概念　**汽车保险的选择**是指机动车所有人或管理人基于自己的风险保障需要，利用已掌握的保险知识及信息资料，进行对比分析，选择最佳保险公司、投保险种及投保方式的行为过程。

（2）选择保险的基本原则

1）国内投保的原则。《保险法》第七条规定：在中华人民共和国境内的法人和其他组织需要办理境内保险的，应当向中华人民共和国境内的保险公司投保。所以，我国境内的个人、法人和其他组织需要办理境内机动车辆保险业务的，应当向我国境内开办机动车辆业务的保险公司投保。

2）信誉第一、服务便捷的原则。保险公司作为经营风险转移业务，提供损失补偿的信誉企业，其自身的诚信和服务质量对投保人或被保险人来说至关重要。因为投保人交付保险费后，得到的仅是损失补偿的承诺，但是由于风险的客观性和不确定性，一旦不幸发生在自己身上，这种承诺能否兑现则取决于保险公司的偿付能力和信誉度。因此，选择信誉第一、服务便捷的保险公司是相当重要的。

3）性价比最佳的原则。所谓**性价比最佳**是指所选的保险产品缴费较少而保障范围较大，既能充分满足风险保障的需要，又不造成经济上的浪费。现在每家保险公司提供的险种都琳琅满目，不是每个保险都适合自己，应当根据自身的实际情况合理选择保险险种，做到最佳性价比。

（3）选择保险的内容　选择保险的内容包括三个方面。

1）对保险公司的选择。投保人对保险公司的选择主要是对保险公司的资质、经营状况、信誉、机构网点设置及技术力量、服务质量等的选择。投保公司应该满足以下几个方面条件：应该是在中国境内依法成立、守法经营、有车险业务经营权的保险公司；经营稳健、财务状况良好、偿付能力充足、信誉良好；应具有健全的组织机构、完善的服务体制，尤以机构网点遍布全国的大公司为佳。投保公司专业技术力量强大，服务内容丰富、质量好。

2）对投保险种的选择。因为交强险是国家强制性保险，所以对投保险种的选择主要是对商业险的选择。一般按照以下步骤来选择投保险种。

① 首先投保人应明确自己可能面临着哪些风险，可能导致什么不良后果，最终自己会承担多少风险等问题。例如，新车被盗抢的风险大、老旧车型发生自燃火灾损失的概率较高等。

② 其次向保险公司或其代理人索要保险条款和费率表，仔细阅读保险条款，特别关注保险产品的保险责任、责任免除和特别约定，被保险人的义务、权利，免赔额或免赔率的计算，以切实保障自身利益。

③ 最后联系自身风险保障要求和不同保险产品的风险覆盖，看看哪些更适合自己的特殊风险要求。选择汽车保险产品时一定要把容易发生、相对可能性较大的风险包括进去。

3）对投保方式的选择。目前，在我国，保险人向投保人提供的可供投保人选择的机动车辆保险的投保方式主要有上门投保、柜台投保、电话投保、网上投保、通过保险中介机构投保和新增的银行、邮政网点投保两大渠道，投保人可以根据自身实际选择最便利的投保方式。

2. 汽车保险的投保流程

投保人确定了保险公司、保险产品及投保方式后就可以进行投保了。汽车投保是指投保人购买机动车辆保险产品，办理保险手续，与保险人正式签订机动车辆保险合同的过程。

一般汽车保险的投保流程如图3-1所示。

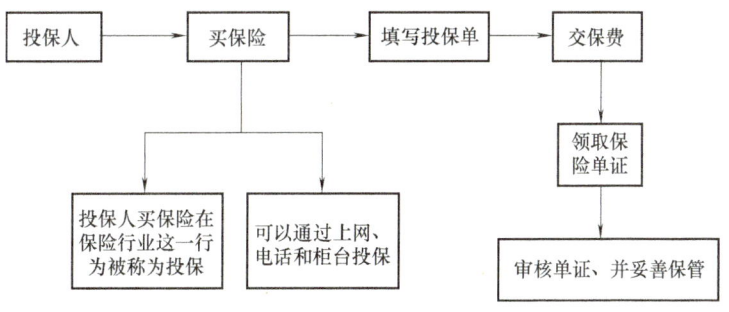

图3-1　保险投保流程

二、汽车承保实务

承保实质上是保险双方当事人达成协议、订立保险合同的过程。一般情况下的汽车承保流程为：营业机构介绍投保人的投保；业务处理中心核保；超过权限的由上级核保，未超过权限的由营业机构签发保险单；收取保费、业务数据处理、财务处理、客户服务做回访以及将信息反馈给公司。

（1）核保的概念　**核保**是指保险人在承保前，对保险标的的各种风险情况加以审核与评估，从而决定是否承保的过程。

（2）核保的重要意义及流程　在承保过程中，核保占着至关重要的位置，可以防止逆选择，排除经营中的风险；可以确保业务质量，实现经营稳定。核保的具体流程为：个人或单位提交申请、验车、填投保单、内部核保、出具保单。

（3）核保的基本内容　核保的基本内容如下：

1）审核投保要素是否齐全。

2）审核相关人员是否对投保车辆进行验车、验证，是否按照《保险法》要求向投保人履行了告知义务。

3）审核被保险人的性质确定、选择的条款种类、险种组合是否符合规定。

4）审核各险种保险金额（责任限额）的确定是否符合规定，新车购置价确定是否准确，折旧率的确定是否符合规定，实际价值是否确定合理。

5）审核费率标准的选择、计收保险费是否准确。

6）审核对需求特别约定的事项是否在特约栏内注明。

7）对风险特殊的业务是否提出限制性承保条件。

8）是否对在费率表中未列明的高档、专业或特种车辆，视其风险情况提出费率厘定的意见。

9）是否审核其他相关情况。

另外，如果上级公司接到请示公司的核保申请，应有重点地开展以下核保工作。

1）根据掌握的情况考虑是否接受投保人的投保申请。

2）接受投保险种、保险金额、赔偿限额是否需要限制与调整。

3）是否需要增加特别约定。

4）协议投保的内容是否准确、完善，是否符合保险监管部门的有关规定。

核保结束后，核保人在投保单上签署意见并将投保单转交业务人员。对于同意承保的，业务内勤根据投保单缮制保险单证，收取保费，然后保险公司内部进行业务数据处理、财务处理等，最后由客户服务进行回访，将客户意见反馈给保险公司。

【技能训练】

训练：车辆投保的流程训练

1. 目的

1）熟悉车辆投保的流程。

2）掌握投保单的填写方法。

2. 准备

笔、纸、某公司投保单、保险条款、五种车型信息。

3. 学习情境

张小姐买了一辆上海大众斯柯达晶锐 1.4L 排量的轿车（为五座两厢车），准备投保，请演练投保流程。

4. 步骤

1）将学生分为五组，分别演练五种投保形式：上门投保、柜台投保、电话投保、网上投保、4S 店投保（中介投保的一种）。每组分配一种车型。

2）每组学生自由发挥，设计对白，布置场景进行演练，并在扮演保险公司人员的同学指导下填写保单。投保人要仔细阅读保险条款，以便了解哪些情况可以得到保障，哪些情况不能得到保障。

3）老师对保险单进行讲解，投保单的基本内容有：投保人的信息、被保险人的信息、投保车辆的情况、投保险种的选择、保险期限以及约定的一些其他信息。

4）将每组保单进行评阅，并对每组同学的表现进行打分。

5. 学习评价

学习评价见表 3-10。

表 3-10 车辆投保流程训练的学习评价

序号	评分项目	操作内容	分值	评分标准	得分
1	准备	笔、纸	15 分	酌情扣分	
2	情景扮演过程	保险人员是否指导客户填写保单。投保人是否阅读保险条款	30 分	操作不当扣 1~15 分 操作不当扣 1~15 分	
3	保单填写情况	是否无涂改迹象 是否准确填写车辆信息 是否准确填写投保信息	40 分	操作不当扣 1~10 分 操作不当扣 1~20 分 操作不当扣 1~10 分	
4	安全文明	无安全隐患，无不文明操作	5 分	未达标扣 1~5 分	
5	结束	工具清洁归位 工作场地清洁	10 分	漏一项扣 1 分，未做扣 5 分 清洁不彻底扣 1~5 分，未做扣 5 分	
	总分		100 分		

任务 3　汽车保险理赔实务

【相关知识】

汽车保险的理赔是指被保险车辆在发生保险责任范围内的损失后，保险人根据保险合同对被保险人提出的索赔请求进行处理的行为。汽车保险理赔涉及保险合同双方权利与义务的实现，是保险经营中一项重要的内容，保险人应谨慎处理保险理赔事宜。

一、保险理赔的意义、原则及流程

理赔是保险人依照保险合同履行保险责任以及被保险人享受保险利益的实现形式。因此，保险理赔涉及投保人（被保险人）和保险人的各自利益，做好理赔工作对双方都有积极意义。

1. 保险理赔的意义

（1）保险理赔对投保人（被保险人）的意义 保险理赔对投保人（被保险人）来说，能及时恢复其生产或安定其生活。因为汽车保险的基本职能是损失补偿，当被保险车辆发生事故后，被保险人就会因产生经济损失向保险人索赔，保险人则根据合同对被保险人的损失予以补偿，从而实现对被保险人生产和生活的保障。

（2）保险理赔对保险人的意义

1）首先，车辆理赔可以发现和检验承保业务的质量。例如，通过赔付额度或赔付率等指标进行检查。保险人可以发现保险费率、保险金额的确定是否合理，防灾防损工作是否有效，从而进一步改进保险企业的经营管理水平，以提高其经济效益。

2）其次，提高保险公司知名度。汽车保险的被保险人涉及各行各业，人数众多，是保险公司向社会各界宣传企业形象、推广公共关系的窗口。理赔工作作为保险产品的售后服务环节，其理赔人员的服务态度是否主动热情、真诚周到，服务质量是否令人满意，将直接影响保险公司在公众心目中的形象，进而影响消费者是否愿意购买车险。同时，这也将影响社会公众对其他财产保险的接受程度。因此，保险理赔对社会公众正确认识保险和接受保险至关重要。

2. 汽车保险理赔的原则

（1）树立为保户服务的原则 树立服务意识是保险人在整个理赔工作过程中应该始终贯穿的主导思想，要坚持客户就是上帝，服务至上的基本原则。当发生交通事故后，保险人要急被保险人之所急，迅速赶赴现场，尽最大可能避免损失扩大，尽量减轻灾害事故造成的影响，及时安排损失修复，简化程序，及时处理赔案，支付赔款，以保证受害人得到及时救助，被保险人及时得到赔付。

（2）重合同、守信用、实事求是的原则 保险人与被保险人直接的关系是通过合同建立起来的，保险人和被保险人的权利和义务在合同里都有明确规定。所以，在保险理赔过程中，理赔人员要严格按照保险合同中的约定实事求是地处理好每一桩赔案。

（3）主动、迅速、准确、合理的原则 "主动、迅速、准确、合理"是保险理赔人员在长期工作实践中总结出的经验，是对保险理赔工作优质服务的基本要求。因此，理赔人员要坚决贯彻这八字理赔原则。

理赔工作的这八字原则是辩证的统一体，既不能因为单纯追求迅速而使工作简单粗糙，又不能只讲求准确、合理而使工作无限期拖延，使案件久拖不决，影响保户利益。所以，处理案件既要主动、迅速，又要准确、合理，做到统筹兼顾，决不能顾此失彼。

3. 汽车理赔工作的流程

对于汽车理赔工作的业务流程，各个保险公司都会有些细微区别，但是一般来说分为如下几个流程：受理报案、现场查勘、确定保险责任并立案、定损核损、赔款理算、核赔、结案处理、理赔案卷归档。

二、受理报案

受理报案是指被保险人在发生事故之后以各种方式通知保险人，要求保险人进行事故处理的意思表达。

1. 受理报案的工作内容

（1）接受报案　保险汽车出险后，被保险人一般是先以口头或电话等方式向保险人报案，然后再补交书面的保险通知书。接受报案工作人员在接到报案后应做如下准备工作。

1）报案记录。理赔人员在接到报案时，应详细询问报案人姓名及联系方式、被保险人姓名、驾驶人情况、厂牌车型、牌照号码、保险单号码、出险险别、出险日期、出险地点、出险原因和预估损失金额等情况，进行报案记录，并迅速通知业务人员。同时，指导被保险人尽快填报"出险通知书"。如果是电话报案，则要求其事后补填出险通知书。

2）出险通知。一般出险通知书应包括：保险单号码；被保险人姓名、地址和电话号码；被保险汽车的种类及厂牌型号、生产日期、牌照号码，驾驶人驾龄和与被保险人的关系等；出险时间、地点；出险原因及经过；涉及的第三者情况；处理的交通管理部门名称，经办人姓名及电话号码等；被保险人签章与日期。

（2）核对信息　接受报案后，应尽快查明出险车辆的保险单和批单；查询是否重复报案，查验出险时间是否在保险期限以内；核对驾驶人是否为保险单中约定的驾驶人；初步审核报案人所述事故原因与经过是否属于保险责任等情况。若事故原因不属于承保范围，应以书面形式说明拒赔理由。

（3）调度查勘　根据出险报案信息，迅速通知、调度查勘定损人员进行现场查勘。对于需要提供现场救援的案件，应立即安排救援工作。

（4）代理查勘　代理查勘定损报案的处理，按照"异地出险，就地理赔"的原则将由出险地代理查勘、代理定损，并通知承保地保险公司。

2. 受理案件的工作流程

受理案件的工作流程为：客户报案，保险中心接受报案并进行处理，简要询问案情并查询核对承保信息，通知承保公司有关人员，通知现场查勘，代查案件通知承保地报案中心，安排救助，向客户反馈，登记处理结果。

三、现场查勘

现场查勘是指用科学的方法和现代技术手段，对交通事故现场进行实地验证和查询，将所得的结果完整而准确地记录下来的过程。现场查勘是查明交通事故真相的根本措施，是分析事故原因和认定事故责任的基本依据，也为事故损害赔偿提供证据。所以，现场查勘应公正、准确、严密地进行。

1. 现场查勘的工作流程

现场查勘的流程如图3-2所示。

2. 现场查勘的准备工作

1）上岗前，着正装、戴工作牌。

2）带上照相机、卷尺、手机、书写板、笔、计算机、印泥，检查手机和相机的电池电量和存储空间并准确设置相机时间。

3）检查查勘定损工作手册、索赔申请书、赔款领取授权书、询问笔录、索赔告知书、查勘报告和小额案件定损记录单等单证是否齐全。

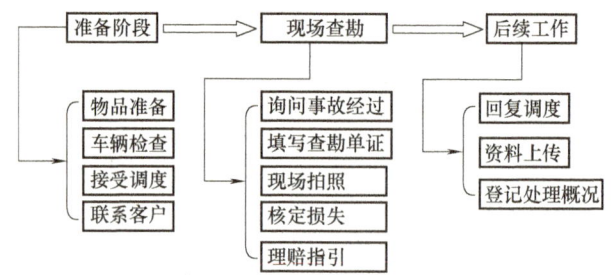

图 3-2 现场查勘的流程

4）检查车容车貌（车容整洁）和 VIN 码，检查水、电、油、灯光和制动等情况，确保查勘车处于安全行驶状态。

3. 现场查勘的主要内容

1）查验客户提供的保险证或保险单，进行保险情况的确认。

2）查明出险时间。了解确切出险时间是否在保险有效期限内，对接近保险起讫期出险的案件，应特别慎重，并认真查实，要详细了解车辆启程或返回的时间、行驶路线、委托运输单位的装卸货物时间、伤者住院治疗的时间等，以核实出险时间。

3）查明出险地点。查明出险地点与保险单约定的行驶区域范围是否相符。对移动现场或谎报出险地点的，要查明原因。

4）查明出险车辆的情况。查实肇事保险车辆及第三方车辆的车型、号牌号码、发动机号码、VIN 码/车架号码，详细记录事故双方车辆的已行驶公里数，并与保险单、证（或批单）及行驶证核对是否相符。

5）查实车辆的使用性质。查实保险车辆出险时的使用性质与保单载明的是否相符以及是否运载危险品，车辆结构有无改装或加装。

6）查清驾驶人员姓名、驾驶证号码、准驾车型、初次领证日期和职业类型等。注意检验驾驶证是否有效；检验驾驶人员是否是被保险人或其允许的驾驶人员或保险合同中约定的驾驶人员；特种车出险要查验驾驶人是否具备国家有关部门核发的有效操作证；对驾驶营业性车辆的驾驶人员要查验其是否具有营运驾驶员从业资格证书。

7）查明出险原因。要深入调查了解，广泛搜集证据。对有驾驶人员饮酒、吸食或注射毒品、被药物麻醉后使用保险车辆或无照驾驶，驾驶车辆与驾驶证准驾车型不符，超载等嫌疑时，应立即协同公安交通管理部门获取相关证人的证言和检验证明。应查明事故原因是客观因素还是人为因素；是车辆自身因素还是受外界影响；是严重违章还是故意行为或违法行为。凡是与案情有关的重要情节，都要尽量收集、记载，以反映事故全貌。

8）确定损失情况。查清受损车辆、货物及其他财产的损失程度，对无法进行施救的货物及其他财产等，必要时应在现场进行定损，注意查清投保新车出厂时除车辆标配以外是否新增设备；查明各方人员的伤亡情况，估计损失金额。

9）查明责任划分情况。要查清事故各方所承担的责任比例，同时还应注意了解保险车辆有无在其他公司重复保险的情况，以便理赔计算时按责赔付和与其他公司分摊赔款。

10）重大赔案应绘制机动车辆保险事故现场草图。

11）询问记录。对重大复杂的或有疑问的案件，要走访有关现场见证人或知情人，弄清真相，做出询问记录，并由被询问人过目签字。

12）拍摄事故现场和受损标的照片。凡涉及车辆和财产损失的案件，必须进行拍照。照片应有反映事故现场全貌的概貌片，还要有反映受损车辆号牌及受损财产部位和程度的细节照片。

13）对于接报案中心告知需认真查实的同一保险车辆出险时间接近的案件，要认真核查两起（或多起）案件的详细情况，尤其要核对事故车辆的损失部位和损失痕迹。对于相关案件痕迹相符或相似的情况，一方面应立即查验相关案件的事故现场和修理情况记录等，另一方面应向上起案件的现场查勘人员了解有关情况，以最终确定是否属于重复报案案件。

4. 现场查勘的查勘技术

（1）现场查勘技能之一 收取物证、询问人证。

1）收取物证的意义。物证是分析事故原因与责任的最为客观的依据，收取物证是现场查勘的核心工作。各种查勘技术、方法和手段均为收取物证服务。

2）物证的类型。散落物、附着物、痕迹。

3）常见物证。制动印痕、车体泥土、玻璃碎片、车身刮痕和地面血迹等。

4）询问人证。调查证人的工作非常重要。如果条件允许，最好取得证人的文字证明材料。

（2）现场查勘技能之二 照相技术以及现场拍照取证。如图3-3所示。拍摄顺序为：现场方位、现场概貌、重点部位、细微之处，如图3-4所示。在拍摄过程中应当把握主光与辅光的应用、光角度的选择和光线强度的选择等。

图3-3 拍照取证

1）主光与辅助光：主光只有一个，辅助光用来调节主光在造型上形成的亮度差和色差的大小。光射角度的选择：正面光（全面表达物体的质感）、侧光（层次和线条结构）、逆光（物体的轮廓）。光线强度的变化：光线强度对痕迹显现的影响较大。

2）车辆检查照片。拍摄车辆号牌和车型——不能正面拍摄，照相角度与车辆中轴线成30°或45°左右的角度；车辆外部损伤照片——注意角度和用光，应能正确反映损伤部位、程度、损伤涉及的零部件种类和名称；车辆解剖照相——根据损伤情况和解剖进度确定拍照位置和数量；零部件损伤情况拍照——对零部件伤断面进行检验拍照。

（3）现场查勘技能之三 现场丈量及草图绘制。

1）确定方位，选择坐标，现场定位。选择定位基准点的原则：在现场内或离现场较近，便于丈量和绘图，要比较固定，不易移动或消失，经过较长时间以后仍然能够很容易地在现场找到。

2）测量道路。要测量道路宽度、现场长度、制动开始至结束的长度。

a)

b)

c)

d)

图 3-4 拍摄顺序

a）现场方位 b）现场概貌 c）重点部位 d）细微之处

3）测量主要物体及痕迹。

4）测量肇事碰撞部位，如图 3-5 所示。

a)

b)

图 3-5 测量肇事碰撞部位

a）测量（一） b）测量（二）

5）使用直尺、铅笔、纸、交通事故绘图仪器或应用CAD软件绘制现场草图。

（4）现场查勘技术之四　常见的欺诈行为及违规现场的判断。

1）偷梁换柱，私刻公章（一牌多车）。

2）移花接木，虚报冒领（调换车牌、拆卸零件）。

3）一次事故，多次索赔（出险索赔后，未修复，故意制造小事故，再次出险、索赔）。

4）伪造事故，骗取赔款（故意损毁车辆，索赔）。

5）先出险，后投保。

案例：标的车行驶中与摩托车发生事故，摩托车驾驶人当场死亡，损失约21.5万元，如图3-6所示。经仔细核对标的信息发现其车架号及发动机号与承保信息不符，如图3-7所示。经核实出险车辆与标的车同为宁夏某汽车贸易有限公司所有，该车所有人为了逃避审验等原因采取了套牌行为。通常运输公司车辆所拥有的车辆型号外观极其相似，在查勘此类案件时特别要注意核对出险车辆的车架号及发动机号。核对车架号、发动机号是查勘的基础工作，是辨别保险标的最有力的手段，扎实的基础工作是防范风险的前提。

图3-6　事故照片

a）标的车车损照片　b）摩托车车损照片

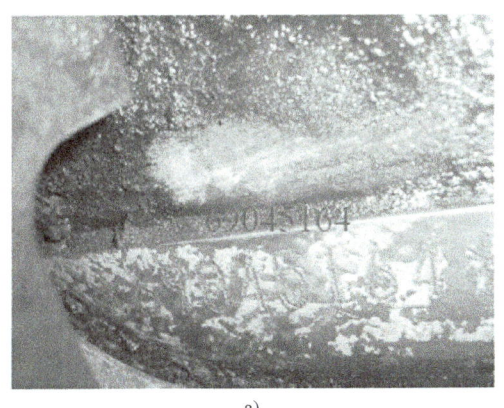

图3-7　核查信息

a）发动机编号照片　b）承保信息截图

5. 出险现场分类

保险车辆的出险现场是指事故发生后，车辆、伤亡人员以及与事故有关的物件、痕迹等所处的空间。根据现场的完整真实程度，出险现场一般可以分为四类。

（1）原始现场　原始现场又称第一现场，即事故发生以后，车辆、人、牲畜及一切与事故有关的物体、痕迹仍保持事故发生后最初状态的现场。

（2）变动现场　在事故发生后、现场查勘前，由于自然的或人为非故意的原因，使现场的原始状态部分或全部受到变动的现场。产生变动的原因通常有下面几种：抢救伤者、排险；保护不善；自然破坏；特殊情况；车辆驶离。

（3）伪造现场　伪造现场是指事故发生后，当事人为了推卸或减轻责任，故意将现场原有的痕迹和物证消除，更动现场，或有意伪造痕迹，按有利于自己的设想重新摆放的现场。

（4）逃逸现场　肇事车辆驾驶人在事故发生后，为了逃避责任，有意隐瞒事故不报，并将车辆驶离，从而造成变动或破坏的现场。

接到被保险人报案后，有第一现场的，查勘定损人员应尽快赶赴第一现场进行现场查勘。因为第一现场展现了事故发生后最原始、最真实的状态，有利于查勘定损人员掌握一手的资料，为确定保险责任，计算事故损害赔偿提供可靠的依据。

四、立案和定损

1. 立案

立案是指经过初步查验和分析判断，对属于保险责任范围内的事故进行登记，予以受理的过程。

2. 车辆定损的操作流程

保险车辆出险后的定损工作包括车辆损失的确定、人员伤亡费用的确定、其他财产损失的确定、施救费用的确定和残值的处理等内容。

3. 车辆损失的确定

确定车辆损失应遵循会同验损的原则，即确定车辆损失时应会同被保险人对事故车辆进行车辆损失情况的确定。对于涉及第三方车辆的，还应有第三方及其保险人员参与损失确定工作。同时，确定车辆损失应该坚持以修为主的原则。车辆定损是一项技术性、操作性十分强的工作，既要求定损人员掌握必要的汽车结构、故障诊断检测和维修等方面的知识，具有丰富的实践操作经验，能准确认定车辆、总成和零部件的损伤范围和损伤程度，准确实施修复原则，还要求定损人员能够掌握最新的车辆零配件价格信息，准确确定车辆的损失金额。在确定车辆损失之前，对于损失情况严重和复杂的，在可能的条件下，应对受损车辆进行必要的解体，以保证定损工作能够客观、全面地反映事故车辆的损失情况。

（1）确定车辆损失的基本步骤

1）根据出险现场查勘记录详细核定事故造成的车辆损失部位和修理项目，逐项列明修理所需的工时、工时的定额（单价）和需要更换的零配件项目。

2）对于必须更换的零部件应进行询价和报价。

3）确定修复所需要的全部费用，并与被保险人和可能涉及的第三方协商，最后共同签订机动车辆保险定损确认书。

受损车辆原则上采取一次定损，由被保险人自行选择修理厂修理，或应被保险人要求推荐、招标修理厂进行修理。如果事后发现确需追加维修项目和费用，必须经定损人员核实，方可追加。

（2）车辆损失的确定　车辆损失由各维修项目所必须更换的零配件价格、修理材料费和维修工时费用累加而成，而配件价格的高低和维修工时费用的合理与否是确定车辆损失的关键。

1）根据现场查勘情况认真检查受损车辆并确定受损位置、损失项目和损失程度，随后进行登记。

2）与客户协商确定修理方案，包括换件项目、换件数量、修复项目和检修项目。

3）根据换件项目和修理项目的有关内容，按照各保险公司的详细规定确定损失金额，并打印"机动车辆保险车辆损失情况确认书"。

4）对损失金额较大，双方协商难以定损的或受损车辆技术要求高，难以确定损失的，可聘请专家或委托公估机构定损。

4. 人员伤亡费用的确定

1）事故处理应遵循"以责论处、按责分担"的原则，承担费用的标准应符合现行道路交通事故处理的有关规定。

2）事故结案前，所有费用均由被保险人先行支付。

3）对车上及第三者人员伤亡的有关情况要进行调查，重点调查被抚养人的情况及生活费、医疗费以及伤残鉴定证明的真实性、合法性和合理性。

5. 其他财产损失的确定

第三者责任险的财产和附加车上货物责任险承运货物的损失，应会同被保险人和有关人员逐项清理，确定损失数量、损失程度和损失金额。同时，要求被保险人提供有关货物、财产的原始发票。定损人员审核后，制作"机动车辆保险财产损失确认书"，由被保险人签字即可。

对于车上货物责任险中的货物损失，在确定损失金额进行赔偿处理时，需要被保险人提供运单、起运地货物价格证明及第三方被保险人索赔的函件等单证材料。

6. 施救费用的确定

当保险车辆或其涉及的财务或人员在遭遇保险责任范围内的损失时，被保险人采取措施进行抢救，以防止损失扩大，其中因采取施救措施而支付的费用即为施救费用。施救费用必须是直接的、必要的、合理的，是按照国家有关规定为施救行为付出的费用。

7. 残值的处理

残值应协商作价折旧归被保险人，如被保险人不要，则参照特殊案件的内容处理。

五、核损

核损是指核损人员对保险责任认定以及事故中涉及的车辆损失、人员伤亡费用、其他财产损失、施救费用和残值的确定金额的合理性进行复核的过程。其中包括对保险责任的复核、车辆损失的复核、人员伤亡的复核、其他财产损失的复核、施救费用的复核和残值的复核等内容。

六、赔款理算

在进行赔款理算之前，保险公司相关工作人员要核对有关的索赔单证材料和事故驾驶人的"机动车驾驶证"及保险车辆"机动车行驶证"的原件和复印件，核对无误后留存复印件。在审核索赔单证材料时，对于不符合规定的项目和金额应予以剔除，对于有关证明和材料不完整的，应及时通知被保险人补充完整。

1. 交强险的赔款理算

在赔偿顺序上交强险是第一顺序，汽车商业险是第二顺序，因此交强险的赔款理算将影响汽车商业保险的赔款理算。

由于交强险对死亡伤残、医疗费用和财产损失三类分别设定了赔偿限额，同时又设定了无责任赔款限额，而无责任赔款限额又分死亡伤残、医疗费用和财产损失三类，所以其赔款理算比较繁琐。

2. 车辆损失险的赔款理算

（1）全部损失 当车辆整体损毁或受损严重，失去修复价值，或修复费用达到或超过出险时的实际价值时，保险人按推定全损计算赔款。

1）保险金额大于出险时实际价值，按出险时实际价值计算。

$$赔款 = (实际价值 - 残值) \times 事故责任比例 \times (1 - 免赔率之和)$$

2）保险金额 ≤ 出险当时的实际价值，按保险金额计算。

$$赔款 = (保险金额 - 残值) \times 事故责任比例 \times (1 - 免赔率之和)$$

注意：此处残值与1）中的残值不同，1）中的残值是指车辆报废后的残余价值而此处的残值应用下面的公式计算

$$残值 = 总残值 \times 保险金额 \div 实际价值$$

（2）部分损失

1）保险金额按投保时新车购置价确定的，当保险金额等于或高于出险时的新车购置价时，部分损失按照实际修复费用赔偿，即

$$赔款 = (实际修复费用 - 残值) \times 事故责任比例 \times (1 - 免赔率之和)$$

2）保险金额低于投保时的新车购置价，发生部分损失按照保险金额与投保时的新车购置价比例计算赔偿。

$$赔款 = (实际修复费用 - 残值) \times (保险金额/新车购置价) \times 事故责任比例 \times (1 - 免赔率之和)$$

3. 第三者责任险的赔款理算

1）按事故责任比例，应付赔偿金额超过赔偿限额时

$$赔款 = 赔偿限额 \times (1 - 免赔率之和)$$

注：赔偿限额 = 各限额总和。

2）按事故责任比例，应付赔偿金额低于赔偿限额时

$$赔款 = 应付赔偿金额 \times (1 - 免赔率之和)$$

3）对被保险人自行承诺或支付的赔偿金额，如不符合《道路交通事故处理办法》规定

的赔偿范围、项目、标准及保险合同规定，且事先未征得保险人同意，保险人在计算赔款时应扣除。

4. 附加险的赔款理算

（1）全车盗抢险

1）全部损失。

$$赔款 = 保险金额 \times (1 - 免赔率之和)$$

2）部分损失。

$$赔款 = 实际修复费用 - 残值$$

（2）车上责任险

1）车上人员伤亡费用或货物损失费用与所负责任比例之积没有超过赔偿限额时：

$$赔款 = 实际损失（人员总和）\times 所负责任比例 \times (1 - 免赔率之和)$$

2）车上人员伤亡费用或货物损失费用与所负责任比例之积超过赔偿限额时：

$$赔款 = 赔偿限额（人员总和）\times (1 - 免赔率之和)$$

（3）货物掉落责任险

1）当损失金额未超过赔偿限额时：

$$赔款 = 实际损失 \times (1 - 20\%)$$

2）当损失金额超过赔偿限额时：

$$赔款 = 赔偿限额 \times (1 - 20\%)$$

（4）玻璃单独破碎险　　赔款 = 实际损失

（5）车辆停驶责任险

1）未超过最高赔偿天数时：

$$赔款 = 约定日赔偿金额 \times 约定修理天数$$

2）超过最高赔偿天数时：

$$赔款 = 约定日赔偿金额 \times 约定最高赔偿天数$$

（6）自燃损失险

1）全部损失。

$$赔款 = (保险金额 - 残值) \times (1 - 20\%)$$

2）部分损失。

$$赔款 = (实际损失 - 残值) \times (1 - 20\%)$$

（7）新增加设备损失险

1）损失金额与所负责任比例之积未超过保险金额时：

$$赔款 = 损失金额 \times 所负责任比例 \times (1 - 免赔率之和)$$

2）损失金额与所负责任比例之积超过保险金额时：

$$赔款 = 保险金额 \times (1 - 免赔率之和)$$

（8）不计免赔特约险

$$赔款 = 车损险免赔金额 + 第三者责任险免赔金额$$

七、核赔

1. 核赔的操作流程

核赔的主要工作内容包括审核单证、核定保险责任、审核赔款计算、核定车辆损失及赔款、核定人员伤亡及赔款、核定其他财产损失及赔款、核定施救费用等。核赔是对整个案件处理过程进行质量控制,主要体现在及时了解保险标的的出险原因和损失情况,对重大案件应参与现场查勘;审核及确定保险责任;核定损失;审核赔款计算。

2. 核赔的主要内容

(1) 审核单证 审核被保险人按规定提供的单证以及经办人员填写赔案的有关单证是否齐全、准确、规范和全面。

(2) 核定保险责任 包括被保险人和索赔人是否相符,驾驶人信息、出险车辆的信息、出险的原因、出险的时间以及事故责任划分的情况等。

(3) 核定车辆损失及赔款 包括车辆定损项目和损失程度是否准确、合理,更换零部件是否按规定进行了询报价,定损项目与报价项目是否一致等。

(4) 核定人员伤亡及理赔 根据查勘记录、查勘证明和被保险人提供的"事故责任认定书"和伤残证明,依照国家有关道路交通事故处理的法律、法规规定和其他有关规定进行审核,核定伤亡人员数和伤亡程度是否与调查程度和证明相符等。

(5) 核定其他财产损失赔款 根据照片和被保险人提供的有关货物、财产的原始发票等有关单证,核定财产损失、损余物资处理等有关项目和赔款。

(6) 核定施救费用 根据案情和施救费用的有关规定,核定施救费用有关单证和金额。

(7) 审核赔付计算 即残值是否扣除、免赔率是否使用正确、赔款计算是否准确等。

八、结案处理

在赔案经过分级审批通过之后,业务人员应签发机动车辆保险领取赔款通知书并通知给被保险人,同时通知会计部门支付赔款。保户领取赔款后,业务人员按赔案编号输录"机动车辆保险已决赔案登记簿",同时在"机动车辆保险报案、立案登记簿"备注栏中注明赔案编号和赔案日期,作为续保时是否给付无赔款优待的依据。

未决赔案的处理办法。**未决赔案**是指截止到规定的统计时间,已经完成估损和立案,尚未结案的赔款案件,或被保险人尚未领取赔款的案件。处理原则:定期进行案件跟踪,对可以结案的案件,须敦促被保险人尽快交齐索赔材料,赔偿结案;对尚不能结案的案件,应认真核对、调整估损金额;对超过时限,被保险人不提供手续或找不到被保险人的未决赔案,按照"注销案件"处理。

【技能训练】

训练:现场查勘定损实训

1. 目的

1) 了解现场查勘的流程。

2）掌握现场查勘的拍照技术。

3）掌握现场查勘的绘图技术。

2. 准备

1）上岗前，着实训服。

2）带上照相机、卷尺、手机、书写板、笔、计算机和印泥，检查手机和相机的电池电量和存储空间并准确设置相机时间。

3）检查查勘定损工作手册、索赔申请书、赔款领取授权书、询问笔录、索赔告知书、查勘报告和小额案件定损记录单等单证是否齐全。

4）检查车容车貌（车容整洁）和VIN码，检查水、电、油、灯光、制动等情况，确保查勘车处于安全行驶状态。

3. 学习情境

2012年7月14日晚上，张先生将马自达6轿车停在自家小区的院内，谁料第二天早上起来开车却发现车上满是划痕，车身上的13个部位都被刮花。

从划痕上看，似乎是用钥匙等硬物划伤的，应该是成年人制造的恶作剧。

接下来请问：张先生应该如何办？

4. 步骤

（1）老师演示实训步骤

1）查勘的步骤。

① 查勘员接受调度任务：获知事故地点、客户联系电话、客户姓氏和案件信息。

② 查勘员在5min内与客户联系，详细询问事故地点，赶赴查勘现场，如果堵车应提前告知客户。

③ 在距离客户3m处，与客户打招呼，进行自我介绍。

④ 进行现场查勘→询问事故原因经过→检查拍摄三证、VIN码→现场查勘拍照。

2）事故车定损的步骤。按前到后、从左到右、由外到内的顺序写出更换配件和维修项目。

① 确定更换配件价格，确定修理工时费用，并与客户进行沟通。

② 现场出具机动车辆保险小额案件查勘定损记录并请客户签字确认。

③ 发放索赔告知书，明确告知客户索赔时需提供的资料并请客户签字确认。

（2）分组实训

1）将学生分成两人一组，一位同学扮演保险公司查勘人员，一位同学扮演客户进行演练，演练完成进行调换。

2）老师对学生的演练进行打分。

3）实训结束，把实训设备归位，清洁卫生。

5. 学习评价

学习评价见表3-11。

项目三 汽车保险

表 3-11 现场查勘定损实训的学习评价

序号	评分项目	操作内容	分值	评分标准	得分
1	准备	准备工作	15 分	酌情扣分	
2	礼仪	保险查勘人员礼仪是否适当	20 分	操作不当扣 1~20 分	
3	演练过程	是否遗漏步骤	20 分	操作不当扣 1~20 分	
		照片拍摄是否正确	10 分	操作不当扣 1~30 分	
		查勘表填写是否完整	10 分	操作不当扣 1~10 分	
		定损内容是否合理	10 分	操作不当扣 1~10 分	
4	安全文明	无安全隐患,无不文明操作	5 分	未达标扣 1~5 分	
5	结束	工具清洁归位 工作场地清洁	10 分	漏一项扣 1 分,未做扣 5 分 清洁不彻底扣 1~5 分,未做扣 5 分	
		总分	100 分		

【项目小结】

本项目主要讲解了汽车保险基本险和商业险的概念和条款等,包括免除责任和保险责任,汽车投保和承保的相关流程,汽车理赔实务的相关流程,现场查勘和定损的流程。

【巩固与提高】

一、填空题

1. 交强险按照赔偿限额可分为_____和_____两大类。
2. 基本险包括_____和_____两种。
3. 被保险人在交通事故中无责的情况下,责任限额数额通过交强险赔偿受害人死亡伤残,赔偿限额为_____元。

二、选择题

1. 下面属于交强险责任免除范围的是（   ）。
   A. 驾驶人醉酒的   B. 驾驶人未取得驾照资格的
   C. 受害人行为故意   D. 被保险人的故意行为
2. 以下属于车辆损失险责任免除的是（   ）。
   A. 火灾   B. 爆炸
   C. 自燃   D. 地震

三、判断题

1. 因受害人故意造成的交通事故损失属于交强险免赔范围。（   ）
2. 小李的车停在自家的楼下,结果第二天起来发现被人砸碎了玻璃,自己保了车损险,那么保险公司应当赔偿小李的损失。（   ）
3. 地震造成的车损是机动车损失险的保险责任。（   ）
4. 根据机动车第三者责任保险条款规定,被保险机动车上其他人员的人身伤亡和所有

或代管的财产损失属于保险免除。（   ）

四、简答题

1. 交强险的赔款限额为多少？
2. 基本险包含哪些险种？保险责任和责任免除分别是什么？
3. 保险理赔流程一般包括哪些？
4. 现场查勘的流程是什么？工作内容是什么？

项目四 机动车辆碰撞损失的评估

【学习目标】

1. 掌握事故车辆的定损原则及方法，掌握配件更换的原则、修理工时费确定的原则和配件核价等。
2. 掌握事故车辆车身碰撞损伤的诊断与测量方法。
3. 熟悉碰撞造成的常损零件与更换方法。
4. 掌握汽车主要结构件的定损分析。

任务1 事故车辆的定损与碰撞损失的评估

【相关知识】

一、事故车辆的定损原则及方法

1. 定损原则

（1）修理范围的限定原则　修理范围仅限本次事故所造成的车身损失。界定属于本次事故造成的损失部位，一般应在"新"上做文章，即有新脱落的漆皮痕迹和新的金属刮痕。凡是自然磨损（如轮胎爆裂，零部件老化、锈蚀等）均不在赔偿范围之内。如果被保险人或第三者提出扩大修理范围或应修理而要求更换的，超出部分的费用应当由其自行承担，并在定损确认书上明确注明。

（2）能修不换的原则　能修复的零配件尽量修复，不要随便更换；能局部修复的不能扩大到整体修复（主要针对车身油漆）。

（3）配件更换的原则　能更换零件的不能更换总成。

（4）修理工时费的确定原则　修理工时费应根据修复工艺及当地的工时费标准确定。

（5）配件核价　配件价格实行报价中心报价核价管理。

(6) 换件残值应合理作价的原则　如果被保险人接受，则在定损金额中扣除；如果被保险人不愿意接受，则保险人拥有处理权。

2. 其他特殊情况的处理

1）受损事故车辆未经保险人的同意而由被保险人自行送修的，保险人有权重新核定修理费用或拒绝赔偿。再重新核定时，应对照现场查勘记录，逐项核对修理费用，剔除其扩大修理的费用或其他不合理的项目和费用。

2）受损事故车辆解体后，如发现尚有因本次事故造成的损失部位没有定损的，经定损人员核实后，可追加修理项目和费用。

3）经保险人的同意，对事故车辆损失原因进行鉴定的费用应负责赔偿。

4）被保险人要求自选修理厂的，必须先确定保险责任和保险金额。

5）重大事故及特殊车型的定损。对于重大事故，为尽量避免道德风险，在保证修理质量的前提下，应当尽可能推荐被保险人到特约修理厂去维修，以避免在分解过程中弄虚作假以及有意扩大损坏部位、加大损坏程度。如果被保险人坚持自选修理厂，则可以在工时费包干的前提下，由定损人员现场监督分解，并尽快确定更换项目。

6）去外地查勘定损的处理方法与技巧。赴外地查勘定损的困难要大得多，特别是第三者车辆（事故发生地当地车辆）无责任的情况，协商修理定价往往更为艰辛。为应对修理厂对外地客户哄抬价格，估价时应当留一定的余地作为让步条件。估价切忌拖泥带水，能实行费用包干的，应尽可能包干，且一般情况下不能留待查项目，对确实无法判断的可现场分解。若无法与修理厂达成共识，定损人员可以请当地的保险公司协助代查勘、代定损。

二、汽车碰撞事故的分类及汽车碰撞损坏的类型

在机动车辆保险责任中，因碰撞所造成的损失是最常见的，也是损失最大的项目。因此，定损人员必须了解机动车的基本结构，熟悉机动车碰撞事故的分类及特征，熟悉碰撞造成的损失，学会常见的修复方法，掌握机动车基本件的修理与更换标准，掌握各部位修复所需要的工时标准等。

1. 汽车碰撞事故的分类

汽车碰撞事故可分为单车事故和多车事故。

单车事故又可以细分为翻车事故与障碍物碰撞事故。翻车事故一般是驶离路面或高速转弯造成的，其严重程度与事故车辆的车速和翻车路况有关，既可能是人和车均无大碍的局面，也可能造成车毁人亡的严重后果，如图4-1所示。与障碍物碰撞事故可以分为前撞、尾撞和侧撞，其中前撞和尾撞较常见，而侧撞较少发生。与障碍物碰撞的前撞和尾撞又可以根据障碍物的特征和碰撞方向的不同再分类，如图4-2所示为几种典型的汽车与障碍物碰撞的情形。尽管在单车事故中，侧撞较少发生，但当障碍物具有一定的速度时也有可能发生，如图4-3所示。单车事故中汽车可能受到前、后、左、右、上、下的冲击载荷，且对汽车施加冲击载荷的障碍物既可以是有生命的人体或运动物体，也可以是无生命的物体。

图 4-1 翻车情形

a）正向坠崖翻车　b）侧向坠崖翻车　c）高速转弯翻车

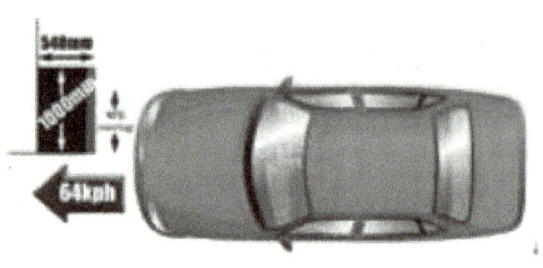
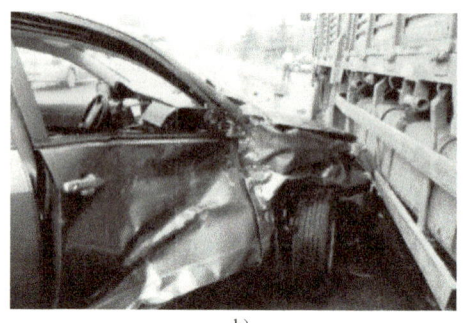

图 4-2 汽车与障碍物碰撞

a）与刚性墙正碰　b）与刚性墙斜碰　c）与护栏正碰　d）与护栏斜碰

e)

f)

图 4-2 汽车与障碍物碰撞（续）

e）与刚性柱碰撞　f）与行人碰撞

显然，障碍物的特性和运动状态对汽车事故的后果影响较大，这些特性包括质量、形状、尺寸和刚性等。这些特性参数的实际变化范围很大，如人体的质量远比牛这类动物体的质量小，而路面和混凝土墙的刚性远比护栏和松土的刚性大。障碍物特性和状态的千变万化导致的结果是对事故车辆及乘客造成不同类型和不同程度的伤害。

多车事故为两辆以上的汽车同时相撞，如图 4-4 所示。讨论其特征时可以只考虑两车相

图 4-3 单车侧撞事故

撞的情形，如图 4-5 所示。图 4-5a 所示的正面相撞和图 4-5c 所示的侧面相撞都是具有极大危险性的典型事故，约占事故的 70% 以上。追尾事故在市内交通中发生时，一般相对碰撞速度较低。但由于追尾可能造成被撞车辆中乘客颈部的严重损伤和致残，故其后果仍然十分严重。从图 4-5 不难看出，在多车事故中，不同汽车所受的碰撞类型是不一样的。在图4-5a所示的正面碰撞中，两辆汽车均受前撞；在图 4-5b 所示的追尾事故中，前面的汽车受到尾撞，而后面的汽车却受前撞；在图 4-5c 所示的侧撞事故中，一辆汽车受侧撞，而另一辆汽车却受前撞。在多车事故中，汽车的变形模式也是千变万化的，但与单车事故比有下面两个明显的特征。

1）在多车事故中一般没有来自上、下方向的冲击载荷。

图 4-4 多车事故

2）给事故车辆施加冲击力的均为其他车辆，尽管不同汽车的刚性不同，但没有单车事故中障碍物的刚性变化大。

项目四　机动车辆碰撞损失的评估

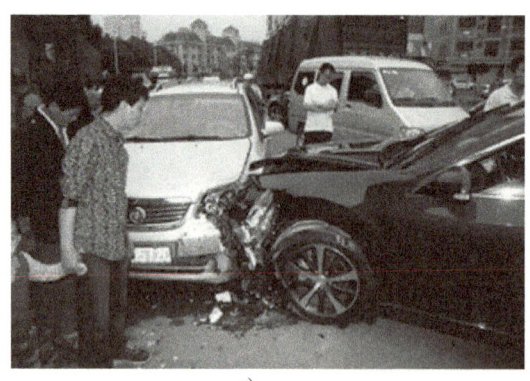

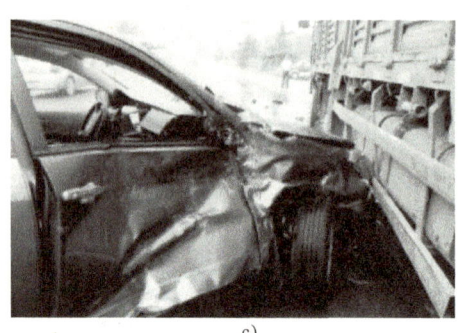

图 4-5　两车相撞

a）面相撞　b）追尾　c）侧面相撞

在实际交通事故中，除了以上描述的典型的单车事故和典型的多车事故以外，还有这两类典型事故的综合事故。如在多车事故中，一辆或多辆汽车与行人或其他的障碍物发生碰撞。对于这类综合性事故的分析，可以结合典型的单车事故和典型的多车事故分析方法来讨论。

2. 汽车碰撞损坏的类型

根据汽车车架和车身结构的损坏情况，可以将汽车碰撞分成多种类型，每种碰撞类型都有其自身特点，很容易区分开。

（1）侧弯　汽车的前部、中部或后部在冲击力的作用下偏离原来的行驶方向发生的碰撞损坏称为**侧弯**。汽车的前部侧弯，冲击力使汽车的一边伸长、一边缩短。

侧弯也有可能在汽车的中部和后部发生。侧弯可以通过视觉观察和对汽车侧面的检查判别出来（在汽车的伸长侧面留下一条刮痕，而在另一缩短侧面会有折皱）。发动机罩不能正常的开启等情况都是侧面损坏的明显特征。对于非承载式车身汽车，折皱或侧面损坏一般发生在汽车车架横梁的内部和相反方向的外部。承载式车身汽车的车身也能够发生侧面损坏。

（2）凹陷　**凹陷**就是出现汽车的前罩区域比正常的规定低的情况，损坏的车身或车架背部呈现凹陷形状。凹陷一般是由于正面碰撞和追尾碰撞引起的，有可能发生在汽车的一侧或两侧（见图 4-5a 和图 4-5b）。当发生凹陷时，可以看到汽车翼子板和车门之间的顶部变窄，底部变宽，同时当车门门眼处过低时，凹陷会比较容易出现于交通事故中。尽管折皱或扭结在汽车车架本身并不明显，但是一定的凹陷将破坏汽车车身钣金件的结合。

（3）折皱或压溃　**折皱**就是在车架上（非承载式车身汽车）或侧梁（承载式车身汽车）上微小的弯曲。如果仅仅考虑车架或侧梁上的折皱位置，则常常是另一种损坏类型。

如果在车架或在车架边梁内侧有折皱，则表明有内向的侧面损坏；如果车架或在车架边梁外侧有折皱，则表明有向外的侧面损坏；如果车架或在车架边梁的上表面有折皱，一般表明是向上凹陷的类型；如果折皱在相反的方向即位于车架的下表面，则一般为向下凹陷的类型。

压溃是一种简单、具有广泛性的折皱损坏，这种损坏使得汽车框架的任何部分都比规定要短。压溃损坏一般发生在前罩板之前或后窗之后，车门没有明显的损坏痕迹，然而在前翼子板、发动机罩和车架棱角等处会有折皱和变形。

在决定严重压溃损坏的修理方法时，定损人员必须记住一点：在承载式车身上，高强度钢加热后易于拉伸，但这种方法要严格限制，因为这些钢材加热处理不当会使其强度降低。另外，对弯曲横梁使用冷拉法拉直可能导致板件撕裂或拉断。然而对于小的撕裂（裂缝为2cm或小于2cm），可用焊接的方法修复。定损人员必须合理地考虑零件是修理还是换新件。如果结构部件扭绞，即弯曲超过90°，该零件应当更换新件；如果弯曲小于90°，可以拉直并且能够满足设计强度，该零件可以修理，但用简单的方法拉直扭绞零部件可能会使汽车结构性能下降，当这种未达到设计标准的汽车再发生事故时，气囊将有可能不能正常打开，这样就会危及乘客的生命。

（4）菱形损坏　**菱形损坏**就是一辆汽车的一侧向前或向后发生位移，使车架或车身不再是方形，而是类似一个平行四边形。这是由于汽车碰撞发生在前部或尾部的一角或偏离质心方向所造成的，明显的迹象就是发动机罩和车尾行李箱盖发生了位移，在后驾驶室后侧围板的后轮罩附近或在后侧围板与车顶盖交接处可能会出现折皱。折皱也可能出现在乘客室或行李箱的地板上。通常，压溃和凹陷会带有菱形损坏。

菱形损坏经常发生在非承载式车身汽车上。车架的一边梁相对于另一边梁向前或向后运动，可以通过量规交叉测量的方法来验证菱形损坏。

（5）扭曲　**扭曲**即汽车的一角要比正常的高，而另一角要比正常的低。当一辆汽车以高速撞击到路边或高级公路中间的隔离带时，有可能发生扭曲型损坏。后侧车角发生碰撞时也常发生扭曲损坏，仔细检查能发现板件有不明显的损坏，然而真正的损坏一般隐藏在下部。由于碰撞，汽车的一角向上扭曲，相应的另一角向下扭曲。由于弹簧弹性弱，所以如果汽车的一角凹陷到接近地面的程度，应当检查是否有扭曲损坏。当汽车发生翻滚时也会有扭曲损坏。

只有非承载式车身汽车才能真正发生扭曲。车架的一段垂直向上变形，而另一端垂直向下变形，如图4-6所示。从一侧观察，看到两侧纵梁在中间交叉。承载式车身汽车前后横梁并没有连接，因此并不存在真正意义上的"扭曲"。

与承载式车身损坏相似的扭曲是前部元件和后部元件发生相反的凹陷，如右前侧向上凹陷，左后侧向下凹陷，左前侧向下凹陷而右后侧向上凹陷。

要区别车架扭曲和车身扭曲，因为它们的修理方法和修理工时是不同的。对于承载式车

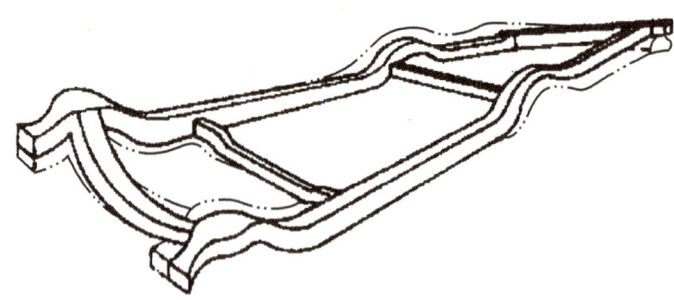

图 4-6 典型的车架扭曲损坏

身汽车而言,在校正每一段的凹陷时,应对汽车的拉伸修理进行评估。对于非承载式车身汽车,需要两方面的拉伸修理,即汽车前沿的拉伸修理和汽车后端的修理。

【技能训练】

训练:汽车碰撞引起火灾定损

1. 目的

1)了解事故车辆的肇事起源点,正确判断肇事部位的撞击引起损伤的部位。

2)分析该车的碰撞属于哪种碰撞损坏类型。

2. 准备

整车一辆,纸、笔等。

3. 学习情境

2012年11月23日19时许,张先生驾驶鲁R牌红旗CA7202E3轿车行驶至山东某城南河堤路处,自西向东行驶至一慢弯时,为躲让对向行驶的一辆未开灯的机动三轮车,采取措施不当,车辆前部碰到路边右侧的水泥墩上,造成本车起火,车辆烧损。

4. 步骤

1)将学生分成三人一组,一人为委托单位(某保险公司)代理人;一人为委托方,要求鉴定该车起火是否与水泥墩碰撞有关;一人专为汽车受损部位记录并拍照。

2)勘验情况与分析。

① 勘验时,车停放在某地税局办公室门前,前部的保险杠、灯光组件和中网等塑料件已烧无,前发动机舱机盖、左右翼子板、左前门、车顶棚油漆涂层烧毁,铁皮裸露。发动机周围的塑料件和橡胶件已烧无。右纵梁向上弯曲变形且向右溃缩250mm左右,向上弯曲量达200mm左右,并有三处弯折,右前翼子板前端弯曲变形,发动机下横梁有弯曲变形。发动机后端左右两支架折断,发动机缸体下部呈黑色。说明该车前部着火严重,起火源应在车辆前部,并且说明车辆右前部在着火前发生了较强烈的碰撞事故,造成了较大的变形和损坏,并造成发动机和车身之间有挤压和错位,具有造成发动机和车身之间连接管路和线路破损和断裂的可能性。

② 事故发生处的道路为河堤路,水泥路面较窄,水泥墩与车辆接触面被烧发黑,并有燃烧脱落物。在事发现场,与车相撞的水泥墩还在,其尺寸为600mm×550mm×500mm,一侧面被烧发黑,并有脱落物残留,地上也有车辆被烧的脱落物和黑灰,出事路段前方约30m

处有一弯道，路边有树形成盲区。以上情况说明了车辆躲车撞水泥墩事故的真实性存在。

③ 委托方提供的现场照片显示，车辆右前方碰在了路边的石头上，前保险杠、前照灯等被烧化脱落，漏出前保险杠骨架，右端被撞向上变形，散热器和冷凝器被烧脱落，部分熔化，散热器上横梁、前保险杠骨架右端烧成白色，右侧翼子板内骨架及发动机后尾板右侧大面积呈白色，发动机周围的塑料件和橡胶件被烧毁。从车辆着火燃烧状况看，车辆前部右侧着火痕迹严重，且发动机舱的右后部燃烧强烈，应为喷洒的燃油参与燃烧，才会出现如此情况。这说明发动机右端燃油管在撞击中断裂，使燃油喷洒泄漏形成油雾，之后被炽热的排气管或短路火花点燃，从而起火燃烧，并引燃周围可燃物，火焰向四周传播，将驾驶室内的仪表台、座椅和内饰等引燃，造成车辆报废。

5. 学习评价

学习评价见表4-1。

表4-1 汽车碰撞引起火灾定损的学习评价

序号	评分项目	操作内容	分值	评分标准	得分
1	劳保用品的穿戴	劳保用品穿戴齐全	20分	穿戴不全不得分	
2	事故车辆的肇事起源点，肇事部位的撞击、振动可能引起损伤的部位	汽车碰撞事故的确认与分析是否准确	40分	违反操作规程扣1~20分	
3	事故车辆碰撞损伤的诊断与测量操作规程	事故车辆碰撞损伤的诊断与测量操作规程的执行情况	40分	违反操作规程扣1~20分	
总　　分			100分		

任务2　事故车辆车身碰撞损伤的诊断与测量

【相关知识】

要准确地评估一辆碰撞事故车辆，就要对其受损情况作出精确诊断，要确切地评估出汽车受损的严重程度、范围及受损部件。一辆没有经过准确诊断的汽车在修理过程中会发现新的损伤情况，这样会造成修理工艺及修理方案的改变，从而造成修理成本的改变，而由于要控制修理成本，往往会造成修理的质量不尽如人意，甚至留下安全隐患。对碰撞作出准确的诊断是衡量一名定损人员水平的重要标志。

通常，一般定损人员都能对碰撞部位直接造成的零部件损伤进行诊断，但是对于与其相关联零部件的影响以及发生在碰撞部位附近的损伤则可能忽视。因此，对于现代汽车来说，较大的碰撞损伤只用目测来鉴定是不够的，还必须借助相应的工具及仪器设备来鉴定汽车的损伤。

一、在进行碰撞评估损伤鉴定之前应注意的安全事项

1）在查勘碰撞受损的汽车之前，首先看车上是否有破碎的玻璃，是否有锋利的刀状或

锯齿状金属边角，对危险部位标识安全警示或进行处理。

2）如果闻到有汽油泄漏的气味，切勿使用明火，切勿开关电器设备。事故较大时，可考虑切断蓄电池电源。

3）如果有机油或齿轮油泄漏，要当心滑倒。

4）在检验电器设备的状态时，不要造成新的损伤。如在车门变形的情况下，检验电动车窗玻璃升降功能时，切勿盲目升降，以免造成玻璃损坏。

5）应当在光线良好的场所进行碰撞诊断，如果损伤涉及底盘或需在车下进行细致检查时，务必使用汽车举升机，以保证定损人员的安全。

二、目测确定碰撞损伤的程度

大多数情况下，碰撞部位能显示出结构变形或断裂迹象。肉眼检查时，定损人员可以先后退几步，对汽车进行总体观察，从碰撞的位置估计受撞范围的大小及方向，并判断碰撞是如何扩散的；从总体上查看汽车是否有扭转、弯曲变形，再查看整辆汽车，设法确定损伤位置及所有损伤是否都由同一事故引起。

碰撞力沿车身扩散，并使许多的部位发生变形，具有穿过车身坚固部位最终抵达并损坏薄弱部件，扩散并深入至车身部件内的特性。因此，为了查找汽车损伤，定损人员必须沿碰撞力扩散的路径查找车身的薄弱部位，确认是否有损伤及其损伤程度。定损人员可以从以下几方面加以识别。

1. 钣金件截面突然变形

碰撞所造成的钣金件截面变形与钣金件本身设计的结构变形不一样。钣金件本身设计的结构变形处表面油漆完好无损，而碰撞所造成的钣金件的截面变形处油漆起皮、开裂。

2. 零部件支架断裂、脱落及遗失

发动机支架、变速器支架、发动机各附件支架是碰撞应力吸收处，在汽车设计时就有保护重要零部件不受损伤的功能。在碰撞事故中常有各种支架断裂、脱落及遗失现象。

3. 检查车身每一部位的间隙和配合

车门是以铰链装在车身立柱上的，通常立柱变形就会造成车门与车门、车门与立柱的间隙不均匀。另外，还可以通过简单地开关车门检查车门锁机与锁扣的配合，判断车门是否下沉，从而判断立柱是否变形，查看铰链的灵活程度可以判断立柱及车门铰链处是否变形。

在汽车前端碰撞事故中，检查后车门与后翼子板、门槛、车顶侧板的间隙，并做左右对比，这是判断碰撞应力扩散范围的主要手段。

4. 检查汽车本身的惯性损伤

当汽车受到碰撞时，一些质量较大的部件（如装配在橡胶支座上的发动机附离合器总成）在惯性力的作用下会造成固定件（橡胶垫、支架等）和周围部件及钢板的位移、断裂，应对其进行检查。对于非承载式车身汽车，还需检查车身与发动机及底盘结合部是否变形。

5. 检查来自乘客及行李的损伤

乘客和行李在碰撞中由于惯性力作用还能引起车身的二次损伤，损伤的程度因乘客的位置及碰撞的力度而异，其中常见的损伤有转向盘、仪表工作台、转向柱护板及座椅等。行李碰撞是造成行李箱中部分设备（如 CD 机和音频功率放大器等）损伤的主要原因。

【技能训练】

训练：汽车损伤的鉴定

1. 目的

1）了解车身结构的类型。

2）掌握汽车碰撞的方向及碰撞力大小，检查可能有的损伤。

3）学习并掌握用工具或仪器检查悬架和整个车身的损伤。

2. 准备

整车一辆。

3. 学习情境

2011 年 9 月 4 日，一辆新上牌不久的东风风行 LZ6431BQBE 多用途乘用车行驶至嘉祥县某村附近，因车速高，转弯急，碰撞路边的树和石头，然后骑到碰倒的树和石头上与车底发生碰撞后起火燃烧，烧毁车辆。

4. 步骤

1）了解车身结构的类型。

2）以目测确定碰撞部位。

3）以目测确定碰撞的方向及碰撞力的大小，并检查可能有的损伤。

4）确定损伤是否限制在车身范围内，是否还包含功能部件或零配件（如车轮、悬架、发动机及附件等）损伤。

5）沿着碰撞路线系统地检查部件的损伤，直到无任何有损伤痕迹的位置为止。如立柱的损伤可以通过检查门的配合状况来确定。

6）测量汽车的主要零部件，通过比较维修手册中车身尺寸图标上的标定尺寸和实际汽车上的尺寸来检查汽车车身是否产生变形。

7）用适当的工具或仪器检查悬架和整个车身的损伤情况。

一般而言，汽车损伤鉴定的步骤可按照图 4-7 所示的进行。

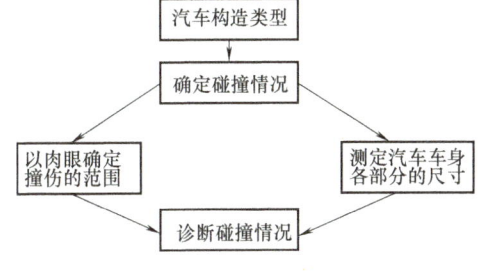

图 4-7 汽车损伤鉴定的步骤

5. 学习评价

学习评价见表 4-2。

表 4-2 汽车损伤鉴定的学习评价

序号	评分项目	操作内容	分值	评分标准	得分
1	穿戴劳保用品	劳保用品穿戴齐全	20 分	穿戴不全不得分	
2	车身结构类型的了解	车身结构的认识	20 分	违反操作规程扣 1~20 分	
3	事故车辆碰撞损伤的诊断与测量操作规程	事故车辆碰撞损伤的诊断与测量操作规程的执行情况	20 分	违反操作规程扣 1~20 分	
4	碰撞损伤的确定	碰撞损伤的零部件修与换的掌握情况是否合理	20 分	违反操作规程扣 1~20 分	
5	用工具或仪器检查悬架和整个车身的损伤	汽车主要结构的定损操作规程的执行情况	20 分	违反操作规程扣 1~20 分	
	总 分		100 分		

任务 3　碰撞后常损零件的更换

【相关知识】

在汽车碰撞的损失评估中，受损零件修复与更换的标准是一个难题。在保证汽车修理质量的前提下，"用最小的成本完成受损部位修复"是评估事故车辆的原则。碰撞中的常损零件有承载式车身结构钣金件、非结构钣金件、塑料件、玻璃制品及车身内外装饰等。

一、承载式车身结构钣金件的修与换

碰撞受损的承载式车身结构钣金件是更换还是修复？美国汽车撞伤修理业协会经过大量的研究得出关于损伤结构件修复与更换的一个简单判断原则，即"弯曲变形就修，折曲变形就换"。

1. 弯曲变形的特点

1）损伤部位与非损伤部位的过渡平滑、连续。

2）通过拉拔矫正可以使其恢复到事故前的形状，而不会留下永久的塑性变形。

2. 折曲变形的特点

1）弯曲变形剧烈，曲率半径小于 3mm，通常在很短长度上弯曲可达 90°以上。

2）矫正后，零件上仍有明显的裂纹和开裂，或者出现永久变形带，不经调温加热处理不能恢复到事故前的状态。

3. 承载式车身结构钣金件修与换的依据

"弯曲"与"折曲"可以作为判断承载式车身结构钣金件是更换还是修复的依据。除此之外，定损人员还必须懂得以下知识。

1）在车身折曲后的矫正过程中钢板内部发生了什么变化。

2）为什么那些仅有一些小的折曲变形或有裂纹的大结构钣金件也必须更换。

3）当决定采用更换结构钣金件时，应当完全遵照制造厂的建议，这非常重要。当需要切割或分割钣金件时，必须遵守制造厂的工艺要求。一些制造厂不允许反复分割结构钣金件，另一些制造厂规定只有在遵循厂定工艺时才同意分割。所有的制造厂家都强调不要割断可能降低乘客安全性的区域、降低汽车性能的区域和影响关键尺寸的区域。然而在我国，多数的汽车修理厂没有做到完全按照制造厂的工艺要求更换车身结构钣金件。所以，在我国应采用"弯曲变形就修，折曲变形就可以换"，而不是"必须更换"，从而避免产生更大的车身损伤。

二、非结构钣金件的换与修

非结构钣金件又称覆盖钣金件。承载式车身的覆盖钣金件通常包括可拆卸的前翼子板、车门、发动机舱盖、行李箱盖和不可拆卸的后翼子板和车顶等。

1. 可拆卸件的换与修

（1）前翼子板　前翼子板的损伤程度没有达到必须将其从车上拆下来才能修复的程度，如整体形状还在，只是中间局部凹陷时，一般不考虑更换。损伤程度达到必须将其从车上拆下来才能修复的程度，并且前翼子板的材料价格低廉、供应流畅，材料价格达到或接近整形修复的工时费时，应当考虑更换。

如果每米长度超过3个折曲和破裂变形，或已无基准形状，则应考虑更换（一般来说，当每米折曲、破裂变形超过3个时，整形和热处理后很难恢复其尺寸）。

如果每米长度不足3个折曲和破裂变形，且基准形状还在，则当考虑整形修复。如果修复工时费明显小于更换费用，则应考虑以修理为主。

（2）车门　如果门框产生塑性变形，一般来说是无法修复的，应考虑更换。许多汽车的车门面板是作为单独零件供应的，损坏后可以单独更换，不必更换总成。

（3）发动机舱盖和行李箱盖　发动机舱盖和行李箱盖大多用两个冲压成形的冷轧钢板经翻边胶粘制成。判断发动机舱盖和行李箱盖是否碰撞损伤变形，应当看是否要将两层分开修理。如果不需分开，则不应考虑更换；若需分开整形修理，应当首先考虑工时费加辅料费与其价值的关系。如果工时费加辅料费接近或超过其价值，则不应考虑修理；反之，应当考虑修理。

2. 不可拆卸件的修与换

碰撞损伤的汽车中最常见的不可拆卸件就是三厢车的后翼子板。由于更换后翼子板需要从车身上将其切割下来，而国内绝大多数汽车修理厂在切割和焊接方面满足不了制造厂提出的工艺要求，从而造成新的车身损伤，所以后翼子板只要有修理的可能都应当修复，而不应该和前翼子板一样存在值不值得修理的问题。

三、塑料件的修与换

目前，基于降低车身自重的考虑，在塑料工业日益发展的条件下，车身各种零部件越来越多地使用了各种塑料，特别是在车身前端（包括保险杠、格栅、挡泥板、防碎石板、仪表工作台和仪表板等）。

许多损坏的塑料件都可以修复而不用更换，特别是不必从车上拆下零件，如划痕、擦伤、撕裂和刺穿等。此外，由于某些零件不一定有现货供应，而修理往往可迅速进行，从而缩短修理工期。

塑料件的修与换应当考虑以下几个方面的因素：对于燃油箱及要求严格的安全结构件，必须考虑更换；整体破碎以更换为主；价值较低、更换方便的零件应当以更换为主；应力集中部位，应当以更换为主；基础零件，并且尺寸较大，受损以划痕、撕裂、擦伤或穿孔为主，这些零件拆装麻烦、更换成本高或无现货供应时，应当以修理为主；表面无漆面的、不能使用氰基丙烯酸酯乳结法修理的且表面粗糙度值要求较低的塑料件，由于修理处会留下明显的痕迹，一般应当考虑更换。

1. 前、后保险杠及附件

保险杠主要起装饰及初步吸收碰撞能量的作用，大多用塑料制成。对于用热塑性塑料制成、价格昂贵、表面烤漆的保险杠，如破损不多，可焊接。保险杠饰条破损后基本以换为主。保险杠使用内衬的多为中高档轿车，常以泡沫制成，一般可重复使用。对于铁质保险杠骨架，轻度碰撞常采用钣金修复，价值较低的中度以上的碰撞常采用更换的方法修复。铝合金的保险杠骨架修复难度较大，中度以上的碰撞多以更换为主。保险杠支架多为铁质，一般价格较低，轻度碰撞常用钣金修复，中度以上碰撞多为更换。保险杠等安装有转向信号灯和雾灯的，表面破损后多更换；对于价格较高的雾灯且只损坏少数支撑部位的，常用焊接修理的方法修复。

2. 前护栅及附件

前护栅及附件由饰条和铭牌等组成，破损后多以更换为主。

四、玻璃制品的定损

目前，汽车上的玻璃制品越来越多，如前、后风窗，车窗，天窗，后视镜和灯具等。

1. 前、后风窗玻璃及附件

风窗玻璃因撞击而损坏时基本以更换为主。前风窗玻璃胶条有密封式和粘贴式，密封式无需胶条，粘贴式必须同时更换。粘贴在风窗玻璃上的内视镜，破损后一般以更换为主。

需注意的是，后风窗玻璃为带加热除霜功能的钢化玻璃，价格可能偏高。有些汽车的前风窗玻璃带有自动灯光和自动刮水器功能，价格也会偏高。

2. 天窗玻璃

天窗玻璃破碎时一般需要更换。

3. 前照灯及角灯

现代汽车灯具的表面多由聚碳酸酯（PC）或玻璃制成。灯具常见的损坏形式及处理办法有：调节螺钉损坏，需更换，并重新校光；表面用玻璃制成的，破损后如有玻璃灯片供应的，可以考虑更换玻璃灯片；若为整体式损坏，只能更换；若只是划痕，可以考虑通过抛光去除划痕；对于氙气前照灯，更换时应当注意氙气发生器是无须更换的；价格昂贵的前照灯，只是支撑部位局部破损的，可以采取塑料焊接法修复。

4. 尾灯

尾灯的损坏按照处理前照灯的方法处理。

五、车身内外装饰的修与换

1. 仪表板及中央操纵饰件

仪表板因正面撞击或侧面撞击常造成整体变形、皱折和固定爪破损。整体变形在弹性限度内，待骨架校正后重新装回即可。皱折影响美观，对美观要求较高的新车或高级车最好更换。因仪表板的价格昂贵，老旧车型更换意义不大。少数固定爪破损常以焊修为主，多数固定爪破损以更换为主。

左、右出风口常在侧面撞击时破碎，右出风口也常因二次碰撞被前排乘客的右手支撑时压坏，左右饰框常在侧面碰撞时损坏，严重的正面碰撞也会造成支撑断裂，均以更换为主。杂物箱常因二次碰撞被前排乘客的膝盖撞破，一般以更换为主。

严重的碰撞会造成车身底板变形，而车身底板变形后会造成过道罩破裂，以更换为主。

2. 前座椅及附件、安全带

座椅及附件因撞击造成的损伤常为骨架、导轨变形和棘轮、齿轮根切等。

骨架、导轨变形常可以校正，棘轮、齿轮根切通常必须更换棘轮、齿轮机构。许多车型因购买不到棘轮、齿轮机构，常需更换座椅总成。

大多数安全带在中度以下碰撞后还能使用，但必须严格检验。前部严重碰撞的安全带，收紧器处会变形，从安全角度考虑，建议更换。中高档轿车上安装有安全带自动收紧装置，收紧器上的拉力传感器感受到严重的正面撞击后，电控自动收紧装置会点火，引爆收紧装置，从而达到快速收紧安全带的作用，但是此时安全带自动收紧装置必须更换。

3. A柱及饰件、前围、暖风系统和集雨栅等。

A柱因碰撞产生的损伤多以整形修复为主。由于A柱为结构钢，当产生折弯变形时，以更换外片、整形整体为主要修复方式。A柱有上、下内饰板，破损后一般以更换为主。前围多为结构件，整形与更换按承载式结构钣金构件整修与更换原则执行，A柱内饰板因撞击破损以更换为主。较严重的碰撞常会造成暖风机壳体和进气罩的破碎，以更换为主。暖风散热器和鼓风机一般在碰撞中不会损坏。集雨栅为塑料件，通常价格较低，因撞击常造成破损，以更换为主。

4. 侧车身、B柱及饰件、门槛及饰件等。

B柱的整修与更换方法同A柱。车身侧面内饰的破损以更换为主，一般碰撞造成的边梁变形以整形修复为主。边梁保护膜是评估中经常遗漏的项目，只要边梁需要整形，边梁保护膜就要更换。门槛饰条破损后一般以更换为主。

5. 车身地板

车身地板常因撞击造成变形，多以整修方式修复。对于整修无法修复的车身地板，基于现有的修理能力，建议考虑更换车身总成。

6. 车顶及内外饰件

严重的碰撞和倾覆会造成车顶损伤。车顶损坏时，只要能修复的，原则上不予更换。内饰的修复与车门内饰的修复方法相同。落水槽饰条为铝合金外表烤漆，损伤后一般应予更换。

【技能训练】

训练：车身碰撞损伤的识别

项目四 机动车辆碰撞损失的评估

1. 目的

1）了解钣金件截面变形的检查方法。

2）掌握部件支架断裂、脱落及遗失的诊断。

3）掌握车身各部位的间隙和配合的检查方法。

2. 准备

纸、笔、照相机等。

3. 学习情境

实训基地运来一辆遭受碰撞损坏的汽车，请对其进行受损检查，并判断哪些零部件可修，哪些零部件可换。

4. 步骤

按照任务 2 事故车辆碰撞损伤的诊断与测量【相关知识】中的二、目测确定碰撞损伤的程度进行识别。

检查完后，判断哪些零部件可修，哪些零部件须换。

5. 学习评价

学习评价见表 4-3。

表 4-3 车身碰撞损伤识别的学习评价

序号	评分项目	操作内容	分值	评分标准	得分
1	穿戴劳保用品	劳保用品穿戴齐全	20 分	穿戴不全不得分	
2	检查部件支架断裂、脱落及遗失	检查发动机支架、变速器支架和发动机各附件支架	20 分	违反操作规程扣 1～20 分	
3	检查车身各部位的间隙和配合	检查后车门与后翼子板、门槛和车顶侧板的间隙	20 分	违反操作规程扣 1～20 分	
4	检查汽车本身的惯性损伤	检查发动机及离合器总成及钢板的移位、断裂等	20 分	违反操作规程扣 1～20 分	
5	检查来自乘员及行李的损伤	检查转向盘、仪表工作台、方向柱护板及座椅	20 分	违反操作规程扣 1～20 分	
	总　　分		100 分		

任务 4　定损分析及工时费的确定

【相关知识】

一、发动机定损分析

汽车发生一般故障时，大多数不会使发动机受到损伤。只有比较严重的碰撞和发动机拖底、发动机进水时，才可能导致发动机损坏。

1. 发动机及附件碰撞损坏的认定及修复

（1）发动机附件　发动机附件因撞击破损和变形时以更换为主。油底壳轻度变形一般无须修理，放油螺塞处碰伤至中度以上的变形以更换为主。发动机支架及胶垫因撞击变形破损的，以更换为主。进气系统因撞击破损和变形的，以更换为主。排气系统中最常见的撞击损伤形式为发动机移位造成排气管变形。由于排气管长期在高温下工作，氧化严重，通常无法整修。消声器吊耳因变形超过弹性极限而破损，也是常见的损坏现象，应当更换。

（2）散热器及附件　铝合金散热器的修与换与汽车的档次有关。由于中低档车的散热器价格较低，中度以上损伤一般可以更换；高档车的散热器价格较贵，中度以下损伤常采用氢弧焊修复。但水室破损后，一般需更换，而水室在遭受撞击后最易破损。水管破损应当更换。水泵带轮变形后通常以更换为主。风扇护罩轻度变形一般以整形为主，严重变形需更换。主动风扇与从动风扇的损坏常为叶片破碎，由于扇叶做成了不可拆式，破碎后需要更换总成。风扇传动带在碰撞后一般不会损坏，因正常使用也会磨损，拆下后如需更换，应当确定是否为碰撞所致。

（3）散热器框架　根据"弯曲变形就修，折曲变形就换"的基本原则，考虑到散热器框架形状复杂，轻度变形时可以钣金修复，中度以上的变形往往不易修复，只能更换。

（4）铸造基础件　发动机缸体大多是用球墨铸铁或铝合金铸造的。受到冲击载荷时，固定支架常会断裂，而球墨铸铁或铝合金铸件都是可以焊接的。

一般情况下，发动机缸体的断裂是可以进行焊接的。当然，不论是球墨铸铁还是铝合金铸件，焊接都会造成其变形，这种变形通常用肉眼是看不出来的。但由于焊接部位附近对形状尺寸的要求较高，如在发动机气缸壁附近产生断裂，用焊接的方法修复常常是行不通的，一般应当考虑更换。

2. 发动机拖底

（1）发动机拖底的形成原因　汽车发动机在以下几种情况下易拖底：第一，通过性能较差的汽车通过坑洼路段时，可能会因为颠簸而使位于较低部位的发动机油底壳与路面相接触，从而导致发动机拖底；第二，汽车在坑洼程度并不严重的路段行驶，由于速度偏高，遇到坑洼时上下颠簸厉害，也可能导致发动机拖底；第三，汽车在路面良好的路段行驶，没有察觉到前车坠落的石块，有可能导致发动机拖底；第四，汽车不慎驶入路坡等处时，被石头垫起，造成拖底。

（2）发动机拖底后的损坏范围　发动机拖底后往往会对机件造成一些损失，这些损失可以分为直接损失和间接损失。直接损失包括油底壳凹陷；如果程度较重，还可能使壳体破损，导致机油泄漏；如果程度严重，甚至会导致油底壳里面的机件变形、损坏，无法工作。

间接损失包括发动机拖底以后，如果驾驶人没有及时熄火，油底壳内的机油将会大量泄漏，导致机油泵无油可泵，使发动机的曲轴轴瓦、连杆轴瓦得不到机油的充分润滑和冷却，轴瓦很快从干磨到烧蚀，然后与曲轴抱死。另外，由于机油压力的降低，发动机的凸轮轴、活塞和气缸套也会因缺油而磨损。

（3）非保险责任的发动机损坏　由于发动机保养不当，可能会造成机油减少、油道堵塞和连杆螺栓松动等现象。这样，在运转过程中，连杆轴瓦就会烧蚀、磨损，增大了连杆轴承座间的冲击力，最后将连杆螺栓冲断或造成螺母脱落，连杆盖与连杆脱开，其固定作用消失。这样一来，当活塞下行时，连杆冲向缸体，会造成捣缸。发动机的这种损坏情况不属于保险责任，定损人员必须严格掌握。如被保险人有异议，可以要求保存损坏的发动机零件及油底壳中的残留物，以供分析之用。

个别汽车发动机在捣缸时，连杆轴瓦及连杆盖脱开的瞬间，向下的冲击作用会将连杆盖击向油底壳，将油底壳打漏造成机油泄漏，油底壳破损处向外翻起。这种损坏情况，如不仔细观察，会感觉与发动机拖底的事故非常相似，而区别就在于破损处内凹或外翻。凡属于拖底的故障，破损处一定内凹。处理此类问题时，定损人员要通过仔细分析，找出损坏原因来确定是否属于保险责任，同时也可以有力地说服客户。

3. 发动机进水后的损坏分析

四冲程发动机的一个工作循环包括进气行程、压缩行程、做功行程和排气行程。当处于进气行程时，进气门打开、排气门关闭，活塞在外力作用下下行，气缸内形成真空，燃油和空气的混合气被吸入气缸，活塞位于下止点附近时，进气行程基本结束。当处于压缩行程时，进气门和排气门均关闭，活塞在外力作用下上行，压缩进入气缸的混合气，使其压力和温度均提高，做好点火燃烧的准备，当活塞位于上止点附近时，压缩行程基本结束。当混合气被点燃（汽油发动机）或压燃（柴油发动机）以后，做功行程开始，活塞被爆炸燃烧的燃气驱动着下行，对外输出功率，此时进气门和排气门仍关闭。当做功行程结束时，排气门打开，活塞上行，排出燃烧后产生的废气，当活塞到达上止点附近时，排气行程结束，进气门打开、排气门关闭，发动机的工作进入下一个循环。

如果汽车进了水，水就有可能通过进气门进入气缸。由于发动机气缸内已经进了水，在发动机的压缩行程，活塞在上行压缩时所遇到的不再只是混合气，还有水。由于水是不可压缩的，故曲轴和连杆所承受的负荷就要极大地增加，有可能造成弯曲，在随后的持续运转过程中就有可能导致进一步的弯曲、断裂，甚至捣坏气缸。

需要说明的是，同样是动态条件下的损坏，由于发动机的结构不同、转速高低不同、车速快慢不等、发动机进气管口安装位置不一、吸入水量多少不一等，其所造成的损坏程度自然也就有所不同。如对于柴油发动机来说，由于其压缩比大，发动机在压缩行程结束时的气缸压力要比汽油发动机高，一旦进了水，所造成的危害要比汽油发动机大得多。

如果发动机在较高转速条件下直接吸入了水，完全有可能导致连杆折断、活塞破碎、气门弯曲及缸体被严重捣坏等故障。有时候发动机因进水导致自然熄火，机件经清洗后可以继续使用，但有个别的汽车经一段时间的使用后造成连杆折断捣坏缸体，这是因为当时的进水导致了连杆的轻微弯曲，为日后的故障留下了隐患。

二、底盘定损分析

（1）铸造基础件　变速器、主减速器和差速器的壳体往往用球墨铸铁或铝合金铸造。受到冲击载荷时，常常会造成固定支架的断裂，而球墨铸铁或铝合金铸件都是可以焊接的。

变速器、主减速器和差速器的壳体断裂可以焊接，但焊接会造成壳体的变形。这种变形虽然用肉眼看不出来，但会影响尺寸精度，若在变速器、主减速器和差速器等的轴承座附近产生断裂，用焊接方法修复是不可行的，一般应当考虑更换。

（2）悬架系统和转向系统零件　对于非承载式车身来说，车轮定位正确与否的前提是正确的车架形状和尺寸。对于承载式车身来说，车轮定位正确的前提是正确的车身定位尺寸。车身定位尺寸的允许偏差一般为1～3mm。

悬架系统中的任何零件都不允许用校正法修理。当车轮定位仪检测出车轮定位不合格时，用肉眼无法判断出具体损伤和变形的零部件，因而不要轻易做出更换某个零件的决定。

车轮外倾、主销内倾和主销后倾等都与车身定位尺寸密切相关。如果数据不对，应当首先分析是否是因碰撞造成的，且由于碰撞不可能造成轮胎磨损不均匀，因此可以通过检查轮胎磨损是否均匀，初步判断事故前的车轮定位情况。

检查车身定位尺寸，在消除了诸如摆臂橡胶套的磨损等原因后校正好车身，使相关定位尺寸正确后，再进行车轮定位检测。如果此时车轮定位仍不合格，再根据其结构和维修手册等判断其具体损伤部件，逐一进行检测，直到损伤部件得到确认为止。上述过程复杂而繁琐，且技术含量较高，同时悬架系统中的零件都属于价格较高的安全部件，故定损时切不可轻率马虎。

（3）车轮　轮辋遭撞击后以变形损伤为主，应当考虑更换。轮胎遭撞击后会出现爆胎，应当考虑更换。轮罩遭撞击后常会产生破损，应当考虑更换。

（4）前悬架零件　前纵梁及悬架座：承载式车身汽车前纵梁及悬架座属于结构件，按照结构件方法处理。前悬架系统及相关零部件：制动盘、悬架臂、转向节、稳定杆和发动机托架均为安全部件，变形后均应更换。对于减振器，主要鉴定其是否在碰撞前已损坏。减振器是易损件，正常使用到一定程度会漏油，如果表面已有油迹，说明在碰撞前已损坏；如果表面无油迹，碰撞造成了弯曲变形，应考虑更换。

（5）转向盘及制动系统　此部分遭到撞击损伤后，从安全角度出发应当更换。安装有安全气囊的汽车，驾驶人气囊都安装在转向盘上。当气囊因碰撞引爆后，不仅要更换气囊，通常还要更换气囊传感器与控制模块等。需要注意的是，有些车型的碰撞传感器是与SRS／ECU装成一体的，要避免汽车修理厂重复报价。

变速器操纵系统遭撞击变形后，轻度的变形常以整形修复为主，中度以上的变形以更换为主。

（6）后桥及悬架　后桥及后悬架：后悬架按照与前悬架相同的方法处理；后桥副梁按照与前桥副梁相同的方法处理。

后部地板、后纵梁及附件：后纵梁损坏时按与前纵梁相同的方法处理，其他与车身地板的处理方法相似。备胎盖在严重的追尾碰撞中会破损，以更换为主。

（7）变速器及传动轴　传动轴及附件：中低档轿车多为前轮驱动，碰撞常会造成外侧等角速万向节破损，需要更换，有时还会造成半轴弯曲，也以更换为主。变速器：变速器损坏后，内部机件基本都可以独立更换，对齿轮、同步器和轴承等的鉴定，碰撞后只有断裂、掉牙才属于保险责任，正常磨损不属于保险责任，在定损中要注意界定和区分。从保险的角度来看，变速器的损失主要是拖底，其他情况的损失极小。

三、电器设备定损分析

1．蓄电池

蓄电池的损坏多以壳体四个侧面的破裂为主，应当考虑更换。

2. 发电机

发电机常见的损伤为带轮和散热叶轮变形，壳体破损，转子轴弯曲变形等。带轮变形应更换；散热叶轮变形可校正；壳体破损、转子轴弯曲以更换发电机总成为主。

3. 刮水器系统

刮水器片、刮水器臂和刮水器电动机等因撞击损坏主要以更换为主。而固定支架和联动杆等，中度以下的变形损伤以整形修复为主，严重变形需更换。刮水器喷水壶只在较严重的碰撞中才会损坏，损坏后以更换为主。刮水器喷水电动机、喷水管和喷水嘴被撞坏的情况较少，若撞坏以更换为主。

4. 冷凝器及制冷系统

空调冷凝器采用铝合金制成，中、低档车的冷凝器一般价格较低，中度以上的损伤一般可以更换；高档车的冷凝器价格较贵，中度以下的损伤常可采用氢弧焊修复。储液罐因碰撞变形一般以更换为主。如果系统在碰撞中以开口状态暴露于潮湿的空气中时间较长，则应当更换干燥器，否则会造成空调系统工作时的"冰堵"。

压缩机因碰撞造成的损伤有壳体破裂、带轮变形和离合器变形等。壳体破裂一般需要更换，带轮变形、离合器变形一般也需更换。空调管有多根，损伤的空调管一定要注明是哪一根。汽车空调管有铝管和胶管两种，铝管常见的碰撞损伤有变形、折弯和断裂等，变形后一般校正；价格较低的空调管折弯、断裂时一般更换；价格较高的空调管折弯、断裂时一般采取截去折弯、断裂处，再接一节用氢弧焊接的方法修复。破损的胶管一般需要更换。

空调蒸发器大多用塑性塑料制成，常见损伤多为箱体破损。局部破损可用塑料焊修复，严重破损一般需更换，决定更换时一定要考虑有无壳体单独更换。蒸发器修与换的方法基本与冷凝器相同。膨胀阀因碰撞损伤的可能性极小。

5. 电器设备保护装置

有些电器件在遭受碰撞后，外观虽无损伤，却显示"坏了"的信息，其实这有可能是假象。如果电路过载或短路就会出现大电流，导致导线发热、绝缘损伤，有可能酿成火灾。因此，电路中必须设置保护装置。熔断器、熔丝、大限流熔断器和短路器都是过流保护装置，可以单独使用，也可以配合使用。碰撞会造成系统过载，相关保护装置会因过载而工作，出现断路，导致相关电器装置无法工作。此时只需更换相关的熔断器、熔丝、大限流熔断器和断路器即可，无须更换电器件。

维修事故车辆，除了零部件价格以外就是工时费。对于不同地区的同一款车来说，虽然各地采用的维修手法不尽相同，工时标准可能略有差异，但总体差异不大，差异较大的是各地的工时费标准。

四、作业项目的确定

1. 更换项目的确定

一般而言，需要更换的零部件可归纳为以下四种。

（1）结构上无法修复的零部件　某些结构件由于所用原材料的缘故，一旦发生碰撞后造成破损，就很难进行维修，只能进行更换。脆性材料的结构件一般都具有这一特性，如汽车灯具的严重损毁、汽车玻璃的破碎等。

(2) 工艺上不可修复的零部件　某些结构件，如胶贴风窗玻璃饰条、门饰条和翼子板饰条等，由于工艺设计就存在不可修复后的特点，故这些零件一旦被损坏或被开启后就无法再用。对于这一点，保险公司的定损人员往往会与汽车修理厂的业务人员在损失评估中产生争议。

(3) 安全上不允许修理的零部件　为了保证使用安全，汽车上的某些零部件一旦发生故障或造成损坏，往往不允许修复后再用。这些为保证安全、不可修复的零部件主要是指那些对汽车安全起着重要作用的零部件，如行驶系统的车桥、悬架，转向系统的所有零部件（如方向横拉杆的弯曲变形等），制动系统的所有零部件，安全气囊传感器等。这些零部件在受到明显的机械损伤后，从安全的角度出发，基本上都不允许再使用。

(4) 无修复价值的零件　汽车发生事故后，从经济学的角度考虑，存在着一些基本没有修复价值的零部件及修复价值接近或超过零部件原价值的零部件。

2. 拆装项目的确定

有些零部件或总成并没有损伤，但是由于结构的原因，当维修人员更换、修复、检验其他部件时需要拆下该零部件或总成，并在完成相关作业后再重新将其装回。

拆装项目的确定要求定损人员对被评估汽车的结构非常清楚，对汽车修理工艺了如指掌。在对汽车拆装项目的确定有疑问时，可以查阅相关的维修手册和零部件目录。

3. 修理项目的确定

在现行的汽车损失评估以及绝大多数机动车保险条款中，事故车辆在零部件的修理方式上仍以修复为主。所以，在工艺和安全上允许的且具有修复价值的零部件，应当尽量以修复为主，而非更换。

4. 待查项目的确定

在机动车辆保险的查勘定损中，经常会遇到一些事故发生后从车上拆下来的零件，定损人员用肉眼和经验一时无法判断其是否受损、是否达到需更换的程度，甚至在车辆未修复前个别单独的零件用仪器都无法检测，如转向节、悬架臂和副梁等。这些零件在定损中常被列为"待查项目"。然而，这些"待查项目"在进行完修理作业后大都变成了更换项目。

"待查项目"到底有多少确实需要更换，又确实更换了多少，这里到底有多少的道德风险，这个问题始终困扰保险公司的定损人员。

减少"待查项目"中大量道德风险的方法及步骤如下：

(1) 尽量减少"待查项目"　认真检验车辆上可能受损的零部件，尽量减少"待查项目"。如发电机在受碰撞后经常会造成散热叶轮和带轮变形，它们变形后旋转时很容易产生发电机轴弯的错觉。实际上，轴到底弯没弯、径向跳动量是多少只要做一个小小的试验即可：用一根细金属丝，将其一端固定在发电机机身上，另一端弯曲后指向发电机前端轴心，旋转发电机，观察金属丝一端与轴心的间隙变化，即发电机轴的径向跳动量，弯曲程度一目了然。用这种方法还可以解决空调压缩机、转向助力泵和水泵等的类似问题。

(2) 拍照备查　对于暂时无法确定损坏程度，确实需要复查的零件，定损人员要在其上做记号,并拍照备查,同时告知被保险人和承修的汽车修理厂。一旦对方在维修时进行了更换,应当拿出做了记号的零件作证。

(3)参与验收 车辆初步修理后,保险公司的定损人员必须参与对"待查项目"的检验、调试和确认等全过程。如转向节待查,经过初步的汽车车身修理后,安装上悬架等零部件后做四轮定位检验,假如四轮定位检验不合格并超过调整极限,汽车修理厂会提出要求更换转向节,于是保险公司的定损人员一般也会同意更换转向节。至于更换转向节后四轮定位检验是否合格、是否是汽车车身校正不到位等其他原因,保险公司的定损人员往往不再深究。实际上,四轮定位完全可能是由车身校正不到位等其他原因引起的,而无须更换转向节。

(4)取走损坏件 如果"待查项目"确实损坏需要更换,保险公司的定损人员必须将做有记号的"待查项目"零件从汽车修理厂带回,以免汽车修理厂将原本完好的"待查项目"零件留待下一次修理时更换使用。

用上述方法解决"待查项目"的问题,汽车修理厂将无法获取额外利益,既遵循了财产保险的补偿原则,又最大限度地杜绝了"待查项目"中的道德风险。

五、工时费的确定

汽车修理的工时包括更换、拆装项目的工时,修理项目的工时和辅助作业的工时等。工时费是根据损失项目的确定、对应损失项目的作业工时和单位工时价格来确定的。

损失项目的确定已经在上面的阐述中表明,单位工时的价格各地均有明确规定,而对应损失项目的作业工时定额,汽车维修的主管部门则制定了详细的标准。表4-4和表4-5是2006年修订的山东省汽车维修部分作业项目的工时标准。

表4-4 汽车整车维修工时

轿	车	工时/h	客	车	工时/h	货车	工时/h
微型	MT	330	微型		316	微型	296
	AT	362					
普通型	MT	440	小型	普通	466	轻型	394
	AT	476					
	—	—		TDI	486		
中级	MT	530	中型	普通	660	中型	502
	AT	562					
中高级	MT	616					
	AT	646		TDI	690		
	—	—					
高级	MT	696	大型	普通	812	重型	608
	AT	736		TDI	842		

表4-5　轿车整车修理分项工时

序号	工时/h 项目	微型 MT	微型 AT	普通型 MT	普通型 AT	中级 MT	中级 AT	中高级 MT	中高级 AT	高级 MT	高级 AT
	整车工时合计	330	362	440	476	530	562	616	646	696	736
1	发动机离合器	70	70	90	90	100	100	120	120	130	130
2	变速器附传动轴	18	50	28	60	38	70	44	80	50	90
3	前悬架（含前轮制动）	26	26	34	34	42	42	46	46	52	52
4	后桥后悬架（含后轮制动）	20	20	28	28	36	36	40	40	46	46
5	制动转向	20	20	24	24	30	30	40	40	48	48
6	空调采暖	10	10	14	14	20	24	24	30	30	30
7	电器（不含发动机）	34	34	40	40	50	50	56	56	64	64
8	车身、车架	60	60	80	80	90	100	100	110	110	110
9	喷漆烤漆	60	60	90	90	110	110	130	130	150	150
10	竣工检测调试	12	12	12	12	14	14	16	16	16	16

1. 更换和拆装项目工时费的确定

事故车辆修理中更换项目与拆装项目的工时绝大多数相似，有时甚至相同。所以，通常将更换与拆装作为同类工时处理。确定汽车碰撞损失的更换和拆装项目工时标准时，定损人员可以先查阅生产厂家有无相应的工时定额，如果有，再根据当地的工时单价计算相应的工时费。在我国，汽车生产厂家几乎没有一家在销售汽车的同时向消费者告之汽车碰撞损失后的修理费用。汽车发生事故后往往使汽车所有者与汽车经销商和保险公司因价格差异较大而产生矛盾。定损人员如果无法查到汽车生产厂家相应的工时定额，还可以查阅汽车维修主管部门制定的工时定额标准。部分进口乘用车可从《MITCHELL碰撞估价指南》中查到各项目换件和拆装所需要的工时。

2. 修理件工时费的确定

汽车零件修理工时的确定与更换工时的确定非常复杂，原因主要有以下几点。

（1）零件价格差异的影响　一般来说，零件的价格决定着零件修理工时的上限，同一名称的零件在不同的汽车上差距甚远，从而造成同一名称的零件修理工时差距非常大。如同样是发动机舱盖，零件价格从300～10 000元不等，从而造成其修理工时从2～100h不等。

（2）地域差异的影响　由于地域的差异，同一零件在甲地市场的价格便宜些，而在乙地市场的价格可能稍贵一些；同样的损失程度，在乙地被认为是应当修理，而在甲地则可能被认为不值得修理。

（3）修理工艺差异的影响　由于修理工艺的不同，也会导致汽车修理工时的巨大差异。如汽车碰撞后导致的车门轻微凹陷，如果修理厂无拉拔设备，校正车门就必须拆下车门内饰板，而采用拉拔设备则无须增加这部分作业量，这样车门的校正工时差距就会很大。又如汽车的发动机缸盖因碰撞造成的发电机支架处断裂，按正常的修理工艺是可以采取氩弧焊工艺焊接的，但是，实际评估时定损人员会发现某地根本就没有氩弧焊设备，如果送到有氩弧焊设备的地方加工，往往因时间、运费等原因又不现实。

由于上述客观原因的存在，造成汽车零件修理工时定额的制定相当困难，美国 Mitchell 国际公司在《MITCHELL 碰撞估价指南》中对修理工时的描述也未做出明确规定。实际上，定损人员应当根据自己的理论知识和实践经验，结合评估基准点的实际情况与当地的《汽车维修工时定额与收费标准》，较准确地确定修理工时。同时，汽车制造商也应当编制本企业所生产汽车的碰撞评估指南。

3. 辅助件工时费的确定

修理作业中除了包括更换件工时、拆装件工时和修理工时外，还应当包括辅助作业工时。辅助件工时通常包括以下内容。

1）把待修汽车安放到修理设备上并进行故障诊断所需的工时。

2）用推拉、切割等方式拆卸撞坏的零部件所需的工时。

3）相关零部件的矫正与调整所需要的工时。

4）去除内漆层、沥青、油脂及类似物质所需要的工时。

5）修理生锈或腐蚀的零部件所需要的工时。

6）松动锈死或卡死的零部件所需要的工时。

7）检查悬架系统和转向系统的定位所需要的工时。

8）拆去破碎的玻璃所需要的工时。

9）更换防腐蚀材料所需要的工时。

10）修理作业中当温度超过60℃时，拆装主要计算机模块所需要的工时。

11）拆卸安装车轮和轮罩所需要的工时。

虽然这些每项工时都不大，但对于较大的碰撞事故而言，各作业项累计后的工时通常是不能忽视的。

最后必须注意，将各类工时累加时，各损失项目在修理过程中有重叠作业项目的，必须考虑将劳动时间适度核减。

六、烤漆费用的确定

汽车修理烤漆收费的标准全国各地不尽相同，有按面积计费的，也有按幅计费的，但基本上都是以面积乘以漆种单价作为计价基础。

1. 面积的计算方法

烤漆面积的计算，有一种根据实践总结出来的计算方式：不足 $1m^2$ 的，按 $1m^2$ 计价，第二平方米按 $0.9m^2$ 计算，第三平方米按 $0.8m^2$ 计算，第四平方米按 $0.7m^2$ 计算，第五平方米按 $0.6m^2$ 计算，第六平方米以后，每平方米按 $0.5m^2$ 计算。

这一计算方式可以供业内人士参考。原因很简单，在价格因素中包括了作为漆料的原材料价格，更包括了辅助作业在内的各项操作项目的价格，如调漆、喷漆区域周边的防护作业、实施喷漆、烘烤等，许多项目的作业工作量与喷漆面积并非成正比增加。

如某车需烤漆 $8.8m^2$，烤漆面积的计算结果为

$$(1 + 0.9 + 0.8 + 0.7 + 0.6 + 0.5 + 0.5 + 0.5 + 0.5)\ m^2 = 6m^2$$

2. 漆种单价的确定

（1）确定漆种　现代汽车的面漆有喷漆和磁漆。喷漆与磁漆的不同点在于其干燥和固化的方式。喷漆通过溶剂的挥发而干燥，磁漆和聚氨酯类漆的干燥则通过溶剂的挥发与油漆中分子的交联作用来实现，简单地说，喷漆的固化过程为物理变化，而磁漆的固化过程是物理和化学变化的过程。

现场用蘸有硝基漆稀释剂（香蕉水）的白布摩擦漆膜，观察漆膜的溶解程度。如果漆膜溶解，并在白布上留下印迹，则是喷漆，反之为磁漆。如果是磁漆，再用砂纸在损伤部位的漆面轻轻打磨几下，鉴别是否漆了透明漆层，如果砂纸磨出白灰，就是透明漆层；如果砂纸磨出颜色，就是单级有色漆层。最后借光线的变化，用肉眼看一看颜色有无变化，如果有变化为变色漆。通过上述方法，可将汽车面漆分为四类，即硝基喷漆、单涂层烤漆（常为色漆）、双涂层烤漆（常为银粉漆或珠光漆）和变色烤漆。

（2）确定漆种单价　市场上所能购买的面漆大多为进口品牌和合资品牌，世界主要汽车面漆的生产厂家（如美国的杜邦和PPG、英国的ICI、荷兰的新劲等）公布的面漆单价都不一样，价格时常采用市场和公众都能够接受的价格。

我们知道，单位面积的烤漆费用中包含材料费和工时费。在经济发达地区，材料费较低而工时费较高；而在经济相对落后地区，材料费较高而工时费较低。结合起来，每平方米的烤漆费用差别不大。

（3）汽车塑料件烤漆　由于塑料与金属薄板的物理性能不同，因而在塑料上烤漆与在金属薄板表面烤漆也存在差异。由于其对塑料有很好的附着性，多数硬塑料不需使用塑料底漆；而柔性塑料由于易膨胀、收缩和弯曲，故应当在漆层的底层喷涂塑料底漆，并在面层漆中加入柔软剂，否则就会产生开裂和"起皮"的现象。所以，在柔性塑料上烤漆的成本会比在金属薄板表面烤漆的费用略有增加，费用可考虑增加5%~10%。

对于事故车辆来说，如果损失轻微，当然可以通过维修达到复原。如果损失较重，一般也可以通过维修恢复其性能。但如果损失严重，就要考虑是否仍然具有修复价值。如果修复费用明显小于重置费用，完全有必要修复；如果修复费用接近于重置费用甚至大于重置费用，一般来说就没有修复的必要了。

3. 确定更换零配件的材料价格

汽配市场中的一个零配件有多种价格，如何采价也是困扰机动车辆评估业的一大难题。根据评估学及保险学的原理，评估的基准时点应当以出险时间为评估基准，以出险地为评估基准地，以重置成本法为评估基本方法，就可以得到一种价格。专业机动车保险公估公司都有自己的采价和报价系统，如美国Mitchell国际公司、德国DEKRA公司，我国杭州的机动车辆保险理赔参考资料调研中心和北京的精友公司等。材料的采价和报价是一个系统工程，是由专业团队或者专业公司来完成的。

注意，由于我国不允许经销旧汽车配件，因此在确定材料价格时不得使用旧汽车配件的价格。

4. 关于汽车的修复价值

从理论上讲，任何一辆损坏的汽车都是可以通过修理恢复到事故以前甚至和新车一样的状况。但是，这样往往是不经济的或没有意义的。

（1）汽车现值　汽车均有一定的使用寿命，在事故发生前的价值被称为**汽车现值**或**实际价值**（有些保险合同对实际价值有特殊定义）。虽然事故发生前的状况已不复存在，但是有经验的定损人员还是可以根据现场状况比较准确地评估被评估汽车的现值。还可以通过相关资料及查询后的信息对汽车现值或实际价值的评估结果进行修正。

汽车现值不能等同于汽车的使用年限折旧后的价值，这是保险从业人员时常会犯的一个错误。根据车型的不同、新车销售价格的变化、目前该款车型在汽车市场上被推崇的程度、该车辆是否发生过重大损坏事故等因素，汽车现值有可能高于或低于汽车的年限折旧后的价值。

（2）推定全损　虽然具体被评估的事故车辆肯定还有一定的价值，但当其修复价值已达到或超过现值时则可以被推定为全损。

（3）修复价值　当被评估汽车达到全损或推定为全损时，则被评估汽车已无修复价值。当碰撞造成的损失较大时，必须对被评估汽车的修复价值进行评定，否则评估报告很容易引起保险索赔时的纠纷，因为其违反了财产保险的损失补偿原则。

5．确定损失车辆的残值

在对保险车辆的损失进行评估时，经常需要确定更换件的残值，保险条款一般规定汽车的残值按协商价归被保险人所有。当保险公司与被保险人或修理厂协商残值价格时，保险公司为了提高效率和减少赔付常常会做出一些让步。在实际操作中，残值大多数折给了汽车修理厂所有。在评估实务中，汽车残值的实际价值通常会高于评估单上的残值价值。

当事故造成的损失较大，更换件也较多，委托人为保险公司时，通常会要求确定残值，残值的确定通常有以下几步。

1）列出更换项目的清单。

2）将更换的旧件分类。

3）估定各类旧件的重量。

4）根据旧材料价格行情确定残值。

【技能训练】

训练：雪佛兰新赛欧车的定损

1．目的

1）掌握车辆定损流程和过户更名手续的办理流程。

2）熟练掌握碰撞后的汽车零部件哪些可维修或不可维修，并熟悉零部件的价格。能够对填写机动车辆保险、车辆损失情况确认书、零部件更换项目清单等各环节进行科学细致的解释。

2．准备

1）碰撞事故整车一辆。

2）汽车常用工具（活扳手、呆扳手、扭力扳手和套筒等）。

3. 学习情境

某日晚上9:30，吴先生驾驶雪佛兰新赛欧车回家，在车行驶至桃园大街十字路口附近的时候，由于抢红灯躲闪不及，突然与反向行驶的环卫车发生了碰撞，车辆前部多处部件损坏，如图4-8、图4-9和图4-10所示，导致环卫车驾驶人当场死亡。事故后吴先生首先拨打了120和122电话，很快交警和救护车到现场对事故进行善后处理，而后吴先生又与保险公司取得了联系，并将事故经过简单向保险公司介绍了一遍，之后便与专门负责此事的定损人员约定了时间进行车辆损坏情况的勘察。

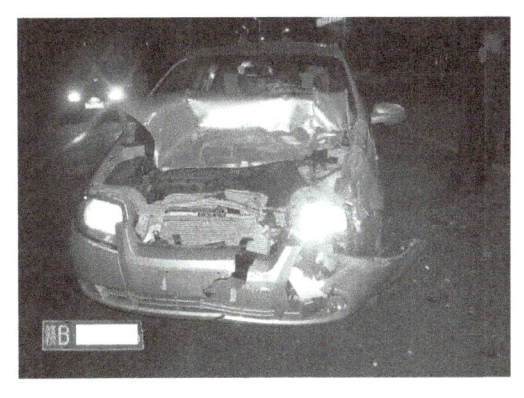

图4-8 发动机舱盖、保险杠等碰撞严重损坏变形

图4-9 碰撞后侧翻

图4-10 前车架严重损坏变形

4. 步骤

（1）现场查勘　接险10min后，保险人员到达事故现场，吴先生出示了三证及保单。保险人员查勘了行车痕迹以及受损车辆和人员伤亡情况。而后交警出具了责任认定书，责任

主要由吴先生承担。

(2) 处理经过　在交警处理完现场后,吴先生就将车辆移至了某修理厂内,由定损人员前来定损,同时将之后的定损处理工作交由维修厂负责处理。

(3) 定损　定损人员与维修厂负责此事的负责人交流事故车的处理问题,并对车辆的损坏情况进行了初步的了解。由于事故车辆的损坏程度比较严重,各部件的损坏程度确定比较困难,所以定损人员需要维修厂边拆解车辆的损坏部位边进行损坏程度鉴定,这样可以比较完整地对整个车辆进行定损。

发动机舱盖在大的冲击力作用下,已经严重变形无法修复,如图 4-11 所示,需更换。风窗玻璃破裂,需更换,翼子板变形,需钣金修复,如图 4-12 所示。刮水器连杆固定架已变形,如图 4-13 所示,需钣金修复。散热器、空调电子扇已经无法正常使用,如图 4-14 所示。散热器校正后还可以继续使用,但空调散热板已经严重损坏,需更换。

图 4-11　发动机舱盖变形

图 4-12　风窗玻璃破裂、翼子板变形需钣金修复

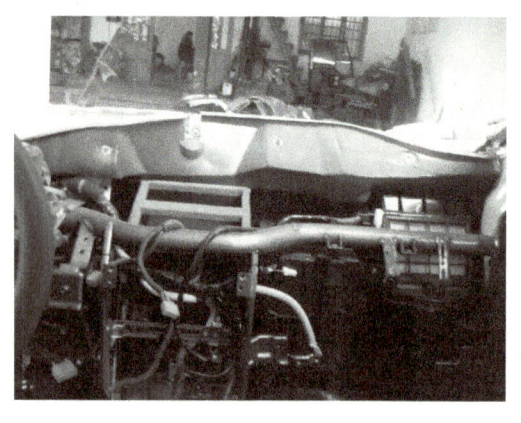

图 4-13　刮水器连杆固定架需钣金修复

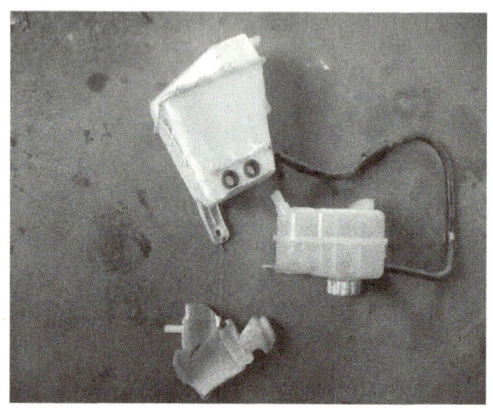

图 4-14　损坏的发动机膨胀水箱和洗涤壶

在拆解过程中,由于遭损坏的部件很多,而且多为机械内部的小零件,这样就很难确定其是否已经损坏,定损人员只得逐一进行检查,并不时左右端详这些小零件。经过近半个多小时的检查,终于将所有已损坏的小零件确定完毕。前保险杠、中网、前照灯、制动液箱、

散热器等部位损坏严重，特别是车体前部的前机箱内的部分零件损坏情况比较严重，需要更换配件，发动机舱盖、翼子板等需要钣金油漆修复。

由于此次定损过程车主在场，因此定损人员在确定了损坏部位以及赔偿金额后，将整个赔偿结果告知车主并询问了对方的意见，在得到认可的情况下，定损人员填写了定损赔偿清单。

（4）填写相关确认书和清单　填写机动车辆保险车辆损失情况确认书 零部件更换项目清单1和2，见表4-6和表4-7。

表4-6　机动车辆保险车辆损失情况确认书零部件更换项目清单1

保险单号：	PDAA2007362523000×××××	厂牌型号：	雪佛兰牌 SGM7140SE	本栏为保险人内部询报价使用	
号牌号码：	赣B×××××	保险金额：			

序号	部位	零部件名称	配件编号	数量/件	工时费/元	估计价格/元	报价/元	备注
1		左前照灯		1		255		
2		右前照灯		1		255		
3		刮水器壶		1		88		
4		膨胀水箱		1		35		
5		前保险杠		1		230		
6		空调散热板		1		260		
7		刮水器		2		45		
8		前风窗玻璃		1		350		
9		前照灯（左右）		2		150		
10		制动液箱		1		45		
11		前杠骨架		1		200		
12		发动机装饰盖		1		95		
13		气门室盖		1		275		
14		蓄电池		1		240		
15		空调电子扇		1		176		
16		散热器电子扇		1		176		
17		导水板		1		50		
18		刮水器连杆		1		55		
19		左边阳板（带镜）		1		78		
20		右边阳板（带镜）		1		78		
21		发动机舱盖		1		380		
22		制冷剂		4		60		
23		环保泵油		1		20		
24		制动液		1		20		
						￥3616.00		

表 4-7 机动车辆损失情况确认书零部件更换项目清单 2

保险单号：	PDAA2007362523000×××××		厂牌型号：		雪佛兰牌 SGM7140SE	本栏为保险人内部询报价使用	
号牌号码：	赣B×××××		保险金额：				
序号	零部件 部位	名　称	配件编号	数量	工时费/元	估计价格/元	报价/元	备注
---	---	---	---	---	---	---	---	---
1		防冻液		1		50		
2		刮水器		1副		40		
3	钣金	左前翼子板			20			
4		右前翼子板			50			
5		龙门架			80	合计￥270.00		
6		刮水器连杆固定架			40			
7		纵梁			40			
8		左前立柱			40			
9	油漆	翼子板			140			
10		龙门架刮水器			100			
11		连杆固定架纵梁				合计￥450.00		
12		发动机舱盖			140			
13		保险杠			70			
14	其他	仪表台的拆装			60			
15		安装前风窗玻璃			40			
16		发动机			20	合计￥250.00		
17		电工			40			
18		其他安装费			60			
19		空调			30			
	小　　计					￥970.00	￥3706.00	合计：4671.00

（5）案件分析　由于本次案例中的事故车辆损坏情况比较严重，并且涉及人员伤亡，所以花费的时间很长，而且涉及保险公司的多个部门，因此从报险至拿到赔偿金的周期最长可到数月之久。同时，本案件需要核实的零部件比较多，在确定损坏程度时需要比较仔细，而且需要维修厂工作人员帮助进行确定。也正因为如此，事故车辆驾驶人将车辆委托维修厂处理是比较明智的选择，对于损坏零件的认定，维修厂是比较在行的，可以帮助定损人员一同进行。

而作为车主，在此时也需要及时向维修厂或是保险公司了解车辆的损坏情况，以便对车辆的维修、事后领取赔偿金等问题有一个了解，方便之后一系列问题的处理。

（6）资料归档　将现场照片、车身损坏照片、证件照片和相关确认书、清单等归档。

5. 学习评价

学习评价见表4-8。

表4-8 车辆定损的学习评价

序号	评分项目	操作内容	分值	评分标准	得分
1	穿戴劳保用品	劳保用品穿戴齐全	20分	穿戴不全不得分	
2	汽车碰撞事故的确认与分析	汽车碰撞事故的确认与分析是否准确	20分	违反操作规程扣1～20分	
3	事故车辆碰撞损伤的诊断与测量的操作规程	事故车辆碰撞损伤的诊断与测量操作规程的执行情况	20分	违反操作规程扣1～20分	
4	碰撞损伤的零部件修与换的掌握情况	碰撞损伤的零部件修与换的掌握情况是否合理	20分	违反操作规程扣1～20分	
5	汽车主要结构的定损程序的操作规程	汽车主要结构的定损操作规程的执行情况	20分	违反操作规程扣1～20分	
	总　　分		100分		

【项目小结】

本项目主要讲解了事故车辆的定损原则及方法，需要掌握配件更换的原则、修理工时费确定的原则、配件核价原则等。此外，还需掌握事故车辆车身碰撞损伤的诊断与测量方法，碰撞造成的常损零件的修与换的方法以及汽车主要结构件的定损分析。

【巩固与提高】

一、填空题

1. 修理工时费的确定根据_____标准确定。

2. 如果被保险人接受，则在定损金额中扣除；如果被保险人不愿意接受，则保险人拥有_____。

3. 在机动车辆保险责任中，因碰撞所造成的损失是最常见的，也是损失最大的项目。因此，定损人员必须了解_____，掌握_____的分类及特征，掌握碰撞造成的损失，掌握常见的修复方法，掌握机动车（主要以汽车为代表）基本件的修理与更换标准，掌握_____等。

4. 汽车碰撞事故可以分为_____和多车事故。

5. 单车事故又可以细分为_____与_____。

6. 承载式车身的覆盖钣金件通常包括可拆卸的_____、_____、_____、行李箱盖和_____、车顶等。

二、选择题

1. 下面（　　）是侧向坠崖翻车。

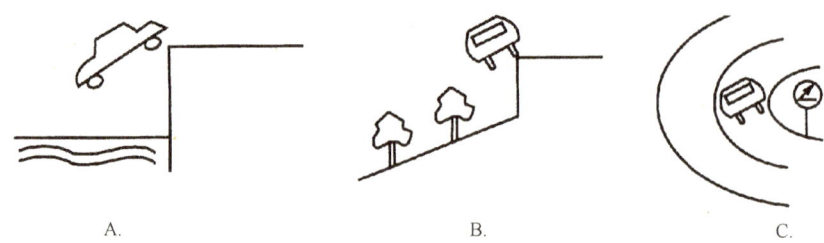

A.　　　　　　　　　　　B.　　　　　　　　　　　C.

2. 事故车辆的定损原则是（　　）。
A. 修理范围的不限定原则　　　　　B. 换件的原则
C. 配件不更换的原则　　　　　　　D. 配件核价原则

3. 前护栅及附件由（　　）等组成，破损后多以更换为主。
A. 饰条、铭牌　　　　　　　　　　B. 前框、铭牌
C. 饰条、车牌　　　　　　　　　　D. 挡板、铭牌

三、判断题

1. 能修复的零配件尽量不修复，直接更换。（　　）

2. 在机动车辆保险责任中，因碰撞所造成的损失是最常见的，也是损失最小的项目。（　　）

3. 追尾事故一般是驶离路面或高速转弯造成的，其严重程度与事故车辆的车速和翻车路况有关，既可能是人、车均无大碍的局面，也可能造成车毁人亡的严重后果。（　　）

4. 菱形损坏就是两辆汽车的一侧向前或向后发生位移，使车架或车身不再是方形。（　　）

5. 承载式车身损坏时，与非承载式车身损坏相似的扭曲是前部元件和后部元件发生相反的凹陷。（　　）

四、简答题

1. 在进行碰撞评估损伤鉴定之前应注意哪些安全事项？
2. 汽车损伤鉴定的步骤是什么？

项目五 二手汽车交易服务

【学习目标】

1. 掌握二手车鉴定报告的内容、格式和编制原则,熟悉注意事项,能够独立完成一份二手车鉴定评估报告。
2. 掌握二手车交易流程和过户更名手续的办理流程。
3. 熟悉谈判技巧,能够对鉴定评估、交易和过户等各环节进行科学细致的解释。

任务1 汽车鉴定估价的基本方法

【相关知识】

汽车价格评估同其他资产评估一样,应按照《国有资产评估管理办法》的规定,采用重置成本法、收益现值法、现行市价法和清算价格法四种基本方法进行评估。

一、重置成本法

重置成本法是指在车辆能够继续使用的前提下,从重新购置一辆全新状态的被评估车辆所需的全部成本中减去累积应计损耗后,求得一个价值指标的方法。其计算公式为

$$被评估车辆的评估值 = \sum_{t=1}^{t} \frac{各期未来预期收益}{(1+折现率)}$$

式中 t——收益期,一般以年计。

从上述公式中可以看出,运用重置成本法估算车辆的评估值时,其准确性主要取决于评估师如何运用基本原理和其操作性来确定车辆的重置成本和累积应计损耗。

重置成本可分为复原重置成本和更新重置成本。在进行重置成本的计算时,如果同时可以取得复原重置成本和更新重置成本,通常选用更新重置成本。市场经济下,没有一个理性的购买者会出高价而不出低价来购买相同功能的车辆。基于这样的认识,便宜是选择复原重

置成本或更新重置成本作为估算重置成本的依据。考虑到使用了新工艺、新设计等可以提高车辆的使用性能、减少成本耗用，故评估时一般选择更新重置成本。

在对重置成本的判断和价值选择有了一定的依据之后，接下来便是累积损耗的问题。这里的"损耗"与会计学所述的损耗在概念上是不同的。会计学上所述的损耗，是依照会计惯例和准则来反映的折扣；而汽车评估中所讨论的损耗是一种市场概念，既需要反映物理损耗，又需要反映由于功能和经济因素所造成的贬值。所以在进行汽车评估时，不能用会计账面上的价格作为评估的依据，需要进行重新判断和估算。

二、收益现值法

收益现值法是指通过估算被评估车辆的未来预期收益，并将其折算成现值，借此来确定车辆价值的一种评估方法。也就是说，现值在这里被视为车辆的评估值，而且现值的确定依赖于未来预期收益。

从投资的角度看，投资者是以牺牲货币的固定收益为代价，换取车辆未来的预期收益的，至于是否值得便是评估的观点。汽车评估的意义在于，根据未来现金的流入量，判断是否有必要花费如此代价购置车辆。而判断的原则是既定的买主购置车辆所付出的代价，不应高于他购买具有同样风险因素的资产所付出的代价。否则，投资者就会放弃选择。

运用收益现值来评估车辆的价值反映了这样一层含义：即收益现值法把车辆所有者期望的收益转换成现值，这一现值就是购买者未来能得到好处的价值体现。

三、现行市价法

现行市价法是指以现实市场上同类车辆的现行市场价格为基础，借此确定车辆价值的一种评估方法。从理论上讲，市场价值是假定在一个公开和竞争的市场上的协商价格，是买卖双方在某一时间都认可的价格。买卖双方都有了解其他市场的机会，也都有时间为鉴定做准备。因此，市场价值能够被认可。

然而，当市场价值运用于汽车评估时，还必须做进一步的规范，如市场化程度的高低必然影响价格资料的准确性。即使在市场化程度极高的前提下，对所收集的资料仍需进行充分分析。尽管理论上认为市场价格具有一致性，但现实中由于种种因素，市场价格的准确性还需评估员作出判断。此外，当获得了较有效的资料后，鉴于资料的时间性和地域性等，评估人员仍须完成必要的修正。只有当这一系列事项完成之后，才可以相信评估值反映了市场价值，并且能够被买卖双方所接受。

四、清算价格法

清算价格法是指以清算价格为标准对车辆进行价格评估的方法。清算价格法在原理上与现行市价法基本相同，所不同的是出售者是在非自愿或被迫的情况下出售车辆，而且要求在一定的期限内必须将车辆变现。

从清算的角度来评估车辆的价格需注意一些特殊条件，比如企业由于种种原因被迫停业或破产，那么作为评估人员必须具有有法律效力的破产处理文件以及在现实市场中快速出售的要求。此外，还需注意到所卖收入是否足以补偿因出售车辆而附加的支出总额，否则清算将无法实现。

五、各种评估方法的适用范围

1. 重置成本法的适用范围

重置成本法是汽车评估中一种常用的方法，它适用于继续使用前提下的汽车评估。对在用车辆，可直接运用重置成本法进行评估，无须进行较大的调整。在目前，我国汽车交易市场尚需进一步规范和完善，运用现行市价法和收益现值法的客观条件受到一定的制约，而清算价格法仅在特定的条件下才能使用。因此，重置成本法在汽车评估中得到了广泛的应用。

2. 收益现值法的适用范围

汽车的评估多数情况下采用重置成本法，但在某些情况下，也可运用收益现值法。运用收益现值法进行汽车评估的前提是被评估车辆具有独立的、能连续用货币计量的可预期收益。由于在车辆的交易中，人们购买的目的往往不在于车辆本身，而是车辆的获利能力，因此该方法较适于从事营运的车辆。

3. 现行市价法的适用范围

现行市价法的运用首先必须以市场为前提，它是借助于参照物的市场成交价或变现价运作的（该参照物与被评估车辆相同或相似）。因此，一个发达活跃的车辆交易市场是现行市价法得以广泛运用的前提。

此外，现行市价法的运用还必须以可比性为前提。运用该方法评估车辆市场价值的合理性与公允性，在很大程度上取决于所选取的参照物的可比性如何。可比性包括两方面内容：第一，被评估车辆与参照物之间在规格、型号、用途、性能和新旧程度等方面应具有可比性；第二，参照物的交易情况（诸如交易目的、交易条件、交易数量、交易时间和交易结算方式等）与被评估车辆将要发生的情况具有可比性。

以上所述的市场前提和可比性前提，既是运用现行市价法进行汽车评估的前提条件，同时也是对运用现行市价法进行汽车评估的范围界定。对于车辆的买卖，以车辆作为投资参股和合作经营，均适用现行市价法。

4. 清算价格法的适用范围

清算价格法适用于企业破产、抵押和停业清理时要售出的车辆。这类车辆必须同时满足以下三个条件，方可利用清算价格法进行出售。

1）以具有法律效力的破产处理文件、抵押合同及其他有效文件为依据。

2）车辆在市场上可以快速出售变现。

3）清算价格足以补偿因出售车辆所付出的附加支出总额。

六、各种评估方法优缺点的比较

1. 重置成本法

采用重置成本法的优点是比较充分地考虑了车辆的损耗，评估结果更趋于公平合理，在不易计算车辆未来收益或难以取得市场参照物的条件下，可广泛地使用；缺点是工作量较大，且经济性损耗也不易准确计算。

2. 收益现值法

采用收益现值法的优点是与投资决策相结合，容易被交易双方接受，能比较真实准确地反映车辆本金化的价格；缺点是预期收益额预测难度大，受主观判断和未来不可预知因素的影响较大。

3. 现行市价法

采用现行市价法的优点是能够客观地反映车辆目前的市场情况，其评估参数指标直接从市场上获得，评估值能反映市场的现实价格，评估结果易于被各方面理解和接受；缺点是由于我国汽车交易市场的发育仍不完善，寻找参照物有一定困难。

4. 清算价格法

清算价格法仅限于在特定条件下使用。在我国，关于清算价格法的理论与实践，都有待进一步总结与完善。

【技能训练】

训练：收益现值法价格评估

1. 目的

1）掌握最基本的确定汽车实际价格的方法。

2）掌握用收益现值法计算汽车实际的价格的步骤。

2. 准备

普通桑塔纳车一辆。

3. 学习情境

张先生拟购置一辆较新的普通桑塔纳车作为个体出租车经营使用，经调查得到以下各数据和情况：车辆登记之日是 1997 年 4 月，已行驶 1.3 万 km，目前车况良好，能正常运行。如用于出租使用，全年可出勤 300 天，每天平均毛收入 450 元，评估基准日是 1999 年 2 月。试用收益现值法估算该车的价位。

4. 步骤

1）老师对收益现值法进行详细介绍，演示其计算步骤。

2）学生按照给出的步骤进行计算。

3）将学生的计算结果与分析进行对比。分析从车辆登记之日起至评估基准日止，车辆投入运行已两年。根据行驶里程、车辆外观和发动机等技术状况看来，该车辆原投入出租营运，还算正常使用、维护之列。根据国家有关规定和车辆状况，车辆剩余使用寿命为 6 年。

预期收益额的确定思路是：将一年的毛收入减去车辆使用的各种税和费用，包括驾驶人员的劳务费等，以计算其税后纯利润。

根据当前银行储蓄年利率、国家债券和行业收益等情况，确定资金预期收益率为 15%，风险报酬率为 5%。具体计算步骤如下：

① 确定车辆的剩余使用年限为 6 年。

② 估测车辆的预期收益。

预计年收入。　　　　　　　　450 元 × 300 = 135 000 元

预计年支出。每天燃油费 75 元，年燃油费为 75 元 × 300 = 22 500 元；日常维修费 1.2 万元；平均大修费 0.8 万元；牌照、保险及各种规费、杂费 3.0 万元；人员劳务费 1.5 万

元；出租车标付费0.6万元；故年毛收入为（13.5－2.25－1.2－0.8－3.0－1.5－0.6）万元＝4.15万元。

按个人所得税条例规定，年收入在3～5万元之间应缴纳所得税率为30%，故车辆的年纯收益额为：4.15万元×（1－30%）＝2.9万元。

③ 确定车辆的折现率　该车剩余使用寿命为6年，预计资金收益率为15%，再加上风险率5%，故折现率为20%。

④ 计算车辆的评估值　假设每年的纯收入相同，则由收益现值法求得收益现值，即评估值。

4）改变数据，让学生再行计算，巩固收益现值法的学习。

5. 学习评价

学习评价见表5-1。

表5-1　收益现值法价格评估的学习评价

序号	评分项目	操作内容	分值	评分标准	得 分
1	穿戴劳保用品	劳保用品穿戴齐全	20分	穿戴不全不得分	
2	是否损坏器材设备	在实训中是否损坏器材设备	20分	违反操作规程扣1～20分	
3	评估方法选用是否正确	在实训中评估方法选用是否正确	20分	违反操作规程扣1～20分	
4	评估计算是否正确	在实训中评估计算是否正确	20分	违反操作规程扣1～20分	
5	评估中是否客观公正	在实训评估中是否客观公正	20分	违反操作规程扣1～20分	
总　　分			100分		

任务2　二手汽车交易

【相关知识】

一、二手车交易的流程与交易材料

1. 二手车交易市场

（1）二手车交易　**二手车交易**是指以二手车为交易对象，在国家规定的二手车交易市场或其他经合法审批的交易市场中进行的二手车的商品交换和产权交易。

1）二手车交易的要素。二手车交易的基本要素有交易双方、交易物品、交易条件和交易合同。

① 交易双方。一般是指二手车使用者和二手车经营者。《二手车流通管理办法》允许二手车在私人之间转让，但必须到指定的二手车办证大厅办理交易手续，否则不能办理过户

手续。

　　② 交易物品。至少有一方的物品是二手车，否则就称不上二手车交易了。双方提供的物品都是汽车的（其中二手车交易作为商品的一种交易，具有商品交易的共性，一是交易双方都是自由的，二是交易双方都认为是合适的。前者是交易发生的基础，后者是交易成立的原则。至少有一方为二手车），就是汽车的置换。必须强调的是，双方提供的物品必须具有使用价值和价值，一辆国家法律规定不能进入流通环节的走私车或报废车纵使具有使用价值，但因无价值，也不是二手车的交易物品。

　　③ 交易条件。交易条件应透明，以防止欺诈，为二手车交易创造良好的交易条件，促进二手车市场的健康发展。

　　④ 交易合同。在《二手车流通管理办法》中明确规定，二手车交易必须签订交易合同，这样可迫使交易双方执行承诺，这是规范二手车交易强有力的措施。二手车交易由于信息的不对称和交易一方的刻意隐瞒，极易引发各种经济纠纷，比如原车主为了将车卖一个好价钱，有意隐瞒交通事故经历或车辆的性能缺陷，甚至将盗抢车、走私车和非法拼装车等作为手续齐全的车辆卖给车行，车行有时也会将假牌车或套牌车卖给消费者。新车销售有时也会有类似现象，所谓"夸大事实、店大欺客"，就是如此，因此要求有明确的符合法律要求的交易合同作为保障。

　　2）二手车交易的特殊性。二手车的交易不同于其他一般商品的交易，具有特殊性。首先二手车交易是机动车交易的一种，应符合和遵循汽车交易的一系列法规制度和营销规律，比如都需要在车管部门登记领取新的行驶证和机动车登记证书；其次二手车交易是旧货交易的一种，应符合旧货交易的法律法规和交易技巧。

　　二手车的交易是汽车交易的一种，具有汽车交易的共同特点，但同时又有别于新车的交易，主要有以下特点。

　　① 技术性和专业性。汽车商品是经过复杂加工而成的产品，包含着丰富的技术内容，这点新车旧车都是一样的。而旧车的技术状况差异很大，从事旧车交易的人员对汽车性能的各种检查检测方法、故障现象、故障原因以及维修工艺和费用都要有较深的了解，还要熟悉二手车交易的相关法律法规和交易程序，所以技术性和专业性都很强。

　　② 交易技巧高。二手车虽然有时有评估值，但只是作为交易的参考价，而不是指导价，价格弹性大，销售人员有很大的发挥空间，销售技巧对公司赢利有很大影响。交易难度大、交易技巧高也是二手车交易有别于一般旧货交易的地方。这主要是因为二手车产品的结构和技术复杂性加大了二手车交易在技术和管理上的难度，同时由于新车技术不断进步，汽车制造和维修工艺的不断发展，使得二手车交易在整个交易难度上变得比一般的旧货交易大得多。很多汽车交易除了收购，还要进行美容整容、技术状况鉴定、价格评估、确定销售价格、签交易合同、办理过户手续、车辆交接和售后服务等，使整个交易过程延长，和一般旧货交易的一手交钱、一手交货，迅速完成交易有天壤之别。

　　3）二手车交易的类型。依据交易双方的行为和参与程度的差异，二手车交易可以分为二手车的收购、销售、寄售、代购、代售、租赁、经销、经纪、拍卖、鉴定评估、直接交易（转让）、置换和让与等。有关交易行为如下：

① 寄售。卖车方与二手车车行签订协议，将所售车辆委托车行保管及寻找买主，车行从中收取一定的场地费、服务费及保管费。

② 代购。在无需客户进场直接购置的前提下，二手车经营主体（二手车车行）按照客户的要求，代客户购置旧车的行为。车行可帮助办理其他手续，但领新的行驶证一定要新车主亲自去。

③ 代销（售）。在无需客户进场直接销售的前提下，二手车车行按照客户的要求代为销售二手车的行为。代销与收购的不同之处是，收购原车主可立即收到售车款，代销要等到旧车卖出去后才能收到售车款，代销有可能卖出一个较高的价钱。

④ 租赁。二手车车行将二手车租给用户使用，按日或按周收取租金的行为。这项业务在一般专门的汽车租赁公司进行，二手车车行很少开展这项业务，只有已过户给二手车车行的车才能租出去，否则一旦出交通事故，对原车主不好交代。

⑤ 经纪。二手车经营主体（经纪公司）以收取佣金为目的，为促成他人交易二手车而从事居间信息服务的行为。

⑥ 直接交易（转让）。二手车所有人不通过经销企业、拍卖企业和经纪机构等二手车经营主体，将车辆直接出售给买方的行为。直接交易的双方必须到办证大厅开专用的二手车交易发票，交过户费和其他费用后，才能办理过户手续。未经过户的交易行为法律不予承认，车主还是原来的车主，一切有关车辆的官司都由原来的车主承当。

⑦ 置换。用旧的机动车来更换新的机动车，当然必须补足一定的款项后才能换得到，一般由各品牌专卖店从事这项业务。

⑧ 让与。将二手车让与别人而不要求任何实体的东西作为回报的一种二手车处理方式。只有直系亲属之间的让与不需到二手车办证大厅办理过户手续，只要到车管所申请办理变更手续即可，一般人之间的车辆让与等同于二手车直接交易，否则该收的费用国家就收不到了。

（2）二手车交易市场的现状　与备受瞩目的新车销售市场相比，二手车交易市场尽管这几年发展很快，但仍显得有点黯然失色。2010年，据中国汽车流通协会的统计，全年二手车交易量达到390万辆。从车龄分布状况看，二手车市场的车源延续着以3～10年车龄为主的特征，二手车平均交易价格为4.56万元。

1）评估体系的不健全。独立的评估机构是2006年上半年才陆续成立的，在此之前，要么没有严格意义上的评估，只有市场（车行）收车时的简单估价，要么评估机构是从属于市场的。评估机构不独立，就很难做到独立、公正地对二手车进行评估。这个车值多少钱完全由车行说了算，没有一个标准，车行当然会尽可能地压低收购价格，所以一般的车主如果不是遇到特殊情况，都不愿意将车拿到二手车市场去交易。

2）售后服务的担心。"不诚信"问题在二手车交易中比较严重，当然这也不全是二手车行的责任。有些车主将车卖给车行时就隐瞒了一些对车辆价值有影响的信息，比如发生过交通事故、车辆某部件更换过、在某个性能上有缺陷等，而车行的收购人员又没发现。有时是车行的工作人员知道这车是有问题的，但刻意向最终消费者隐瞒，种种原因造成车行和原车主之间信息不对称，最终买家（新车主）和车行之间信息不对称，导致消费者买到有问题的二手车。而过去二手车是没有保修期的,这样的情况使不少人不敢买二手车。

3)过户的烦恼。"诚信"问题。手续齐全的车办理过户虽然繁琐但也不是一件很难办的事,现在办理过户当天就能完成行驶证的变更和被保险人名的变更,15 日后就能拿到新的机动车登记证书,在此期间完成车辆购置税完税证明的变更,所以在两个星期内所有的过户手续都能办妥。问题出在不法车商身上,有些车手续不全,如没有年审、没有机动车登记证书等,这样的车过户起来当然费时费力,更有甚者本来就是不能过户的黑车。而车行在消费者付款之前通常是不会告诉这些信息的。

消费者问车行的工作人员能不能过户,会说能,要不就说帮你办妥就是了。一旦中招(如交了订金),消费者很难全身而退。

4)消费观念的影响。在我国现阶段,拥有私人轿车首先仍然是一种地位和身份的象征,其次才是用来代步,而买二手车削弱了这种功能。加上新车价格的不断下降,10 万元都能买到相当不错的新车了,何况养一部旧车和养一部新车所花费用相差很小。这也是制约二手车市发展的一个原因。

2. 二手车交易的工作程序

(1)直接交易、中介交易类的工作程序 直接交易、中介交易类的工作程序如图 5-1 所示。

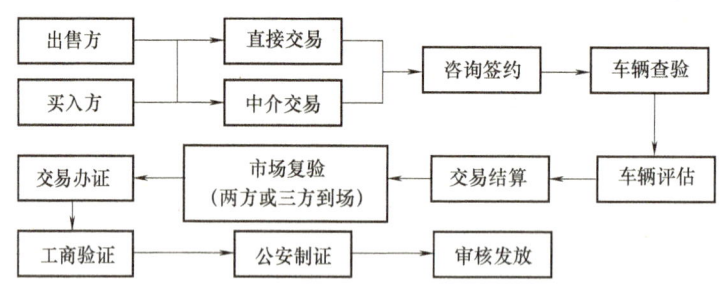

图 5-1 直接交易、中介交易类的工作程序

(2)经销类的工作程序 经销类的工作程序如图 5-2 所示。

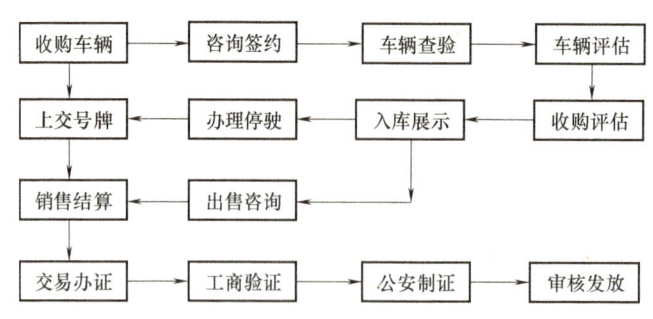

图 5-2 经销类的工作程序

(3)退牌、上牌类的工作程序 退牌、上牌类的工作程序如图 5-3 所示。

(4)寄卖或拍卖类的工作程序 寄卖或拍卖类的工作程序如图 5-4 所示。

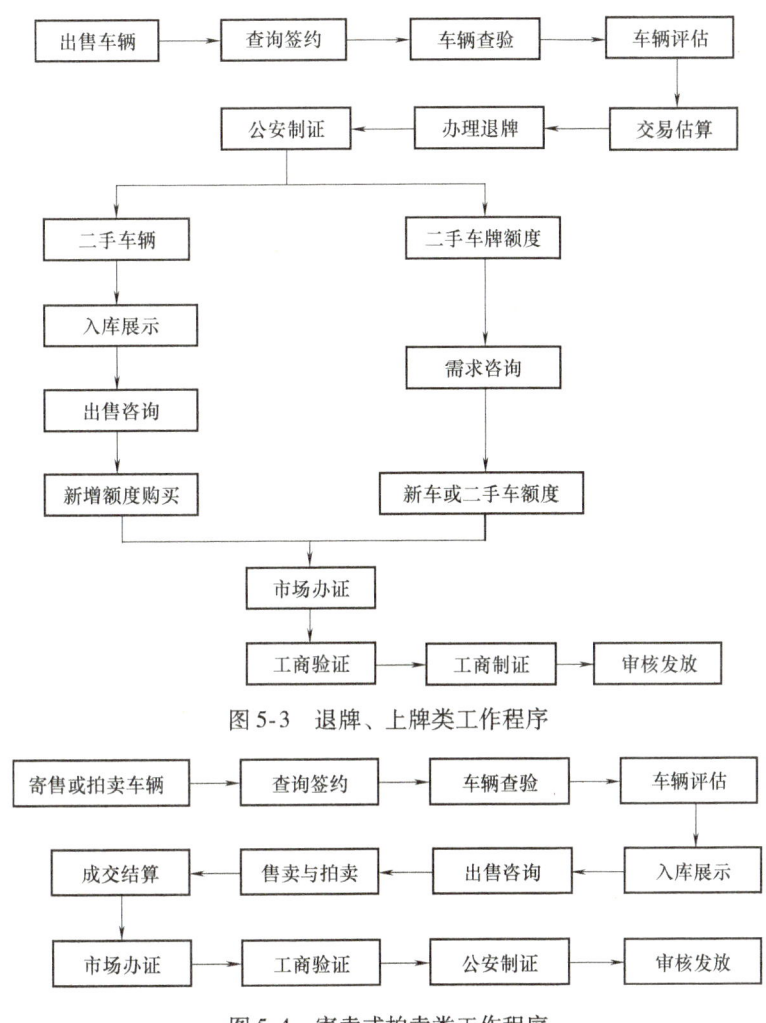

图 5-3 退牌、上牌类工作程序

图 5-4 寄卖或拍卖类工作程序

3. 二手车的交易流程　二手车交易的基本流程如图 5-5 所示。

（1）检查车辆。

1）目测检查。其中包括检查车辆发动机型号、出厂编号和底盘型号是否与行车执照上的记载相吻合，是否标明厂牌、型号、发动机功率和出厂日期等。

2）检查车辆的技术状况。包括检查车辆是否发生碰撞受损、车门是否平整、油漆脱落情况和车辆的金属锈蚀程度等。

3）检查车厢内部。要查看座位的新旧程度、座椅是否下凹；双行李箱的随车工具包是否完整；车窗玻璃升降是否灵活；仪表是否原装；踏板是否有弹性。

4）检查发动机。包括观察发动机的外部状况，看缸体和缸盖外表面有无油迹；检查发动机油量、抽出机油尺查看机油是否混浊不堪或起水泡；揭开散热器看风扇传动带是否松紧合适等。

5）检查附属装置。主要看后视镜、收音机和 CD 机等。

6）检查车辆底部。要检查车辆前后桥、车架、钢板弹簧和传动轴中间轴承等，还要注意检查车底部的漏水和漏油情况。

（2）检查证件　购买二手车时，要注意检验卖方出具的有关车辆证件是否齐全、有效。

1）机动车行驶证。

2）机动车登记证书。

3）购置附加费凭证。

4）车辆使用税"税讫"标志。

5）车辆是否经过车检。

6）营运车辆专用票、证。

以上有关证件由卖方办理过户手续，具体转到买方名下。

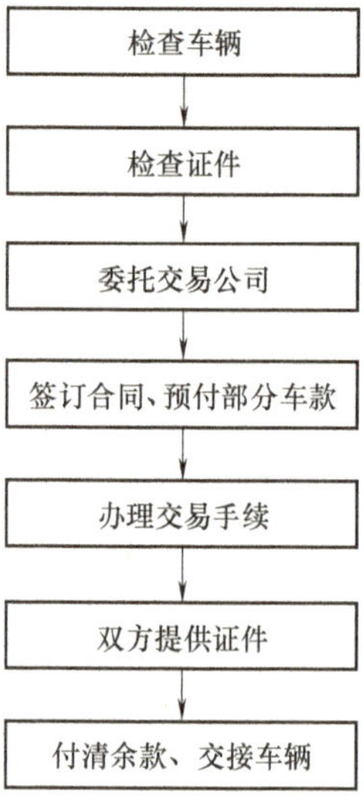

（3）委托交易公司　二手车交易时，买卖双方必须委托一家交易公司办理车辆过户或转籍手续。因此，选择具备资格条件的交易公司至关重要，应注意以下三个方面。

1）交易公司必须具备下列证件：营业执照、税务登记证（国税、地税）、组织机构代码证、交易发票、代理人服务证、服务价格收费许可证、与市场签订委托服务协议。

2）公司应有固定营业场所及专业人员。

3）应了解公司的经营业绩及信誉。

图 5-5　二手车交易的基本流程

（4）签订合同　签订《二手车买卖合同》各地区可能有稍许差异。二手车交易合同是最重要的一个环节，务必小心谨慎。

（5）办理交易手续　办理二手车交易手续由交易公司代理，买卖双方可以参与。

（6）双方提供证件　双方证件应该在交易前提供。

1）卖主提供的证件。所卖车辆登记证书（没有登记证书的，过户时同时办理）；行车证（当年已年检）；车辆购置附加费证；保险单；卖车有效证件，若是私家车，车主必须提供有效身份证，若为单位车，单位必须提供盖有行政公章的卖车证明、有效的组织机构代码证原件及复印件，并盖公章。

2）买主提供的证件。若是私人购车，必须提供买车人所在地的有效身份证；若是单位购车，必须提供买车证明及有效的组织机构代码证复印件，并盖公章。交易中：买卖双方达成交易的过程中，由取得交易资格的交易公司办理车辆转籍和过户手续；交易后：买方应取得变更后的机动车登记证书、机动车行驶证、车辆牌照、车辆购置附加费证和保险单等有效证件。

（7）付清余款、交接车辆　按合同结清余款，检查并交接车辆，交接前应再次对交易车辆进行检查和试车。

（8）注意事项

1）若对车辆结构及性能不甚了解，可聘请熟悉汽车专业知识并具有相关经验的朋友，当购车参谋。

2）购车时，一定要签订买卖合同。同时注意合同文本的规范性及其条款的合法性，警惕卖方使用不规范的合同。

3）汽车属于特殊商品，车辆交易实质上是产权转移。因此，所购车辆及其证件一定要过户到自己名下，否则惹上官司，就会因小失大。

4）根据约定，可以预付部分车款，待办完过户手续且交付车辆及证件时，再付清余款。千万不要在过户前就付清全部金额。

5）委托交易公司办理交易手续，一定要注意除在车管所办理的过户手续外，还有在其他部门办理的购置附加税等证件的过户手续，均由交易公司负责办理，买方可以参与。

6）客运轿车法定使用年限为8年，通过外卖之后，其使用年限不得违反此项规定。警惕有人将此车冒充民用车来蒙骗消费者。

（9）交易过程涉及的政策法规

1）2013年1月14日商务部发布了《机动车强制报废标准规定》，明确根据机动车使用和安全技术、排放检验状况，国家对达到报废标准的机动车实施强制报废。该规定将自2013年5月1日起施行。根据规定，已注册机动车应当强制报废的情况包括：达到规定使用年限；经修理和调整仍不符合机动车安全技术国家标准对在用车有关要求的；经修理和调整或者采用控制技术后，向大气排放污染物或者噪声仍不符合国家标准对在用车有关要求的；在检验有效期届满后连续3个机动车检验周期内未取得机动车检验合格标志的。各类机动车使用年限方面，规定明确了小、微型出租客运汽车使用8年，中型出租客运汽车使用10年，大型出租客运汽车使用12年；公交客运汽车使用13年；专用校车使用15年；大、中型非营运载客汽车（大型轿车除外）使用20年；正三轮摩托车使用12年，其他摩托车使用13年等。规定称，小、微型非营运载客汽车、大型非营运轿车、轮式专用机械车无使用年限限制。根据规定，国家对达到一定行驶里程的机动车引导报废。

2）根据2004年6月29日颁布的《国务院对确需保留的行政审批项目设定行政许可的决定》（国务院第412号令），商务部发出了《关于规范旧机动车鉴定评估工作的通知》（商建字［2004］70号），明确指出：鉴定评估直接关系到能否保证旧机动车公平、公正交易，维护消费者权益、防止税收和国有资产流失。

3）根据2005年10月实施的《二手车流通管理办法》中第三十三条的规定，以下九类旧机动车不能交易。

① 已经办理报废手续的各类机动车。

② 未办理报废手续，但已达到报废标准或在1年时间内（含1年）即将报废的各类机动车。

③ 未经安全检测和质量检测的各类旧机动车。

④ 没有办理证件和手续、或者证件手续不齐全的各类旧机动车。

⑤ 各种盗窃车和走私车。

⑥ 各种非法拼和组装车。

⑦ 国产、进口和进口件组装的各类新机动车。

⑧ 右置转向盘的旧机动车。

⑨ 国家法律、法规禁止进入经营的其他各种机动车。

二、二手车交易合同

二手车交易时，双方一定要签订二手车买卖合同。二手车买卖合同既是二手车交易的凭证，也是解决纠纷的重要依据，对保证交易双方的权益具有十分重要的作用。

二手车合同中应该包括以下内容。

1）明确买卖双方主体。
2）明确车辆基本情况。
3）明确价格、付款方法及付款时间。
4）明确验收时间、验收方式及交接时间、交接手续。
5）明确买卖双方的其他权利和义务。
6）明确过户责任和违约责任以及纠纷解决途径。
7）明确双方其他讨论的具体内容。
8）附上必要的证件复印件。

二手车买卖合同在二手车交易中占有重要地位，无论是买方还是卖方，都应该慎重对待，而且应该明白合同中的很多具体内容都值得研究、探讨和推敲。

签订二手车买卖合同应注意的问题有以下几个。

1）卖方（乙方）对其出售的旧机动车应具有所有权，或具有工商行政管理部门核发的营业执照，有旧机动车经营资格，且具有旧机动车所有人出具的《授权销售旧机动车委托书》，才能与买方（甲方）签订此合同。此合同应一式三份，甲、乙双方各持一份，办理车辆过户或转籍手续时工商行政管理部门留存一份。双方约定车辆验收应甲、乙双方当面验收，并办理相关手续。车辆验收合格后，双方办理车辆交接，乙方应在规定的工作日内协助甲方办理完车辆过户、转籍手续，并向甲方移交与车辆相关的各种文件和证明。

2）甲方的权利和义务。①按合同约定的时间与乙方当面验收车辆，审验乙方提供的卖车相关文件和手续。②持本人（或本单位）有效证件，按规定与乙方共同办理车辆交易过户或转籍手续。③车辆交接后在办理过户期间，车辆使用中发生的任何问题，由使用者自行负责。④不得采取胁迫、欺诈、提供虚假文件或假证明等手段进行交易。

3）乙方的权利和义务。①按合同约定负责向甲方提供有关的文件和证明（乙方向甲方移交的文件和证明清单）。②如实向甲方陈述车辆的状况，并保证其真实性，对隐瞒车辆存在的重大质量问题承担赔偿责任。③协助甲方办理车辆过户和转籍手续。④因乙方原因致使成交车辆在约定期限内不能办理过户、转籍手续的，应接受甲方的退车要求，解除合同、全数退还车款，赔偿因此给甲方造成的经济损失，并承担因此产生的法律责任。⑤因出售车辆的所有权或委托权问题，造成甲方与第三方发生争议的，承担因此产生的法律责任。

4）变更和解除。双方协商一致可以变更或解除合同，但责任方因此给对方造成经济损失的，应当按实际损失赔偿。

5）违约责任。任何一方违反本合同约定，应依照有关法律、法规承担违约责任，造成损失的应按法律和合同相关规定赔偿对方的经济损失。

6）解决合同争议的方式。合同发生纠纷，可向有关部门申请调解，调解不成时约定采取下列方式之一解决：①向人民法院起诉；②向仲裁委员会申请仲裁；③其他方式。

7）具体约定。①双方应遵守国家有关法律、法规及有关规定，遵守公安、交通等部门有关的车辆管理规定，并遵守二手车交易市场的规定。因违反法律、法规及有关规定给对方造成经济损失的，应按法律和合同相关规定赔偿对方的经济损失。双方共同违反有关规定，则共同承担损失。②乙方收取甲方全部购车款后，按规定向甲方开具收款凭证；③合同一式三份，甲、乙双方各持一份，工商行政管理部门留存一份。④合同经签字（或盖章）后生效。

三、二手车交易过户、转籍的办理程序

2012年12月施行的《机动车登记工作规范》要求各级公安机关交通管理部门的车辆管理所按照该规范规定的程序办理机动车登记。二手车交易过户、转籍的办理也依照该规范的相关规定。对于二手车评估人员来说，除了掌握二手车交易过户、转籍的办理程序外，还有必要熟悉新机动车牌号和行驶证的核发程序。

下面就注册登记、二手车变更登记、转移登记的相关内容进行介绍。

1. 注册登记

没有注册的机动车辆都要向公安车辆管理所申请号牌和行驶证的登记。

车辆管理所办理注册登记的业务流程和具体事项：

1）查验岗。审查国产机动车的整车出厂合格证明（以下简称合格证）或者进口机动车的进口凭证（以下简称进口凭证）；不属于免检的机动车，还应当审查机动车安全技术检验合格证明；查验机动车，核对车辆识别代号拓印膜；制作机动车标准照片，并粘贴到机动车查验记录表上。符合规定的，在机动车查验记录表上签字并录入机动车信息。与被盗抢机动车信息系统比对；属于《道路机动车辆生产企业及产品公告》（以下简称《公告》）管理范围的，与《公告》数据比对。将机动车查验记录表内部传递至登记审核岗。

2）登记审核岗。审查《机动车注册、转移、注销登记/转入申请表》、机动车所有人身份证明、机动车来历证明、合格证或者进口凭证、车辆购置税完税证明或者免税凭证、机动车交通事故责任强制保险凭证、车船税纳税或者免税证明、机动车查验记录表。符合规定的，录入登记信息，向机动车所有人出具受理凭证。确定机动车号牌号码。制作机动车号牌（以下简称号牌）、机动车行驶证（以下简称行驶证）、机动车登记证书（以下简称登记证书）和机动车检验合格标志（以下简称检验合格标志），交机动车所有人。

3）档案管理岗。核对计算机登记系统的信息，整理资料，装订、归档。

车辆管理所按照下列规定签注行驶证：

1）行驶证主页正面的号牌号码、车辆类型、所有人、住址、品牌型号、使用性质、发动机号码、车辆识别代号和注册登记日期栏分别按照计算机登记系统记录的相应内容签注；发证日期按照制作行驶证的日期签注；行驶证主页背面粘贴机动车标准照片。

2）行驶证副页正面的号牌号码、车辆类型、总质量、整备质量、核定载质量、准牵引总质量、核定载客、驾驶室共乘、货箱内部尺寸、后轴钢板弹簧片数、外廓尺寸和档案编号栏，分别按照计算机登记系统记录的相应内容签注；检验记录栏，加盖检验专用章或者按照

检验专用章的格式由计算机打印检验有效期的截止日期。

与此同时，车辆管理所将下列资料存入机动车档案。

1）《机动车注册登记/转入申请表》原件。

2）《机动车登记业务流程记录单》原件。

3）机动车所有人的身份证明复印件。

4）机动车的来历凭证原件或者复印件。其中，全国统一的机动车销售发票、《协助执行通知书》和国家机关出具的调拨证明必须是原件。

5）国产机动车的整车出厂合格证明原件，进口机动车的进口凭证原件。

6）车辆购置税的完税证明或者免税凭证副联原件。

7）机动车第三者责任强制保险凭证复印件。

8）机动车标准照片。

9）车辆识别代号（车架号码）拓印膜。

10）法律、行政法规规定应当在机动车登记时提交的其他证明、凭证的原件或复印件。

未注册登记的机动车发生所有权转移的，车辆管理所在办理注册登记时，除按照《机动车登记工作规范》的规定审查机动车所有权转移的来历凭证外，还应当审查该车的原始发票，即全国统一的机动车销售发票或者国外销售单位开具的发票。属于人民法院判决、裁定、调解机动车财产所有权转移的情况不需要审查该车的原始发票。

全挂汽车列车和半挂汽车列车，其牵引车和挂车分别核发号牌、行驶证和机动车登记证书。机动车所有人为单位的内设机构，本身不具备领取《组织机构代码证书》条件的，允许其使用该单位的《组织机构代码证书》作为机动车所有人的身份证明，但机动车所有人的名称应当按照机动车来历凭证记载的名称签注。

依法扣留、没收并拍卖的国产机动车，机动车所有人无法提交整车出厂合格证明的，可以凭司法机关或者行政执法机关出具的依法扣留、没收并拍卖的证明办理注册登记；机动车技术参数按照《公告》的数据录入，注册登记日期按照机动车出厂年份录入年，按照确定机动车登记编号的月、日录入月和日；将依法扣留、没收并拍卖的证明原件存入机动车档案。

2. 变更登记

（1）车辆管理所办理机动车所有人的住所迁出车辆管理所管辖区的业务流程和具体事项

1）查验岗。审查行驶证；查验机动车，核对车辆识别代号拓印膜；属于非专用校车的，应当确认机动车所有人已拆除校车标志灯、停车指示标志，消除校车外观标识，制作机动车标准照片，并粘贴到机动车查验记录表上。符合规定的，在机动车查验记录表上签字并内部传递至登记审核岗。

2）登记审核岗。审查《机动车变更登记/备案申请表》、机动车所有人身份证明、登记证书、行驶证和机动车查验记录表，对涉及机动车的交通安全违法行为和交通事故处理情况进行核查，与被盗抢机动车信息系统比对；属于校车的，应当收回校车标牌并销毁，录入收回信息，对未收回的在计算机登记系统中注明情况。符合规定的，录入变更后的信息，向机动车所有人出具受理凭证。

3）档案管理岗。核对计算机登记系统的信息，比对车辆识别代号拓印膜。符合规定的，签注登记证书；整理档案资料，装订成册，注明联系电话、传真电话和联系人姓名，并加盖车辆管理所业务专用章；密封机动车档案，并在密封袋上注明"请妥善保管，并于即日起三十日内到转入地车辆管理所申请办理机动车转入，不得拆封"。对机动车档案资料齐全但登记事项有误、档案资料填写和打印有误或者不规范、技术参数不全等情况，应当书面注明；对2004年4月30日以前注册登记的机动车档案资料不齐全的，应当在排除被盗抢、走私、非法拼（组）装等嫌疑后，书面注明缺失的资料及原因。

4）登记审核岗。收回号牌并销毁，将机动车档案和登记证书交机动车所有人，核发有效期为三十日的跨行政辖区临时行驶车号牌。

(2) 转入地车辆管理所办理机动车转入的业务流程和具体事项

1）查验岗。审查登记证书，查验机动车，核对车辆识别代号拓印膜；机动车在转入时已超过检验有效期的，还应当审查机动车安全技术检验合格证明；查询并下载机动车登记信息，与被盗抢机动车信息系统比对；制作机动车标准照片，并粘贴到机动车查验记录表上。符合规定的，在机动车查验记录表上签字并内部传递至登记审核岗。

2）登记审核岗。审查《机动车注册、转移、注销登记/转入申请表》、机动车所有人身份证明、机动车档案资料和机动车查验记录表，比对车辆识别代号拓印膜；机动车在转入时已超过检验有效期的，还应当审查交通事故责任强制保险凭证。符合规定的，录入登记信息，向机动车所有人出具受理凭证。确定机动车号牌号码，签注登记证书，制作号牌、行驶证和检验合格标志，交机动车所有人。

3）档案管理岗。核对计算机登记系统的信息，整理资料，装订、归档。

(3) 车辆管理所办理两人以上共同所有的机动车将登记的机动车所有人姓名变更为其他所有人姓名的变更登记的业务流程和具体事项

1）变更后机动车所有人住所在车辆管理所管辖区域内的，登记审核岗审查《机动车变更登记/备案申请表》、登记证书、行驶证、变更前和变更后机动车所有人的身份证明、机动车为共同所有的公证证明或者证明夫妻关系的《居民户口簿》或者《结婚证》。符合规定的，向机动车所有人出具受理凭证。签注登记证书交机动车所有人；收回原行驶证并销毁，制作行驶证交机动车所有人；需要改变机动车号牌号码的，收回原号牌并销毁，确定新的机动车号牌号码，制作号牌、检验合格标志交机动车所有人。档案管理岗核对计算机登记系统的信息，整理资料，装订、归档。

2）变更后机动车所有人的住所不在车辆管理所管辖区域内的，查验岗按照《机动车登记工作规范》第十二条第（一）项的规定办理；登记审核岗按照本条第（一）项的规定审查相关资料。符合规定的，按照《机动车登记工作规范》第十二条第（三）项和第（四）项的规定办理转出。转入地车辆管理所按照《机动车登记工作规范》第十三条至第十六条的规定办理。

注意：两人以上共同所有的机动车的所有人姓名变更为其他所有人姓名后，机动车所有人的住所不在车辆管理所管辖区内的，转入地车辆管理所办理机动车转入的业务流程、录入

项目五　二手汽车交易服务

事项、签注内容、格式、方法以及存档资料，按照《机动车登记工作规范》第三十一条至三十四条规定办理。

（4）车辆管理所办理机动车所有人住所地址在车辆管理所管辖区域内迁移、机动车所有人姓名（单位名称）、身份证明名称、号码、公章式样或者联系方式变更备案的业务流程和具体事项

1）登记审核岗。审查《机动车变更登记/备案申请表》、机动车所有人身份证明、登记证书、行驶证和相关事项变更的证明。符合规定的，录入备案信息，向机动车所有人出具受理凭证。签注登记证书交机动车所有人。属于机动车所有人姓名（单位名称）、住所变更的，收回原行驶证并销毁，制作行驶证交机动车所有人。

2）档案管理岗。复核、整理资料，装订、归档。

3. 转移登记

（1）车辆管理所办理转移登记的业务流程和具体事项

1）查验岗。审查行驶证；查验机动车，核对车辆识别代号拓印膜；机动车超过检验有效期的，应当审查机动车安全技术检验合格证明；属于非专用校车不再作为校车使用的，还应当确认机动车所有人已拆除校车标志灯、停车指示标志，消除专用校车外观标识。制作机动车标准照片，并粘贴到机动车查验记录表上。符合规定的，在机动车查验记录表上签字并内部传递至登记审核岗。

2）登记审核岗审查《机动车注册、转移、注销登记/转入申请表》、现机动车所有人身份证明、所有权转移的证明或者凭证、登记证书、行驶证和机动车查验记录表；属于海关监管的机动车的，还应当审查《中华人民共和国海关监管车辆解除监管证明书》或者海关批准的转让证明；属于机动车超过检验有效期的，还应当审查交通事故责任强制保险凭证。对涉及机动车的交通安全违法行为和交通事故处理情况进行核查；与被盗抢机动车信息系统比对。属于校车的，应当收回校车标牌并销毁，录入收回信息，对未收回的在计算机登记系统中注明情况。符合规定的，录入登记信息，向现机动车所有人出具受理凭证。

3）现机动车所有人住所在车辆管理所管辖区域内的，确定机动车号牌号码后，登记审核岗签注登记证书，收回原号牌、行驶证并销毁，制作号牌、行驶证和检验合格标志，交机动车所有人。现机动车所有人住所不在车辆管理所管辖区域内的，按照《机动车登记工作规范》第十二条第（三）项和第（四）项的规定办理。

4）档案管理岗核对计算机登记系统的信息，整理资料，装订归档。

（2）现机动车所有人住所不在车辆管理所管辖区域内的，转入地车辆管理所按照《机动车登记工作规范》第十三条至第十六条的规定办理　办理转移登记时，现机动车所有人为单位且住所不在车辆管理所管辖区域内的，可以提交《组织机构代码证书》的复印件、加盖单位公章的委托书和被委托人的身份证明作为其机动车所有人身份证明。

机动车档案转出地和转入地车辆管理所应当严格审核转出和转入的机动车档案，不符合机动车注册登记时国家对机动车管理统一规定的，禁止转出和转入。

机动车档案转出时，转出地车辆管理所应当建立机动车转出信息库，并及时传递到全国公安交通管理信息系统。机动车转入时，转入地车辆管理所应当查阅机动车转出信息库。对

转入的机动车有疑问时，应当直接向转出地车辆管理所查询，转出地车辆管理所应当及时回复。

转入的机动车因不符合转入地依据法律和行政法规制定的地方性尾气排放标准，需要退回原住所地的，原住所地车辆管理所应当凭转入地车辆管理所的证明予以接收。

【技能训练】

训练：二手车交易流程

1. 目的

1）掌握二手车交易的流程和过户更名手续的办理流程。

2）熟练掌握谈判技巧，能够对鉴定评估、交易和过户等各环节进行科学细致的解释。

2. 准备

1）整车一辆。

2）汽车常用工具（活扳手、呆扳手、扭力扳手和套筒等）。

3）将汽车驶到举升机上，车停稳后，拉紧驻车制动，以确保车辆不移动和人员安全。

4）仔细核对该车的行驶证及其生产国家、生产厂家、车款、车型和出厂年代等该辆车出厂时的真实资料。

5）检查发动机是否有异响，底盘和蓄电池各零部件，包括胶套、轴承、摆臂、三脚架球头、减振器、拉杆球头和转向盘是否有松动及磨损，检查轮胎气压和轮胎规格以及两前轮花纹是否相同，两后轮花纹深浅是否一致。

3. 学习情境

2011年1月25日，家住顺义的买家魏某与卖家李某，经协商达成《购车协议》，约定李某将自己所有的小型切诺基越野客车（牌照号：京××××，品牌型号BJ××××，车辆识别代号：××××，发动机号码：×××××）出售给魏某，价款3.9万元，后双方依约履行合同。后魏某发现诉争车辆《机动车检验合格标志》登记的车牌号为P×××，环保标志登记的车牌号为M×××，同时诉争车辆未缴纳保险。后魏某修理该车时，修理人员告知车辆发生过重大交通事故。2011年4月27日，北京晶实诚信二手车鉴定评估有限公司就汽车事故等级进行鉴定，并出具晶实诚信（鉴）字2011第××××号《关于涉案（涉诉）车辆概况鉴定结论书》。鉴定该车右侧A柱、前防火墙、右前内陷、副驾驶座地板有明显钣金、焊接修复痕迹，面积超过（50×50）cm^2，鉴定结论为BJ×××小型越野客车车厢结构有撞击事故，属中度A级损伤。

魏某购买车辆的目的在于使用，李某负有保证诉争车辆具备使用价值、能够为买受人正常使用的担保责任。依据鉴定结论，诉争车辆存在重大质量瑕疵和安全隐患，不具备正常使用价值，致使魏某的合同目的无法实现。双方协商不成，诉至法院，魏某请求解除合同，返还购车款。

经审理，法院认定诉争车辆存在重大质量瑕疵和安全隐患，不具备正常使用价值，合同目的无法实现。魏某要求解除合同于法有据，法院予以支持。故判决解除购车协议，李某退还购车款3.9万元，同时魏某退还车辆，李某赔偿经济损失4000元。

4. 二手车交易的步骤

（1）挑选车辆　进行车况检验，如图5-6和图5-7所示。

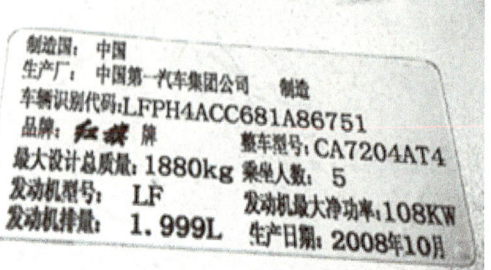

图5-6　挑选车辆——车况检验　　　　图5-7　检查车底盘和蓄电池

1）辨别该辆车出厂时的真实资料：汽车铭牌通常会标明出厂时间，发动机缸体等车辆出厂时的主要参数。驾驶室左侧风窗玻璃下的VIP钢印号码也可以用来验证铭牌的真伪。

2）查看车底盘和蓄电池：趴下查看地下有没有机油点，底盘有没有油污。新车蓄电池本身不用多看的，只看接头是否腐蚀以及小窗是否为绿色。注意蓄电池接头如果有松动，开走前一定要拧紧。

3）拉出机油尺看机油颜色：有些车跑了许多公里，但是里程表不接，还是十几公里，冒充是0公里，查看的时候要着车3min后熄火，拉出油尺用纸巾擦拭，油黑的车不要。

4）车辆行驶里程：有些缺乏诚信的车商为了让手里的车卖出高价格，往往会私自调整该车辆实际的表显里程。如果认为里程表上的数字不可靠，可以用发动机大修的情况作为估算二手车储备里程的参考。计算方法是：储备里程＝［已行驶里程(km)／气缸已磨损量(mm)］×［极限磨损量(mm)－气缸已磨损量(mm)］，这样会比表显里程更精确一些。

5）远听发动机声音：这个只能凭感觉。操作方法是打着两辆车，站在中间位置，离两车的距离相等，你感觉到声音大的淘汰（是明显大于别的车），可以转个身再听，以免你两耳听力不同造成错觉。

6）细听发动机声音：挑车必须认真仔细，你越认真经销商越不敢敷衍，必要时可以用听诊器去听发动机的声音。听诊器头上包块毛巾，按在发动机各个面听十几分钟。需要详细说明的是，这种方法能听见发动机内部的声音是否有杂音，比如活塞环声、敲缸声、气门的嘀嘀声等。好发动机只有一种"呼噜呼噜"声，不会有其他的杂音。不过这种方法要靠平时有意识地进行经验积累，多听些好车的声音。有人能帮忙时，要他踩加速踏板提升发动机转速再听声音，然后要用布堵住排气口，假如发动机声音明显变沉并几秒钟就熄火，就是好车，否则就是有地方漏气。

7）检查做工：要看各个线头的连接情况，是否有晃动等。

8）看全车外观：如图5-8所示，看车门的缝隙是不是均等。另外，看外观时还要注意玻璃是不是原配的，玻璃下角有标记，以避免精心挑选的结果是辆事故车。检查发动机舱左右前端、前照灯部位金属板有无钣金的痕迹，假如有褶皱等，一般就是事故车。对于后尾箱左右后端金属板也是如此判断。小的剐擦基本上能处理得天衣无缝，不仔细观察很难看出来，但事故中如伤及轮胎，只要不换，就没法修补。而二手车的外观检查，最主要的就是车漆和焊点情况，这两样可以看出这车有无出现过大修。

9) 不要急于进驾驶舱。经销商一般认为，一看见车辆就迫不及待进驾驶舱挑车一定是新手，如果围着车转半天不进驾驶舱的，那么一定是行家。灯光、音响、空调、座椅、安全带、电动窗等的调整，要

图 5-8　看全车外观

不厌其烦地一个一个测试。不要只听经销商的，他们总告诉你"放心吧，都是新车！什么问题没有！"一定要仔细检查各种按钮，开关，尤其是控制台面板，这是一个很容易出问题的地方。需要强调的是离合器和制动系统的挑选。起动发动机，低、中、高速运转应无异常响声，声音强劲而不低沉；排气管排出的气体应为无色或灰白色；车辆应起步平稳，离合器不打滑、不抖动；变速轻便，无脱挡、换挡困难，车辆高速行驶不摆头；传动轴和驱动桥无振动噪声。经过一段距离试车后，发动机冷却液温度、变速器和驱动桥的油温应正常，制动灵敏；散热器、油箱无漏水、漏油现象；空调、CD 系统、保护设置均正常；ABS 及整个制动系统灵敏、正常。

(2) 二手车交易手续

1) 交易咨询。咨询有关过户的所有业务；根据行驶证、新车主的身份证填表。

2) 复印相关证件。复印车辆行驶证、机动车登记证书、机动车登记副表、身份证等；复印评估、开票等有关材料；复印车管所所需材料。

(3) 评估　由专业评估机构参与，其专业车辆评估人员将根据车辆的使用年限（已使用年限）、行驶里程、总体车况和事故记录等进行系统的勘察和评估，折算车辆的成新率，再按照该车的市场销售状况等，提出基本参考价格，通过计算机系统的运算，打印《车辆评估书》，由评估机构的评估师签章后生效，作为车辆交易的参考和依法纳税的依据之一。

(4) 合同备案　出具《行驶证》原件或《机动车登记证书》原件、交易双方的《身份证》原件或单位《组织机构代码证》原件、代理人的《身份证》原件、挂靠单位的私车提交《机动车登记证书》复印件一份。

按照法律的流程，像保险、价钱，车辆是否进行过整修，在未交车之前是否出了事故以及由谁负责，什么时候付款等情况都要写进合同，以免将车开回家之后才发现问题，那就晚了。

(5) 办理交易手续　根据交易车辆的有效证照和评估结论书等相关材料开票。

(6) 价格认证　对所交易的旧机动车进行价格认证。

(7) 车辆登记　根据新旧车主的有效证件进行车辆登记，如图 5-9 所示为机动车登记证书。

(8) 车管所驻场受理点 根据《机动车转移登记申请表》、《机动车登记业务流程记录单》、单位代码证或身份证、行驶证、机动车登记证、市场交易专用发票（第三联）、机动车交易专用凭证（第二联）和委托书办理车辆转入、转出和过户的档案变更及验车等。

(9) 购置证变更 根据已过户的行驶证、本市场的交易专用发票（第二联）、机动车交易专用凭证（第三联）、新旧车主的身份证及《车辆购置附加费凭证异动申请表》和《核（补、换）发车辆购置附加费凭证申请表》办理车辆购置证变更手续。

(10) 运营证过户 根据已过户的行驶证、购置证及车辆保险单办理营运证过户手续。

5. 学习评价

学习评价见表5-2。

图5-9 机动车登记证书

表5-2 二手车交易流程的学习评价

序号	评分项目	操作内容	分值	评分标准	得分
1	穿戴劳保用品	劳保用品穿戴齐全	20分	穿戴不全不得分	
2	二手车交易的操作规程	二手车交易流程操作规程的执行情况	20分	违反操作规程扣1~20分	
3	二手车交易退牌、上牌类的操作规程	二手车交易退牌、上牌类操作规程的执行情况	20分	违反操作规程扣1~20分	
4	二手车交易合同签订的操作规程	二手车交易合同的签订操作规程的执行情况	20分	违反操作规程扣1~20分	
5	二手车交易过户、转籍的办理程序操作规程	二手车交易过户、转籍的办理程序操作规程的执行情况	20分	违反操作规程扣1~20分	
总　分			100分		

任务3 二手汽车鉴定估价的程序

【相关知识】

由于机动车与其他资产相比有着自身的特点，因此在二手车鉴定评估的实际操作中，既要遵守资产评估的法定程序，又要简化程序中申报审批、验收确认等繁杂的操作手续，寻找一套适合二手车鉴定评估特点、简单易行的操作程序。所谓**二手车评估的操作程序**是指对具体的评估车辆,从接受立项、受理委托到完成评估任务、出具评估报告的全过程的具体步骤和工作环节。

一、二手车交易市场发生的二手车评估业务

1)单个二手车交易业务。这类业务一般都是零散的一台一辆地进入市场交易。

2)多辆或批量的二手车评估业务。这类业务的特点是数量比较集中,车辆少则 5 辆,多则几十辆。这些客户大多是生产企业或运输企业。

其中,前者的评估操作程序相对简单,后者相对复杂。

二、二手车鉴定评估的操作步骤

1)评估业务接洽。

2)受理估价委托。

3)拟定估价作业方案。

4)收集估价所需资料。

5)评估对象检查。

6)根据评估目的,选择适用的估价方法。

7)确定二手车估价现值或确定二手车拍卖底价。

8)撰写并出具二手车估价报告书。

三、交易评估业务的接洽

1. 业务接待

二手车评估的第一项工作就是接待客户,接待是二手车评估中一项重要的日常性工作。评估人员与来到二手车交易中心(市场)的各类人员打交道,都希望通过自己为中心(市场)树立良好的企业形象和信誉,创造融洽和谐的环境,结交更多的客户朋友,从而扩大企业的知名度和信誉度。接待工作做得好与坏,将成为塑造企业形象的首次形象,因此评估人员应该重视并做好接待工作。

(1)办公室接待 首先,要将办公室布置得美观整洁,工作人员在办公室时不得有吸烟、饮食、打牌、下棋、闲谈、喧哗等不文明行为,让客户一走进办公室,就能感到这里的工作井井有条,充满生机和活力,从而产生一种信任感。其次,接待客户要认真、热情、耐心、文明,要专心致志地听来访者谈话,不要东张西望,漫不经心。

(2)电话接待 电话接待应该准备记录簿,接待语言讲究简练、周全。例如:电话铃一响,便要拿起听筒,首先通报自己的单位名称和办公室电话,"您好,这里是××二手车交易中心(市场)评估部。"接着说:"您找哪位?我能为您做点什么?"。切忌什么也不说,只是一味地询问对方"你叫什么名字?你是哪个单位的?你找他是公事还是私事?"这是极不礼貌的。如果对方接听电话后,自己不是受话人,应该承担起传呼的责任,但不能听筒尚未放下,就大叫别人来接电话,会显得很不礼貌。假如对方找的人在,你可回答:"请您稍后,我立刻请他来听电话。"如果找的人不在,不应把电话一挂了事,可以回答对方:"××不在办公室,您有什么事需要转告?"对方有重要的事情,需要转告或被要求记录下来,应认真地记录下来并及时转告。当电话交谈结束时,可询问对方:"您还有什么事吗?还有什么要求?"之类的客套话,这既是尊重对方,也是提醒对方,最后可以说"再见"。

一般是在对方放下话筒后再放下自己的话筒。

2. 业务洽谈

业务洽谈的方式有面谈和电话洽谈两种，与客户洽谈的主要内容有车主基本情况、车辆情况、委托评估的意向以及时间要求等。通过业务洽谈，应该初步了解下述情况。

（1）车主单位（或个人）名称、隶属关系、所在地　**车主及二手车所有人**是指车辆所有权的单位或个人。了解洽谈的客人是否是车主，是车主的即有车辆处置权，否则，无车辆处置权。

（2）车主要求评估的目的　根据评估目的，选择计价标准和评估方法。一般来说，委托二手车交易中心评估的大多数属于交易类业务，车主要求评估价格的目的大都是作为买卖双方成交的参考底价。

（3）评估的对象及其基本情况

1）二手车的类型：汽车、拖拉机还是摩托车。

2）机动车名称、型号、生产厂家和出厂日期。

3）机动车在车辆管理机关初次注册登记的日期和行驶里程。

4）新车来历：是市场购买，还是走私罚没处理或是捐赠免税车。

5）车籍：车辆牌证发放地。

6）使用性质：是公务车、商用车，还是专业运输车或是出租营运车。

7）手续是否齐全，是否年检。

四、交易评估业务的受理

在洽谈中，上述基本情况已了解以后，就应该做出是否接受委托的决定。如果不能接受委托，应该说明原因，客户对交易中有不清楚的地方，应该接受咨询，耐心地解答和指导；如果接受委托，还要进行下述鉴定估价的准备工作。

1. 实地考察

对于评估数量较多的业务，还应安排到实地考察，以便了解鉴定评估的工作量、工作难易程度以及车辆现实状态（是在用，还是在修理，还是停驶待修）。

2. 签署二手车评估协议

对于咨询服务类业务，还应向委托方提出有偿服务报价，签署《二手车评估书》。

二手车评估业务委托协议是受托方与委托方对各自权力责任和义务的协定，是一项经济合同性质的契约。二手车评估业务委托协议还应该写明的内容如下：

1）委托方与二手车交易中心（市场）的名称、住所、工商登记注册号、上级单位、二手车鉴定估价师资格类型及证件编号。

2）评估目的、车辆类型和数量。

3）委托方须做好的基础工作和配合工作。

4）评估工作的起始时间。

5）评估收费金额及付款方式。

6）反映协议双方各自的责任、权力、义务以及违约责任的其他内容。

二手车评估委托协议必须符合国家法律、法规和资产评估的管理规定。涉及国有资产占有单位要求申请立项的二手车评估业务,应由委托方提供国有资产管理部门关于评估立项申请的批复文件,经核实后,方能接受委托,签署协议书。

二手车评估协议书参考实例见表5-3。

表5-3 二手车评估协议书　　　　　　　　　　　　　　编号:

根据工作需要,甲方委托乙方对下述机动车辆进行评估,经友好协商,双方愿意委托与受托,特签订如下协议,双方各执一份			
甲方委托人		乙方委托人	
单位		单位	××二手车交易中心(市场)
地址		地址	单位
经办人	电话	鉴定估价师	执业书证号
责任与义务 1. 按照委托评估的车辆清单,提供全面准确的清查资料 2. 为评估人员开展工作提供完整、真实和合乎评估管理办法要求的资料、手续和工作场所 3. 按照国家规定的评估收费标准估费,在签订本协议时预交　　元,待评估工作结束后多退少补 4. 由一名领导负责,组织本单位有关人员配合评估人员工作和回答估价中的问题 5. 如不能及时、完整、真实地提供所需要的资料手续,造成拖延时间,以致不能提出鉴定评估报告或中途停止鉴定估价时,委托方负违约责任,同意按进度支付评估费			责任与义务 1. 按照委托评估的车辆清单,按时出具评估报告 2. 遵照《国有资产评估管理办法》及其《施行细则》等有关法规,独立、公正、合理地进行评估 3. 委托方若能履行本协议所签订的责任和义务,受托方则于　　月　　日,提出二手车评估报告 4. 因受托方不能按协议的时间出具评估报告而造成违约,由受托方负责适当减免评估费

评估目的:

委托评估的车辆清单			
序号	车辆厂牌名称	牌照号	发动机号	车架号
1				
2				
3				
4				

备注:

委托方代表签字(盖章)　　　　　　　　　　　　受托方代表签字(盖章)
　　年　月　日　　　　　　　　　　　　　　　　　　年　月　日

五、拟定估价作业方案

评估方案是鉴定估价人员进行二手车评估的规划和安排。其主要内容包括评估目的、评估对象和范围、评估基准日、协助评估人员工作的其他人员安排、现场工作计划、评估程序、评估具体工作和时间安排、拟采用的评估方法及其具体步骤等。

六、收集资料

即收集二手车相关证件手续,例如产权归属证明,车辆使用说明书,车辆行驶、运营的所有证件等,之后完成二手车鉴定估价登记表的填写,见表5-4。

表 5-4　二手车鉴定估价登记表

二手车鉴定估价登记表　　年　月　日						
车主			所有权性质	公/私	联系电话	
住址					经办人	
原始情况	车辆名称		型号		生产厂家	
	结构特点		发动机号		车架号	
	载质量/座位数/排量			燃料种类		
使用情况	初始登记日期	年　月　日	牌照号		车籍	
	已使用年限	年　月　日	累计行驶里程	万公里	工作性质	
	大修次数	发动机/次	工作条件			
		整车/次				
	维修情况		现时状态			
	事故情况					
	现时技术状况					
手续情况	证件					
	税费					
价值反映	购置日期	年　　月	账面原值/元		账面原值/元	
	车主报价/元		重置价格/元		重置价格/元	
					填表人:	

二手车鉴定估价登记表填写说明:

(1) 结构特点　填写有别于普通车的电喷、ABS防抱死制动系统和自动变速器等。

(2) 工作性质　填写私用、公务、商务、长途客运、长途货运、城市出租小汽车或城市出租货车。

(3) 工作条件　是指车辆大部分时间工作的条件,填写城市、城镇、乡村、出区、沙漠地区和厂区等。

(4) 现时状态　填写在用、在修和待修。

(5) 事故情况　简单描述。

(6) 现时技术状况　如车辆主要丧失的功能,缺少和损坏的零部件,如空调不制冷、门把损坏、发电机不工作等。

(7) 证件和税费　填写交易中缺少的有效证件及税费。

七、评估对象的检查

主要是检查手续、核查实物、验证委托人提供的资料和鉴定车辆技术状况等,前文已作介绍。

八、评估方法的选择

前面介绍了机动车鉴定估价的四种基本方法，即现行市价法、收益现值法、清算价格法和重置成本法。这些方法都有各自的特点，同时又相互关联。评估方法的多样性为鉴定估价人员提供了适当选择评估的途径。选择合适的评估方法，有利于简捷、准确地确定被评估对象的价值。二手车鉴定估价方法的选择主要应考虑下列因素。

1）二手车评估方法的选择必须严格与机动车评估的计价标准相适应。

2）二手车评估方法的选择还要受收集数据和信息资料的制约。

3）在选择二手车的评估方法时，要充分考虑二手车鉴定估价工作的效率，选择简单易行的方法。

鉴于上述因素的考虑，在四种评估方法中，若采用现行市价法评估时，由于我国二手车交易市场发育不完全，很难寻找与被评估车辆相同的车辆，相同的使用日期、使用强度和使用条件等；采用收益现值法时，投资者对预期收益额预测难度大，受较强的主观判断和未来不可预见因素等影响；采用清算价格法评估车辆时，又受其适用条件的局限。故上述三种评估方法在二手车鉴定估价中很少采用。而重置成本法具有收集资料信息便捷、操作简单易行、评估理论贴近二手车的实际等特点，故最常采用。

九、确定评估结果

1. 二手车的计价形式

二手车一般有以下几种计价形式，这些形式在二手车的鉴定估价中都可能出现。

（1）二手车的原值　二手车的原始价值也称原价或原值，是指车主在购置以及以其他方式取得某类全新机动车时所发生的全部货币支出，包括买价、运杂费、车辆购置附加费、消费税以及新车登记注册等所发生的费用。为简化计算，二手车原值除了购置车辆的买价以外，评估人员只考虑车辆购置附加费和消费税，而其他费用略去不计。

（2）二手车的净值　二手车随着使用的过程逐渐磨损，其原始价值也随着减少而转入企业成本。企业提取的机械折旧额为折旧基金，用于车辆磨损的补偿。提取折旧后，剩余的机械净值反映了车辆的现有价值。

（3）二手车的残值　二手车报废清理时回收的那些材料、废料的价值称为残值，它体现二手车丧失生产能力以后的残体价值。

（4）二手车的重置完全价值　二手车的重置完全价值是指估算在某段时间内重新生产或购置同样的机动车所需要的全部支出，包括购置价及其他费用。当企业取得无法确定原价的车辆（如接受捐赠车辆）以及经济发生重大变化时，要求企业对车辆按重置完全价值计价。

（5）二手车评估价值　它是遵循一定的计价标准和评估方法，重新确定的二手车现值。

2. 二手车的价值估算

前面已做了大量的现场实物检查、技术鉴定和资料的收集分析等前期准备工作，落脚点都是为了对二手车提出现时价值意见，即估算价值。这时，可依据公式

$$被评估车辆的评估值 = 重置成本 \times 成新率$$

计算出二手车的评估值，或者说计算出二手车的重置净价。这个评估值的价值概念即评估员

对二手车评估的价值：一是指车辆产权交易发生时的交易价值；二是指评估基准日的市场价值的货币表现，即评估基准日的市场价格。成新率的确定：实际使用时，根据被评估的对象不同选择不同的方法。一般说来，对于重置成本不高的老旧车辆，可采用使用年限法估算其成新率；对于重置成本价值中等的车辆，可采用综合分析法；对于重置成本价值高的车辆，可采用部件鉴定法。

在二手车鉴定估价的工作中，根据各阶段的工作步骤，应该及时填写二手车鉴定估价作业表（见表5-5和表5-6，鉴定估价人员可参考选用）。对于二手车交易市场中发生的交易类评估业务，可以以此为资料和二手车鉴定估价登记表一同存档备查，从而可略去二手车鉴定估价报告；对发生的咨询服务类评估业务，除了上述存档备查资料外，还应向委托单位出具二手车鉴定估价报告书。

表5-5 二手车鉴定估价作业表（一）

			（一）编号			
车主		所有权性质	□公 □私	联系电话		
住址				经办人		
原始情况	厂牌型号		号牌号码		车辆类型	
	车辆识别代号（VIN）			车身颜色		
	发动机型号		车架号			
	载质量/座位数/排量			燃料种类		
	初始登记日期	年 月 日	车辆出厂日期		年 月	
	已使用年限	年 月 日	累计行驶里程	万公里	使用用途	
检查核对交易证件	证件	□原始发票 □机动车登记证书 □机动车行驶证 □法人代码或身份证 □其他				
	税费	□购置附加税 □车船使用税 □其他				
结构特点						
现时技术状况						
价值反映	维护情况			现时状态		
	账面原值/元			车主报价/元		
	重置价格/元		成新率（％）		评估价格/元	

鉴定评估目的：

鉴定评估说明：

注册二手车鉴定估价师（签名） 复核人（签名）
　　　年　月　日 　　　年　月　日

应当说明的是,被评估二手车的价格是客观存在的一个量,而鉴定估价人员评出的,又是另一个量。二手车的鉴定估价就是要通过对车辆的全面认识和判断来反映其客观价格。但是一般说来,要使评估价值与二手车的客观价格完全一致,那是很难的,鉴定估价人员评估的目的或任务应该是努力缩小两者的差距。

表5-6 二手车鉴定估价作业表(二)

			编 号		
车主		所有权性质	( )公 ( )私	联系电话	
住址				经办人	
	车辆类型	( )轿车 ( )客车 ( )越野车 ( )摩托车 ( )其他			
	车辆品牌		型号		
	车牌号码		产地		
	发动机号		车架号		
	车身颜色		燃料种类		
	已使用年限		规定年限		
	累计行驶里程				
核对证件	证 件	( )机动车行驶证 ( )资产证明或车主身份证 ( )其他			
现时技术状况	1. 外观状况		2. 内饰		3. 底盘
	4. 发动机		5. 转向系统		6. 行驶系统
	7. 离合器		8. 悬架系统		9. 润滑系统
	10. 变速器		11. 制动系统		12. 冷却系统
	13. 大修次数		14. 排污指标		15. 行驶平顺性
	16. 操纵稳定性		17. 加速动力性		
维护情况	( )好 ( )一般 ( )较差				
制造质量	( )进口 ( )国产名牌 ( )国产非名牌				
工作性质	( )私用 ( )公务、商务 ( )营运				
工作条件	( )较好 ( )一般 ( )较差				
价值反映	购入原价/元			车主报价/元	
	重置价格/万元			市场波动系数	
如果被评估车辆需大修或换件,请自行给定综合调整系数,并详细备注说明					

备注说明:

注册二手车鉴定估价师(签名)   复核人(签名)
　　　年　月　日   年　月　日

十、撰写并出具评估报告书

二手车鉴定估价报告书是二手车交易市场完成某一鉴定估价工作后，向委托方提供说明鉴定估价的依据、范围、目的、基准时间、评估方法、评估前提和评估结论等基本情况的公正性的工作报告，是二手车交易市场履行评估委托协议的总结。报告不仅反映出二手车交易市场对被评估车辆作价的意见，而且也确认了二手车交易市场对所鉴定估价的结果应负的法律责任。

1. 撰写鉴定估价报告的基本要求

国家国有资产管理局以国资办发〔1993〕55号文发布了《关于资产评估报告书的规范意见》，对资产评估报告书的撰写提出了比较系统的规范要求，结合二手车鉴定估价的实际情况，主要要求如下：

1）鉴定估价报告必须依照客观、公正、实事求是的原则由二手车交易市场独立撰写，如实反映鉴定估价的工作情况。

2）鉴定估价报告应有委托单位（或个人）的名称、二手车交易市场的名称和印章、二手车交易市场法人代表或其委托人和二手车鉴定估价师的签字以及提供报告的日期。

3）鉴定估价报告要写明评估基准日，并且不得随意更改。所有在估价中采用的税率、费率、利率和其他价格标准，均应采用基准日的标准。

4）鉴定估价报告中应写明估价的目的、范围、二手车的状况和产权归属。

5）鉴定估价报告应说明估价工作遵循的原则和依据的法律法规，简述鉴定估价过程，写明评估的方法。

6）鉴定估价报告应有明确的鉴定估算价值的结果，鉴定结果应有二手车的成新率；估价结果应有二手车原值、重置价值和评估价值等。

7）鉴定估价报告还应有齐全的附件。

2. 二手车鉴定估价报告书的基本内容和编制

（1）估价的依据

1）国务院1991年91号令发布的《国有资产评估管理办法》。

2）国家国有资产管理局国资办发〔1992〕36号文发布的《国有资产评估管理办法施行细则》。

3）评估立项批文。

4）《机动车强制报废标准》、《关于制定大中型拖拉机报废标准的通知》等相关规定。

5）客户提供的原始购车发票，有关合同、协议，人民法院出具的发生法律效力的判决书、裁定书和调解书。

6）产权证明材料。

7）当地政府的有关规定。

（2）鉴定估价的目的 对鉴定估价目的的相关内容应有一定叙述。

（3）评估范围和评估基准时间 对评估范围的描述，主要是明确评估哪些类型的二手车辆，是汽车、拖拉机，还是叉车。而评估基准时间是表明评估结论相对于那一天发表的价值意见。由于车辆是在不断运动的，它的价值随着自身的运动和外部环境而发生变化。因而，鉴定估价的结论也只是反映某天的静态价值意见。

（4）评估前提　主要说明前提性条件，如采用的评估标准和评估方法等。

（5）鉴定估价结论　一般应说明在完成了哪些鉴定估价程序后发表鉴定估价的结论意见。

3. 二手车鉴定估价报告附件的内容

鉴定估价报告的有关附件是对鉴定估价报告正文有关重要部分的具体说明和必要补充，一般包括以下内容。

1）产权证明文件。

2）评估立项批文。

3）二手车鉴定估价登记表和作业表。

4）鉴定估价的计算说明。它主要叙述采用的具体方法和估价的计算过程，对某些参数、系数的取定以及对某些情况的考虑说明。

【技能训练】

训练：二手车鉴定

1. 目的

掌握二手车鉴定的相关事项及主要流程。

2. 准备

1）整车一辆。

2）信息的收集与整理（仔细核对该车的行驶证及其该车的生产国家、生产厂家、车款、车型及出厂年代等该辆车出厂时的真实资料）。

3）将汽车驶到举升机上，车停稳后，拉紧驻车制动以确保车辆不移动和人员安全。

4）评估估算以及信息的汇总。

3. 学习情境

张先生和钟先生分别买了一辆2006年和2005年的二手别克赛欧车，按理张先生买的车年份新，里程数少，价钱应该稍贵，可实际情况却是，张先生的买入价比钟先生还便宜近1000元。张先生称，自己当时紧抓车身外几处划痕以及车内沙发上的几个烟头烫烧点与车商进行谈判，最终成功将车价杀下。

4. 步骤

1）细查保险记录。

2）细查违章记录。

3）细查二手车手续。车辆登记证书、车辆行驶证（需在年检合格期内）、车辆购置附加费证明、车辆购买原始发票（或上一次过户票）、车主身份证（单位提供法人代码证书）、车船使用税缴纳证明。

4）细查二手车车况。

① 外观。从外观上先仔细察看车漆是否有色差，有无刮痕。注意油漆面和翼子板、车门下边缘、轮罩等区域的锈蚀情况。

② 发动机。发动机罩与翼子板、风窗玻璃的密合度或发动机留有的缝隙是否一致，是

否留有原车的胶漆。打开发动机罩看内侧是否有烤过漆的痕迹。

③ 内室检查。座椅表面应清洁、完好，无破损、划伤，有必要除去座椅套看一下原始的椅垫。试试离合器踏板如何。加速踏板不应有犯卡、沉重、不回位的现象。腿、脚放在加速踏板上时，掀开地板垫，仔细检查车室内及行李箱内是否被淋湿。各密封件是否完好，并注意车灯内是否有水雾。

④ 车辆底部检查。底盘稳定的车，行驶中不会有抖动、摆振；制动时不会跑偏；转向平顺无异响；悬架系统无异响无渗漏；不会有机油、冷却液、变速器油、减振器油等的渗漏。排放系统应紧固，检查消声器和三元催化器的接缝处，这些地方有出现泄漏的可能；检查排气管吊架和支座是否有损坏；检查燃油系统和油路，看是否有漏油痕迹；检查冷却液是否泄漏，如果暖风器芯或软管泄漏，应该可以在离合器壳及发动机舱周围找到冷却液污迹。

5）确定二手车价格。通常来说，二手车估价都要有同款新车价格作为参考，根据旧车的使用年限和使用情况等进行折价。已经停产的车辆在评估时也要找一个可以参考的车辆做参照物，这时可以找与该车属于同一档次车的新车价格作参考。

二手车不同于新车，购买后很多零件需要更换，维修的次数也相对增多，所以配件的供应情况和价格也要了解清楚。一般情况下，旧车在购买后需要对一些易磨损部件进行更换，更换过程中有一笔不小的费用支出，在评估车辆时这些费用也要考虑进去。车辆的维修保养费用及配件的价格，对二手车价格影响也很大。例如一辆维修保养费用高、配件难找、价格高的车，在二手车市场比较难销售，价格也就相对较低。

二手车价格除受车况影响外，市场行情对其影响也很大。评估二手车要紧密结合市场行情，了解市场的供需情况，尤其是已经停产的车型，更要结合市场行情。新车已经停产会对二手车产生很大影响，可能使二手车热销，也可能出现滞销。在评估停产的车辆时，一定要了解市场行情。市场需求量大的车辆，无论停产与否价格都会很高，反之则不同。

6）撰写评估报告书。按照本任务所学知识及老师的安排，撰写相关评估报告书。

5. 学习评价

学习评价见表5-7。

表5-7 二手车鉴定的学习评价

序号	评分项目	操作内容	分值	评分标准	得分
1	穿戴劳保用品	劳保用品穿戴齐全	20分	穿戴不全不得分	
2	二手车鉴定评估操作规程	二手车鉴定评估操作规程的执行情况	20分	违反操作规程扣1~20分	
3	二手车鉴定估价作业方案	二手车鉴定估价作业方案操作规程的执行情况	20分	违反操作规程扣1~20分	
4	二手车鉴定评估方法的确定	合理选择二手车的鉴定评估方法	20分	违反操作规程扣1~20分	
5	撰写评估报告书	撰写评估报告书操作规程的执行情况	20分	违反操作规程扣1~20分	
	总　　分		100分		

【项目小结】

本项目主要介绍了二手车交易流程与交易材料、二手车交易合同和二手车交易过户、转籍的办理程序；二手车评估的基本方法及各种方法适用的范围以及各种方法的优缺点；交易评估业务的接洽、受理，评估方法的选择，评估结果的确定，及评估报告书的撰写方法。

【巩固与提高】

一、填空题

1. 二手车交易市场是_____和_____的聚集，买主和卖主在一起进行交换的场所。
2. 二手车交易是指以_____为交易对象，在国家规定的二手车交易市场或其他经合法审批的交易市场中进行的_____和_____交易。
3. 二手车交易作为商品的一种交易，具有商品交易的共性，一是交易_____，二是交易双方都认为是合适的。前者是交易发生的_____，后者是交易成立的原则。
4. 重置成本法是指在_____的前提下，从重新购置一辆全新状态的被评估车辆所需的全部成本中减去累积应计损耗后，求得一个价值指标的方法。
5. 重置成本可分为_____和_____。
6. _____是通过估算被评估车辆未来预期收益，并折算成现值，借此来确定车辆价值的一种评估方法。
7. 现行市价法是以现实市场上同类车辆的_____为基础，借此确定车辆价值的一种评估方法。
8. 清算价格法是以_____为标准，对车辆进行价格评估的方法。
9. _____是汽车评估中的一种常用方法，适用于继续使用前提下的汽车评估。
10. 用收益现值法进行汽车评估的前提是_____具有独立的、能连续用货币计量的可预期收益。
11. 现行市价法的运用首先必须以_____为前提，它是借助于参照物的市场成交价或变现价运作的（该参照物与被评估车辆相同或相似）。
12. 清算价格法适用于_____、_____、停业清理时要售出的车辆。

二、选择题

1. 汽车价格评估中适用于从事营运车辆的汽车评估方法是（　　），适用于继续使用前提下的汽车评估的方法是（　　）。
   A. 现行市价法　　B. 重置成本法　　C. 清算价格法　　D. 收益现值法
2. （　　）的优点是考虑了车辆的损耗，评估结果更趋于公平合理，缺点是工作量较大，且经济损耗也不易准确计算。
   A. 现行市价法　　B. 重置成本法　　C. 清算价格法　　D. 收益现值法

三、判断题

1. 重置成本法是指在车辆能够继续使用的前提下，从重新购置一辆全新状态的被评估车辆所需的全部成本中减去累积应计损耗后，求得一个价值指标的方法。（　　）

2. 现行市价法是通过估算被评估车辆未来预期收益，并折算成现值，借此来确定车辆价值的一种评估方法。（　　）

3. 收益现值法是以现实市场上同类车辆的现行市场价格为基础，借此确定车辆价值的一种评估方法。（　　）

4. 清算价格法是以清算价格为标准，对车辆进行价格评估的方法。清算价格法在原理上与现行市价法基本相同，不同的是出售者是在非自愿或被迫情况下出售车辆，而且要求在一定的期限内必须将车辆变现。（　　）

四、简答题

1. 二手车买卖合同包括哪些内容？

2. 签订二手车买卖合同应注意哪些问题？

项目六

汽车售后市场的拓展服务

【学习目标】

1. 了解国际及国内的汽车租赁市场。
2. 了解汽车俱乐部现状及其发展。
3. 了解我国汽车文化市场。

任务1 汽车租赁

【相关知识】

汽车租赁是指汽车消费者通过与汽车销售者之间或者第三方签订各种形式的付费合同,以在约定时间内获得汽车的使用权为目的,经营者通过提供车辆功能、税费、保险、维修和配件等服务实现投资增值的一种实物租赁形式。按租赁时间不同,汽车租赁可分为长期租赁、中期租赁和短期租赁。其中,15天以下为短期租赁,15~90天为中期租赁,90天以上为长期租赁。

一、国际汽车租赁

1. 国际汽车租赁业务

汽车租赁在国际市场中已经发展成为一个比较成熟的、呈现良好发展态势的产业,而且在经营性租赁的基础上,同时开展融资性租赁、二手车销售和车辆保险等多种与之相关的业务,特别是二手车业务成为其重要业务之一,并且通过该业务的开展,使之有效扩大了自身车辆更新的空间。

2. 国际汽车租赁业的发展背景

(1) 生活环境及工作方式的变化 随着世界经济形势的变化和产业结构的变化,人们拥有汽车的观念也在变化。越来越多的家庭、个人由于工作环境、劳动方式的变化,不再需

项目六　汽车售后市场的拓展服务

求长期拥有汽车，而是以"招之即来"的方式使用各种汽车。

（2）生活及工作中个性化需求日益突出　由于工作中的特殊要求和业余生活的丰富多样化，人们对汽车的功能和配置在某一特定时间内有特殊的需求。普通功能的汽车满足不了这些要求，但是租赁公司则可以提供这类专用汽车以满足不同用户的不同需要。如办公汽车、旅游度假汽车和多媒体汽车等。

（3）汽车作为经营辅助手段的观念成为时代潮流　越来越多的中小企业利用租赁汽车来完成其经营活动是当代汽车租赁市场呈现出的一个明显的发展趋势。

3．国外汽车租赁公司及其经营运作模式

（1）国外主要的汽车租赁公司　国际上的汽车租赁业巨头经过几十年的经营和发展，已经建立起一个庞大的汽车租赁服务网络，并已占据了全球绝大部分的业务。

1）欧洲汽车。车身识别标志为绿色，成立于1949年，总部设在法国巴黎，是欧洲最大的汽车租赁公司，有运营车辆48万辆，仅在欧洲就有1515个站点，其中机场站点187个。

2）赫兹。车身识别标志为黄色，成立于1918年，总部设在美国新泽西，业务遍布全球140个国家，有运营车辆55万辆，站点6300多个，其中美国站点1200多个，欧洲机场站点167个。

3）阿维斯。车身识别标志为红色，成立于1946年，总部设在美国底特律，业务遍布全球140个国家，有运营车辆40万辆，站点5000多个，其中机场站点有1000多个，欧洲有177个。其最主要的优势是提供以特殊服务和特殊设备为主的优质服务。

4）巴基特。车身识别标志为蓝色，业务遍布全球120多个国家，有运营车辆27万辆，其中美国13万辆；卡车2.5万辆，其中美国1.7万辆；站点3000多个，其中机场站点800多个。

（2）国际市场的汽车租赁经营运作模式　当前在汽车租赁业通行的经营方式是特许经营方式。

（3）国际汽车租赁业的主要经营运作特点　经过近百年的发展，国际汽车租赁业巨头在其经营业务和覆盖地域不断迅猛扩张的同时，形成了自身发展的特点和极为明显的竞争优势。

1）运营的车辆以经济型和小型车辆为主。各主要汽车租赁公司的运营车辆构成中，74%为经济型和小型车辆，仅有9%的豪华和特种车辆，其中经济型车辆占到了34%；除巴基特租赁公司的特种车队外，其他公司的运营车辆中，轿车所占比重为90%，卡车仅为10%。

2）与汽车生产厂商合作紧密。通过汽车制造厂商提供的服务，汽车租赁公司的庞大车队实现了车辆的快速更新（一般为8～12个月）。这种合作并不仅仅是资产的控制关系（在国际大汽车租赁公司的股东构成中，也仅有欧洲汽车、赫兹两家公司是汽车公司的子公司），对汽车制造厂商来说，更多地体现在与客户之间的合作和服务关系。

3）特许经营模式在全球租赁市场的迅速推广。利用当地公司对市场的熟悉程度开展业务，是特许经营活动最为成功的地方。只需较小的投入，就能形成规模化的网络经营，并最终形成具有统一服务、统一品牌的全球性汽车租赁服务网络，是特许经营模式对汽车租赁业的最大创新。

4）先进的经营管理和市场营销模式。会员制——各大汽车租赁公司的主要特色，通过建立客户档案，不仅能实现对客户的更优质服务，而且能极大稳固公司的客户群体。客户公司的账户管理——针对不同公司的情况和商务需求，提供专门的团体费率计划和相应的配套服务，并参与到客户公司差旅交通费用的管理控制，极大地方便了客户公司。"以人为本"的全方位服务——通过"绿色通道"系统对站点、车辆等各种信息进行监控，采取GDS等全球销售预订系统、卫星导航系统和各种服务指南，实现了一整套以客户为中心的服务活动。

5）服务流程规范、简捷。从证件的核查，到租车、还车等各个环节都实现了全程的规范、简捷操作，特别是有针对性地推出了"即刻还车"服务，更有利于客户的整个行程。

6）救援、保险等基本保障体系完备。提供租赁车辆的救援活动及租赁公司的救援电话号码已成为对国际汽车租赁公司的最基本要求。租赁公司与专业的救援机构共同组成了基本的救援保障体系，而且在汽车租赁保险方面，除了一般车辆的各险种外，还开展了针对租赁车辆的险种，并且租赁公司内都有专门的索赔管理机构。

7）与其他交通工具和旅店、餐饮、旅游、商务等行业相互协作，形成多方位的服务体系。作为服务行业一员的汽车租赁业充分利用行业间紧密的协作关系（甚至形成了资本纽带关系，以欧洲汽车租赁公司为例，1999年以前，法国饭店及票据业巨头雅高集团曾控股50%），为客户提供了多方位的优质服务产品，实现了建立在"以人为本"基础上的效益最大化。

8）具备良好的外部配套环境。主要包括以高速公路为纽带的道路交通基础设施的完善；高效的全球信息网络及卫星导航高新技术在发达地区的广泛应用；已经建立完善的个人信用评估和社会信用保障体系，并在此基础上逐渐形成的良好社会道德水平和个人自律能力；以小型车辆为主要交通工具的居民日常高质量的生活消费方式。

4. 汽车租赁业未来的发展趋势

（1）**汽车租赁公司的规模化经营趋势日益加剧**　通过多次并购和特许经营等模式的创新，世界主要汽车租赁公司已从最初的小规模经营发展成为遍布全球主要国家，平均租赁站点数千个，运营车辆数十万辆，雇员数万人的特大型跨国公司。而日趋突出的规模化经营带来的效益规模化是全球发展的趋势。

（2）**跨行业的合作更为广泛**　汽车租赁业与金融、保险、航空运输、旅游、酒店服务和汽车制造等多行业的合作更为紧密，通过对客户需求的全方位服务，实现汽车租赁持续的发展动力。

（3）**对潜在市场的争夺越来越激烈**　随着欧美等发达国家汽车租赁市场业务的日趋成熟，亚洲和亚太地区等有发展潜力的新兴市场已成为各汽车租赁业巨头争相抢夺的焦点。赫兹在亚太地区投入10多亿美元，进行业务拓展；阿维斯以其优质服务在东南亚和大洋洲已占据了稳固的市场份额；欧洲汽车则着眼于中东市场。随着我国入世和更为全面的对外开放，我国"这一广阔而且未充分开发的市场"将成为各大公司争夺的重点。

（4）**信息网络和电子商务等新技术日益普及**　汽车租赁公司通过引入电子商务和互联

网络，将更加快捷、高效地进行业务拓展，有效降低管理成本，实现经营业务的持续稳定增长，最终使其自身的经营管理水平和竞争能力不断提高。

二、国内汽车租赁的现状及特点

1. 国内汽车租赁的发展现状

在北京承办1990年亚运会的筹备过程中，为满足外国记者的需要，1989年8月1日始组建了国内第一家汽车租赁公司——福斯特汽车租赁公司。从最初的一家公司并且只有70辆车起步至今，在短短的10年时间里，在国家工商部门注册的汽车租赁公司就已经有近500家，运营车辆5万多辆，全国汽车租赁市场的营业额约为17～22亿元。随着汽车租赁业的高速发展，预计到2015年，国内汽车租赁市场的营业总额将达到180亿元。

（1）现行的行业管理和政策法规　1996年以前，由于缺乏具体的法律法规和行业规范，汽车租赁业面临着"行业管理滞后、政策法规不完善"的主要问题，当时汽车租赁业经营与管理的法律依据仅为《经济合同法》和《民法通则》，行业管理的滞后严重制约了国内汽车租赁业的健康发展。

1996年以后，国家陆续颁布的关于汽车租赁的法律法规有《汽车租赁业管理暂行规定》《商业特许经营管理办法》《汽车租赁试点工作暂行管理办法》《机动车辆保险条款》《机动车辆保险费率规章》《道路交通事故处理办法》《中华人民共和国营业性道路运输机动车准驾证管理规定》《旧机动车交易管理办法》《企业集团财务公司管理办法》和《机动车登记规定》等。

由于目前对国内汽车租赁业的管理仍处于先试点后推广的阶段，各项法律法规本身仍处于不断完善的阶段，在行业的财务管理、税收、风险规避、控办管理、牌证管理等方面仍存在着众多难题，行业管理滞后、政策法规不完善的问题仍没有得到彻底解决，这些都制约着目前行业的发展。

（2）国内汽车租赁业的基本经营状况

1）国内汽车租赁企业的规模。目前，我国的汽车租赁市场仍处于起步阶段，在近500家国内汽车租赁企业中，绝大多数企业规模很小，缺乏抵御市场风险和市场拓展的实力。其中，有80%企业的运营车辆不足50辆，70%企业的正式员工人数不足5名，85%企业的汽车租赁站点数低于两个。

规模较大的国内汽车租赁公司有东方、首汽、北汽服、世纪通、今日新概念、中汽总公司北方安华集团、上海安吉、上海大众、上海强生和广州白云等企业，主要都集中在北京、上海、广州和沿海经济发达地区。

2）国内汽车租赁的车型、用户结构和租赁价格。

① 从车型分析：与国际市场轿车所占比例达到90%的情况类似，国内汽车租赁的车型也主要为轿车，微型客车和中、轻型客、货车所占的比例非常小。

② 从档次分析：与国际市场经济型车和小型车占主导地位的租赁车辆构成有所不同的是，以桑塔纳、捷达和富康车为代表的中档车为租赁市场的主流车型，其次是夏利车代表的经济型轿车，这也与我国轿车生产和国内轿车保有量的结构基本类似。

③ 从品牌分析：在对北京地区汽车租赁市场的调查中发现，在运营车辆的保有量上，

普通桑塔纳车占 27.3%，夏利车占 12.5%，捷达车占 11.6%；在租车客户的品牌选择中，桑塔纳车占 29%，捷达车占 27%，富康车占 13%。这也基本反映了我国轿车生产企业的规模实力和轿车的品牌保有结构。但 1998 年以后，随着本田雅阁、通用别克、大众帕萨特和风神蓝鸟等中、高档车型的热销，运营车辆的保有结构和客户的品牌选择发生了一些变化。

④ 从租赁价格分析：由于所处地区消费水平的差异以及车辆新旧、租车期限长短的差异，各地及各品牌、各年限的车辆租赁价格差异较大。一般低档车的日租赁价格为 120～180 元，为新车销售价格的 0.2%～0.3%；中档车的日租赁价格为 280～330 元，为新车销售价格的 0.2% 左右；高档车的日租赁价格为 500 元以上，进口中、高档车的租赁价格一般为 650 元以上。其中，在节假日，汽车租赁价格要上浮 10%～15%。

2. 国内汽车租赁业的发展特点及存在的问题

(1) 国内汽车租赁业的发展特点　目前我国汽车租赁业的发展呈现出以下两大主要特点。

1) 国内汽车租赁业正处于起步阶段。国内汽车租赁公司并不具备规模经营的竞争优势。虽然从第一家汽车租赁公司问市至今，已经过 20 多年的发展，但我国的汽车租赁公司仍没有形成经营规模优势。虽然汽车租赁公司的数量众多，但大多数公司的经营规模小、实力弱，难以抵御市场风险和竞争。

国内汽车租赁服务网络体系没有建立，客户对汽车租赁的认知程度不高。由于目前国内汽车租赁业务仍然是采取单点经营，或仅局限于某一较小区域，没有形成全国性，甚至是全省的区域性网络，加之汽车租赁企业自身管理和服务项目等方面的缺陷，使客户对汽车租赁的认知程度并不高。

国内汽车租赁企业的管理技术和服务水平与国际先进企业也有很大的差距。

2) 国内汽车租赁业有巨大的发展潜力。随着中国经济的不断发展和人民生活水平的不断提高，汽车已经逐步走进了人们的家庭。国民经济的稳步增长保证了汽车租赁市场的快速发展：未来我国的经济将保持以年均 7%～8% 的速度增长，并且相应地带来居民储蓄水平和消费能力的逐年提高，这些都为汽车租赁业带来了潜在的消费市场，进而为汽车租赁业的发展提供了一个向上拓展的空间。

交通基础设施、网络不断完善及金融等服务业的发展为汽车租赁业的发展提供了技术支持和保障。高等级公路里程迅猛增长，未来将形成以高速公路为主的等级干线公路网；民航客运业快速发展（民航旅客运输总量已从 1997 年的 7 千万人次增长到 2012 年的 3.2 亿人次）；以信用卡消费为特征的金融结算模式正逐渐变革（截止到 2012 年底，全国信用卡发卡总量达到 3.3 亿张，授信额度达到 3.49 万亿元，并且仍以每年 46.7% 的速度递增），这些都为汽车租赁业务的拓展和结算方式的便捷提供了技术和设备上的支持。

目前，国内的汽车发展环境使汽车租赁与个人拥有汽车相比，具有更大的优势：上海人均 GDP 达到 4000 美元，按照国际惯例已进入了私人消费汽车时代。但由于大中城市人口、交通和停车场地的限制，使政府对私人汽车消费采取了限制性措施。居民的汽车需求和苛刻的消费环境之间的矛盾越来越突出，使汽车租赁的优势得到了充分体现：一是租车相对于私车，使用价值和使用效率要高，费用则相对低廉；二是租车减轻了个人在汽车保养、维修和停放等方面的负担；三是租车既满足个人的用车需求，又减轻了城市交通拥挤的压力，并且进一步提升了城市的对外形象。

截止2012年12月31日，我国的汽车保有量约为10 578.77万辆，而拥有驾驶执照的居民已经超过23 562.34万人，这意味着有超过13 000万的人是有驾驶执照而无车可开的。在目前的汽车消费环境下，汽车租赁将是其中绝大多数人的首选。加上我国正在逐步展开的公务用车制度改革和全方位的对外开放使三资企业数量激增，均为我国汽车租赁业的高速增长提供了广阔的消费群体市场。

(2) 该业务领域目前存在的问题

1) 行业管理滞后，政策法规不完善。长期以来，汽车租赁行业缺乏统一的行业管理和行规，相关政策法规不配套一直是制约国内汽车租赁业发展的主要问题，而且至今并未能够得到很好的解决。

由于政策法规的不完善，使诸如车辆的异地运营、汽车租赁联网运营等模式难以实际操作，而且对于因交通、车辆报损或承租人肇事逃逸造成的损失补偿处理等问题无明确规定，加上国家和各地方政府对汽车购买时和道路运输经营管理上采取的种种限制性措施，使汽车租赁企业即使在市场需求看好的条件下也无法真正实现规模化经营的目标。

2) 国内缺乏健全的信用评估和咨询体系。由于国内尚未建立个人信用等级评估和鉴别体系，用户信用状态不明，造成汽车租赁企业在汽车租赁业务中为避免风险，要求承租人需提供担保和巨额押金，并办理非常繁琐的手续，这与国外汽车租赁业形成鲜明对照。对租车对象的限制，人为阻碍了汽车租赁业务的进一步发展。

3) 缺乏相关上、下游行业的配套支持。由于国内汽车租赁业仍处于起步阶段，规模较小，因而难以通过规模优势与汽车制造厂商建立紧密的合作关系（目前上海安吉的汽车保有量仅为千辆，新概念的汽车保有量也不过2000辆，这样的保有量规模，目前难以与汽车制造厂商形成紧密的互惠联合关系）。国内汽车价格的逐年下降和价格折让的混乱加大了汽车租赁企业的经营风险，加之没有相应的车辆回购制度以及租赁车辆批量更新中存在的上牌等问题，阻碍了汽车租赁业的发展。

4) 缺乏全国性的网络建设和区域性的特许连锁经营模式。由于国内汽车租赁公司的规模普遍偏小，仅以本地市场服务为主，因而仅局限于单点经营，并未形成全国或区域性网络，使之对于租赁业务拓展和客户使用范围等都造成了极大的限制，因此汽车租赁公司缺乏抗市场风险、降成本、与国际汽车租赁公司进行竞争的能力。

5) 企业税费负担沉重，缺乏必要的税收扶植政策。由于我国对汽车购买采取高税费的限制政策，特别是针对轿车产品的10%车辆购置税，使目前更新车辆周期在1~2年的国内汽车租赁企业难以承受。在车辆使用过程中征收的营业税都使本已微利的国内汽车租赁业难以承担。而世界其他国家（如美国、日本等国）为扶植汽车租赁业的发展，纷纷出台了在车辆购买时减轻税收负担（减免范围为4.2%~6%）、优化成本计算（加速折旧，汽车产品采取3年折旧办法）、贷款优惠（对项目贷款的40%~60%采取低息贷款）等各种措施，加速汽车租赁业务的发展。

三、我国加入WTO对汽车租赁业的影响及发展趋势分析

1. 我国加入WTO对汽车租赁业的影响

(1) 汽车的关税下降 从2006年7月1日起,我国将根据加入世界贸易组织的关税减让承诺,进一步降低部分汽车及其零部件的进口关税税率。其中,小轿车、越野车、小客车整车的进口税率由28%降至25%,车身、底盘、中低排量汽油发动机等汽车零部件的进口税率由13.8%~16.4%降至10%。

(2) 汽车的进口配额和许可证的逐年取消 从2001年开始,逐年取消各项进口配额和许可证,至2005年全部取消;进口配额以60亿美元为基数,逐年递增15%至2005年。

(3) 汽车服务贸易领域的开放 贸易权和分销权的全面开放,即不通过中间商直接进口和出口的权利以及通过市场营销的权利的开放;允许非银行的金融机构提供汽车贷款融资;在开放服务贸易日程方面规定,第一年允许外方与中方合资,第二年允许外方控股,第三年允许外方独资。

2. 国内汽车租赁业的发展趋势

随着国内经济的发展,人民生活水平的提高,对外合作与交流的增加,特别是加入WTO以后,随着跨国公司进入中国市场,相关政策及外部环境的逐渐完善,特别是与汽车租赁相关的上、下游行业包括金融、保险服务等行业的业务拓展,必将促进国内汽车租赁业出现一个较大的发展。

(1) 未来国内汽车租赁市场将呈现迅猛发展的态势 汽车整车及零部件关税的大幅降低以及进口配额和许可证的逐年取消等对外开放政策将使未来我国的汽车,特别是进口汽车价格大幅下降,这将有利于我国汽车租赁业的快速成长。随着跨国公司进入国内的金融、保险、交通运输、旅游宾馆和商品交易等与汽车租赁业相关的上、下游行业,加快了这些行业与国际接轨的步伐,而且中国加入WTO也将会使国内现有的汽车租赁相关政策向着有利于汽车租赁业发展的方向改变。汽车租赁业从业环境的明显好转将极大地促进我国汽车租赁市场的发展,未来国内汽车租赁市场必将呈现出迅猛发展的良好态势,其巨大的市场潜力将会被逐渐释放。

(2) 未来国际汽车租赁业巨头将陆续进入中国,对国内汽车租赁业的现有格局将产生极大冲击 由于国际汽车租赁业巨头以其强大的实力、先进的技术手段、丰富的管理经验、优质的服务和完善的配套设施对国内汽车租赁业形成强大冲击,因而将迫使国内的汽车租赁企业在我国汽车租赁市场完全对外开放的短短三四年时间内,通过向外国同行学习,全方位提升汽车租赁的经营理念、技术手段和业务水平,以达到迅速发展壮大,增强自身竞争实力,能够初步具备参与国际竞争的能力。这将要求国内汽车租赁企业通过兼并重组、强强联合、推进特许连锁经营模式等多种手段实现规模化经营,迅速建立全国的连锁租赁经营网络,形成与上、下游行业的紧密结合和配套支持。否则,当国际汽车租赁业巨头全面进入中国市场后,国内的汽车租赁企业将被淘汰,或者被其兼并,或沦为其特许经营连锁网络中的一部分。

(3) 未来我国汽车租赁业将形成网络化、金融化的技术发展趋势 一方面,我国的汽车租赁业通过特许连锁经营模式,实现全国市场、甚至是全球市场的网络化,达到资源共享

的目的，通过为客户提供多方位的优质服务和产品，最终实现规模经营的最优化和利润最大化。同时，通过完善社会信用、金融体系，在汽车租赁服务中与银行、保险等金融服务行业紧密结合，通过银行的信用体系，融资信贷和信用保险等一系列金融手段，有效降低汽车租赁企业风险，控制成本，提高其经营效率。

四、当前加快国内汽车租赁业务发展的建议和对策

1. 加快学习和借鉴发达国家发展汽车租赁业的经验

由于汽车租赁业在我国正处于起步阶段，而在欧美等发达国家则已经形成了一整套成熟的经验，因而国内汽车租赁业应结合中国的国情，借鉴和吸收发达国家成功的经营运作模式和技术（如特许连锁经营模式、全球预订系统和全套的过程管理技术），按国际租赁行业标准规范运作，推动我国汽车租赁业的快速发展。

2. 完善汽车租赁业的相关政策法规，改善汽车租赁业的法律环境

建立并完善汽车租赁业的法律保障机制是我国汽车租赁业得以快速发展的前提，因而通过制定《租赁法》，全面而细致地对租赁行业（包括汽车租赁行业）作出具体规定和规范，应是目前的当务之急。同时，在法律保障体系基本建立的条件下，加强执法力度，以系列化、规范化的法律、法规保障汽车租赁业的健康发展。

3. 强化汽车租赁业管理，使之进入良性发展的轨道

通过建立全国统一的管理机构，对行业的发展方向、发展规模进行统一的安排和部署；通过建立全国性的租赁业协会，维护行业会员单位的合法权益，有利于行业发展；通过会计、审计等事务机构加强对汽车租赁业的监管，防止违规操作。

4. 给予汽车租赁业优惠的财政税收政策

由于当前我国汽车租赁业正处于起步阶段，需要国家给予大力扶植，加速其快速成长，因此可以借鉴世界其他国家对汽车租赁业的扶植措施，鼓励其快速发展。其中包括降低汽车租赁企业的车辆购置附加税的税率；适当减免汽车租赁企业的营业税；允许汽车租赁企业在成本的会计处理时，采用加速折旧方式，降低支出费用；对于国家机关、重点建设项目和高新技术项目的用车需求，由政策性银行提供占该项目资金需求一定比例的中长期贷款；对汽车租赁企业的批量车辆更新给予充足的牌照发放优惠。

5. 进一步拓宽汽车租赁企业的融资渠道

对于汽车租赁企业在业务拓展过程中经常面临的资金短缺问题，应通过拓宽企业融资渠道等方式加以解决，鼓励部分有实力、信誉好、效益佳的汽车租赁企业直接从资本市场融资。

6. 尽快建立和健全与汽车租赁相关各行业的配套支持

通过建立全国信用保障体系和保险行业参与汽车租赁市场等诸多措施，建立健全汽车租赁的保障体系，解决承租人欠租、违约的现象；通过建立国内二手车的交易评估体系和培育发展二手车交易市场，为租赁企业大批量地更新车辆提供强有力的支持保障；通过鼓励发展特许连锁经营，促使汽车租赁企业形成遍布全国的汽车租赁网络。通过以上种种措施形成国内汽车租赁良好的外部环境，加快汽车租赁行业高速成长。

7. 利用世贸组织规则和国际经验，建立符合国情的技术壁垒措施

通过制订符合国情的汽车租赁企业相关技术规范（诸如对企业注册资金、车辆来源、车况要求、车辆保养、车辆保险、车辆处置、资信调查和仲裁依据等的要求），利用全国和区域性的租赁协会进行倾销和反倾销、补贴和反补贴的调查和申诉，在合理的范围内尽可能维护国内汽车租赁企业的合法权益。

【技能训练】

训练：如何租赁汽车

1. 目的
1）了解汽车租赁行业的租车过程。
2）熟悉汽车租赁流程。

2. 准备
实训区内所有车辆都作为租赁车辆，文件夹、笔、纸。

3. 学习情境
将学生分成两人一组，一名学生扮演汽车租赁人员，一名学生扮演客户，进行租车演练。要求租赁人员提供热情、专业的服务，以使客户满意。留下客户电话、身份证件、押金和租车款等，并且记录客户的租车信息，包括车型、归还时间和租车期限等，见表6-1。

表6-1 租车业务表

申请人姓名		性别		出生日期		学历		照片
身份证号码				地址				
家庭现住址				宅电		手机		
驾照发证日期				房产租或自有		婚否		
工作单位				职务/职称		收入		
单位地址				人数/业务范围		电话		
紧急情况联系人	关系	年龄	性别	学历	职务/职称	工作单位/电话	宅电	住址
用车计划	最早用车时间			月 日	天数		拟选车辆	

用车须知

一、安全驾驶
1. 接车时详细了解车辆状况及操作规程
2. 在行驶中遵守交通法规
3. 不酒后驾驶，不将车交给无合法驾驶证者驾驶
4. 仪表盘上有故障警示时，立即停车并咨询解决

（续）

二、故障救援

1. 车辆在本市五环内发生故障和事故时，公司在两个小时内提供救援服务

2. 使用方按操作规程使用，车辆出现故障时，公司提供免费的救援维修服务

3. 使用方由于自身原因导致故障、事故时，可提供有偿救援，费用标准为出车费 50 元，另按 2 元/km 加收费用，过路过桥费另收

4. 车辆在外地发生故障时由使用方自行解决，公司只承担认可的修理费用，不承担除修理以外的费用，如救援费和拖车费等

5. 用车方不按规程操作造成车辆故障的，需缴纳全额修复费用

6. 用车方擅自修理车辆的，自行承担维修费用

三、保险与理赔

1. 在接车时了解车辆保险情况和保险的含义

2. 车辆的基本险种为交强险和不低于 5 万元的第三者责任险

3. 无论何原因造成车辆损坏或损失，都立即与公司联系

4. 无论何原因造成车辆或第三者损失时，须提供合法手续以便办理保险理赔

5. 保险能够覆盖的车辆损失按理赔额的 20% + 100 元赔偿

6. 无合法手续或保险不能覆盖的任何损失，由用车人承担

7. 保险事宜由公司专人负责办理，用车人提供合法文件及证明材料即可

8. 车辆在外地发生事故的，用车人应在公司的指导下履行车辆修理、保险理赔等手续，并有义务将车辆送到租车地点

四、保养与年检

协助公司在规定时限内对车辆进行车检及保养

五、其他

1. 按期归还车辆，因故需要延期时，提前告知并预交费用

2. 还车时维持车辆原状，车辆有损时照价赔偿

3. 负责消除用车期间的交通违章或缴纳消除违章所需的费用

用车人同意遵守以上各条款（签字）：

年　　月　　日

4. 步骤

租赁客户租车的步骤如下：

（1）租车预定　客户通过电话或亲自到特许经营店进行租车预定，登记有关租赁内容，如租赁时间、归还时间、租车类型以及其他相关内容。特许店根据客户要求按时提供租赁用车。

（2）选择汽车　客户在租赁网点可以亲自选车，从车的类型、品牌、颜色以及在可接受的付费条件下的用车等级方面，都可进行选择，直到自己满意为止。

（3）还车结算　归还租赁的汽车非常简单，只需把车开到租赁公司的停车场，告诉服务员汽车的行驶里程、油箱所剩油量以及对所用车辆是否满意即可。服务员会认真记录上述信息，并进行付费结算。付费的方式很多，租赁公司的付费卡、信用卡、旅行支票和现金

都可。

（4）车辆维护 对归还的车辆进行正常的检查和维护，以备下次租用。

（5）实训结束工作 把实训车辆归位，打扫卫生。

5．学习评价

学习评价见表6-2。

表6-2 如何租赁汽车的学习评价

序号	评分项目	操作内容	分值	评分标准	得 分
1	材料准备	准备文件夹、纸、笔等	30分	准备不全不得分	
2	租赁人员接待礼仪是否到位	租赁人员接待礼仪是否到位	30分	未达标扣1~30分	
3	车辆租赁的演练过程	车辆租赁流程是否通畅 车辆租赁流程是否遗漏 车辆租赁人员在介绍车型时是否依据客户需求 车辆租赁人员是否做记录	40分	违反操作规程扣1~40分	
	总 分		100分		

任务2 汽车俱乐部

【相关知识】

随着世界汽车工业的不断发展和人们对汽车的需求和兴趣，各种形形色色的汽车俱乐部也相继诞生。汽车俱乐部不生产具体的产品，它所提供的产品是一种服务，对于一个综合性汽车俱乐部而言，这种服务又分为生产型服务和生活型服务。生产型服务是指俱乐部为会员提供各种对车辆和车主本人的有关车辆的服务，目的是为广大会员解决在使用车辆的过程所产生的实际困难；生活型服务则是以会员为主体的各种休闲、娱乐和交友服务。汽车俱乐部是经营汽车文化的重要形式，它促使汽车文化愈加繁荣丰富。

一、汽车俱乐部概述

1．汽车俱乐部的定义

汽车俱乐部是为车主提供出行保障、满足车主的不同需求、争取车主消费权益并赢得自身发展的公众组织。它主要包含以下含义。

1）汽车俱乐部主要的任务是为车主提供出行保障。

2）汽车俱乐部组织要服务于车主，只要是有需求有价值的服务，都可以作为汽车俱乐部提供的服务之列。

3）汽车俱乐部在维护车主利益、服务会员的同时，还要开展多种经营，扩大收益，支持汽车俱乐部组织的生存和发展。

2. 汽车俱乐部的性质

1）社会属性：汽车俱乐部的社会属性要求它为组织成员提供基本保障、社会归属和权益维护以及价值实现的需要。由此导致了它的公益性质，不仅要关心会员，为会员提供出行保障，争取会员权益，还要关心社会，进行安全驾驶教育，影响并促进汽车产业的健康发展。

2）经济属性：汽车俱乐部不仅要服务会员，而且要开展多种经营，在保障会员服务的基础上扩大收益，以此来支持俱乐部的生存和发展。

二、汽车俱乐部行业的发展特点

1）从区域化到全国化：覆盖全国的网络化服务是对汽车俱乐部最基本的要求。

2）从简单化到多样化：从简单的保障性的服务到维护会员的权益性服务，以至服务社会的公益性服务，例如参与交通政策、汽车安全、环境保护等方面的公益活动，协助解决人、车以及社会的矛盾。

3）从公益化走向商业化：运用会员资源的巨大财富进行商业价值的开发，以此支持汽车俱乐部组织的正常运转。

4）从国内化到国际化：汽车俱乐部业务可突破国家限制，促进国家间俱乐部的合作与交流。

三、汽车俱乐部会员结构分析

1）核心层会员：占到会员总量的20%以下。特点：俱乐部高端服务采购者、俱乐部活动积极参加者、与俱乐部人员交流频繁者、会员积分记录较高者。

2）中间层会员：占到会员总量的30%。特点：俱乐部中档产品和服务的购买者、俱乐部活动参加者、同俱乐部有过在线交流互动者、有消费记录和会员积分者。

3）外层会员：占到会员总量的50%。特点：非付费会员。没有为俱乐部提供的服务支付过任何费用；没有参加过俱乐部活动；网站浏览者；同俱乐部没有过双向互动交流；无消费记录和积分。

四、汽车俱乐部会员需求分析

据统计分析，车主需要的服务中，车辆维修、保养和美容占27%；自驾游活动占15%；汽车救援占14%；会员综合服务占13%。优惠与免费是车主需求的中心。

1）在汽车俱乐部中，最具吸引力的优惠项目是汽车维修优惠、车务代办优惠、保险优惠和汽车救援优惠，占总体的75%。车主最希望得到的免费服务项目及比例是：免费洗车占30%、免费违章代办占19%、免费紧急送油占15%、免费代缴税费占14%。

2）在汽车俱乐部中，交通违章的情况为：每年交通违章次数1~3次占57%，7次以上小于4%。车务代办服务需求及比例为：交通违章代办占47%；税费业务占18%；年审占11%。

3）在汽车俱乐部中，若按阶段划分，车主的需求可分为以下几种。

① 购车：车辆咨询、金融服务和汽车团购等。

② 用车：维修保养、加油美容、车务代办、出行服务、驾驶培训和二手车买卖等。

③其他：公益活动和文化交流等。
4）若按马斯诺需求划分，车主的需求可划分为：
①生理需求：汽车团购、车辆咨询和交通出行。
②安全需求：维修保养、驾驶培训、保险服务和汽车救援。
③社交需求：文化交流和自驾旅游。
④尊重需求：车务代办和特惠服务。
⑤自我实现需求：公益活动、情感交流、技术交流、消费指导和维权等。

从以上几点分析得出，车主最需要的会员服务一般是跟车和车主有关系的，所以俱乐部就要以车主的实际需求为导向，提供有针对性的服务，从基础服务做起，根据自身的能力和资源，确定主攻方向，重点突破。

五、国外汽车俱乐部的发展现状

百年来，西方经济日益繁荣，人们对汽车的需求与企盼推动了汽车生产，同时也推动了汽车后市场服务的发展。为满足车主不断增长的服务需求，汽车俱乐部扮演了提供服务的主角。其中美国汽车协会（AAA）、全德汽车俱乐部（ADAC）、意大利汽车俱乐部集团（ACI）、日本汽车联合会（JAF）、澳大利亚汽车协会（AAA）等汽车俱乐部组织发展迅速，成为所在国或世界某一经济区域内有绝对话语权的领军企业。

美国汽车协会（AAA）成立于1902年，美国40%车主都是其会员，会员总数超过4800万，是仅次于罗马天主教会的世界第二大会员组织，可以提供从维修、救援、保险到住宿的全套服务。美国汽车协会拥有139个分支机构，在美国和加拿大有1000个办事处，10万个授权网点，每年仅汽车保险一项收入就达2.4亿美元。其初级会员年费为70美元。

全德汽车俱乐部成立于1903年，是德国汽车服务业的巨无霸，是一家企业化运作、非营利性、混合性的组织，拥有保险、空中救援、旅游、通信、汽车金融和汽车运动等领域的经营性公司18个，会员数量1500万。ADAC在海外，包括美国、加拿大和欧洲各国，拥有16个会员救援呼叫中心，发展了4100个合作伙伴。

意大利汽车俱乐部集团成立于1905年，是一家上市公司，拥有106家汽车俱乐部，11个全资公司，7个参股公司，经营范围涉及旅游、保险、通信、出版物、传媒、救援、汽车运动和二手车评估等各个领域，13个机构遍布意大利全国。ACI的会员每年交纳70欧元的会费。

日本汽车联合会（JAF）成立于1962年，现有会员1720万，基本会费为每年2000日元。其公开声称自己为公众组织。

澳大利亚汽车协会成立于1924年，现有会员620万，由8个州和地区的俱乐部组成，提供的服务与美国AAA向车主提供的各种服务类似，其中成员之一的NRMA是最大的实体，有240万会员，拥有500辆救援车，现代化呼叫中心每年的救援呼叫量达280万次，路面救援到达时间为45min以内，恢复行驶率高达94%以上。

六、中国汽车俱乐部的政策环境

1. 购置税优惠

2009年，国家对1.6L及以下排量乘用车减按5%征收车辆购置税，带动了小排量汽车的迅速增长。到目前为止，购置税优惠继续实施，不过购置税减按7.5%的税率征收。

2．提高以旧换新补贴

《关于允许汽车以旧换新补贴与车辆购置税减征政策同时享受的通知》规定，从2010年1月1日起，允许符合条件的车主同时享受汽车以旧换新补贴与1.6L及以下乘用车车辆购置税减按7.5%征收的政策。将提前报废老旧汽车和"黄标车"并换购新车的补贴标准调整到5000～18 000元。

3．购节能汽车补贴细则出台

中央财政将对购买发动机排量在1.6L及以下、综合工况油耗比现行标准低20%左右的汽油、柴油乘用车（含混合动力和双燃料汽车）的消费者按每辆3000元标准给予一次性补贴。

4．新能源汽车补贴通知出台

《关于开展私人购买新能源汽车补贴试点的通知》明确规定，中央财政对试点城市私人购买、登记注册和使用的插电式混合动力乘用车以及纯电动乘用车给予一次性补贴。

七、中国汽车俱乐部现状分析

国内汽车俱乐部具有多样性的特点，但对汽车俱乐部的划分没有一个统一的标准。从汽车俱乐部的组建形式、服务内容以及运行特点等几个方面来看，目前大致有以下几类汽车俱乐部。

1．专业汽车俱乐部

这类俱乐部按照国外汽车俱乐部的运营模式组建，是为驾车人提供救援、保险和维修等专业汽车服务的汽车俱乐部组织，一般都有外部资金注入。其代表性汽车俱乐部主要有以下两个。

1）大陆汽车俱乐部（CAA）。1995年成立，2003年年底成为澳大利亚保险集团（IAG）全资子公司，以道路救援为主要业务，同时提供保险、车务和特约商户打折等服务。

2）北京联合汽车俱乐部（UAA）。2005年成立，由美国CCAS公司、联想投资、美国KPCB基金等国际著名企业和风险基金联合投资而成，为车主提供全国救援、保险、维修以及酒店预订、机票预订等商务服务。

2．品牌汽车俱乐部

汽车经销商组织的品牌汽车俱乐部由经销商出资，组织各类活动，开展特惠服务，以维护客户关系。其代表性汽车俱乐部主要有广州本田的"大本营"和奥吉通的"奥迪俱乐部"。每年经销商会利用一定资金，开展各类车友活动。

3．网站汽车俱乐部

这类汽车俱乐部主要依托网站，既以网络为媒介发布各类信息，又以网络为手段组织各类活动。其代表性汽车俱乐部主要有以下两个：

1）爱卡（X-CAR）俱乐部。2002年由私人建立的汽车网站，以论坛为主，聚拢人气，当达到一定规模后，建立汽车俱乐部，组织线上线下活动，提供消费优惠等。2009年，吸引了美国公司注资。

2）搜狐俱乐部。旗下有各品牌车友会，线上为车友提供论坛区，线下结合汽车商家需求，为车友组织各类活动，从而达到双赢。诸如此类的还有新浪汽车俱乐部、易车网易车会等。

4. 听众汽车俱乐部

听众汽车俱乐部是以广播电台车友听众为对象组织起来的汽车俱乐部，尤其以各地的交通台为主。各地的交通台拥有大量的在线听众，因此靠广播运营着汽车俱乐部。其代表性汽车俱乐部为103.9汽车俱乐部。北京近400万机动车车主中，有一半是103.9交通台的听众，电台主持人在听众中间不断发起话题和活动，很便利地凝聚了一批忠实的听众。与其他类型的汽车俱乐部相比，它有着独特的优势。

5. 兴趣汽车俱乐部

这是由具有共同兴趣爱好的驾车人组成的汽车俱乐部，不以车型为主，以兴趣爱好而聚合。

其代表性汽车俱乐部为北京目标行动汽车俱乐部。2002年建立，以特色自驾行程吸引自驾爱好者，收取超值的住宿和餐饮费用，吸引了来自国内外的自驾爱好者。

6. 另类汽车俱乐部

一般规模较小，以简单的服务项目为主，以老会员为核心，是各类汽车俱乐部中难以扩大会员规模的汽车俱乐部。其代表性汽车俱乐部为房车俱乐部。它一方面依托汽车修理厂，一方面吸纳热爱房车运动的车友，组织会员活动，每年收取200元的服务费，提供拖车和维修等服务，并组织车友开展自驾等活动。

7. 国内几大知名汽车俱乐部简介

1）北京大陆汽车俱乐部。北京大陆汽车俱乐部在北京拥有150多名技术熟练的专业维修技师、50多辆救援车及庞大的车队，365天，每天24h提供呼叫服务。目前该俱乐部推出按每车计的标准卡（380元/年）、金卡（580元/年）两类会员服务，可以提供驾车出行保障、保险代理、车务服务、各类会员增值服务等优惠或免费的服务。

2）江苏苏友汽车俱乐部。江苏苏友汽车俱乐部成立于1999年，其会员已达40 000名，拥有苏友快修公司、苏友商务公司等五家子公司，是南京郎驰汽车集团的下属机构。该俱乐部在传统业务的基础上，于2009年开发了二手车置换业务。

3）中国汽车网（CC）。这是现今中国最大的互联网企业，定位为中国最大的汽车消费社区，借助其网站和行业内规模最大的专业呼叫中心，依托全国覆盖200个地级以上城市的4000家商户为车主提供救援、车险、维修、洗车、装饰、车辆买卖、车务代办、车务提醒、专家在线、自驾旅游、代驾服务、网络空间、丢车找回和CC—Hello等18项服务。其目前推出了按每车计的普卡（108元/年）、银卡（188元/年）和金卡（365元/年）。中国汽车网是有风险投资背景的汽车用户服务组织。

4）联合汽车俱乐部（CAA）。联合汽车俱乐部成立于2005年3月，是由多家风险投资公司投资而成的，会员总数目前宣称超过150万，合作伙伴超过17 000家，通过互联网和呼叫中心等高科技手段向会员提供服务。

5）易车会（BAA）。易车会是中国领先的汽车互联网企业，借助国际资本机构的投资，目前开发了易车网（新车购车导购服务）、优卡网（二手车信息服务）、易车会（汽车社区及用户会员服务)、车趣网(汽车用品电子商务)等线上、线下互动的汽车用户会员服务体系,能够提供覆盖全国的新车优惠、维修保养、汽车保险、汽车用品、出行道路救援、二手车、全国商务预定和休闲娱乐八大类服务。其目前推出按每车计的标准卡(98元/年)并免费派送。

6)爱卡汽车俱乐部。爱卡汽车俱乐部是全国最大的汽车主题社区(BBS),将用户的线上体验与线下实体服务紧密结合,常年活动不断,2007年7月21日已被美国互联网公司CNET以1000万美元收购。

8. 国内汽车俱乐部存在的问题

国内的汽车俱乐部多是只提供某些较有优势的单一服务,在服务范围和服务空间上存在很多的盲点和断层。而国外的许多汽车俱乐部却能够提供救援服务、旅游服务、金融服务和保险服务等各个领域的全方位服务。

9. 国内汽车俱乐部的发展障碍

1)目前许多车主对汽车俱乐部的作用与意义缺乏认识,对俱乐部持观望态度。

2)许多汽车俱乐部的服务相对单一,还不足以吸引消费者。

3)各俱乐部的经营理念不同,导致了这个行业的不规范,使人们对汽车俱乐部的认识很模糊,而整个汽车俱乐部市场的鱼龙混杂,服务质量良莠不齐也使其信用大打折扣。

4)目前尚未出台真正的法规能对汽车俱乐部进行有效管理与引导,政府支持态度方面也比较模糊。

八、国内汽车俱乐部市场分析

目前在中国,经官方认可的各种形式的汽车俱乐部约有15 000家,其中正式以汽车俱乐部命名并通过工商注册的有400余家,如北京大陆汽车俱乐部、北京易车、UAA、中联车盟、江苏苏友汽车俱乐部和上海安吉汽车俱乐部等。这支队伍中约有20家是注册资金千万元人民币以上且会员数量超过5万的,其中90%以上的汽车俱乐部不能通过会费实现营利,而是通过延伸服务或者母公司的其他资源来支撑俱乐部的运行,95%以上的俱乐部有融资的需求。

国家统计局发布的统计数据显示,截至2010年年末,全国民用汽车保有量达到9086万辆(包括三轮汽车和低速货车1284万辆),比2009年末增长19.3%,其中私人汽车保有量6539万辆,增长25.3%。民用轿车保有量4029万辆,增长28.4%,其中私人轿车3443万辆,增长32.2%,北京居全国首位,占全国私人轿车的比例高达8%。截至2012年6月底,全国机动车保有量为2.17亿辆,与2010年底相比,增加1000万辆,增长4.63%。与2011年同期相比,增加20 752 678辆,增长10.57%。全国汽车保有量超过9846万辆,与2010年底相比,增加7 603 795辆,增长7.72%。与2011年同期相比,增加15 395 042辆,增长18.53%。

综合分析以上数据,主要呈现以下特点。

从地域分布来看,华东和中南地区机动车保有量相对集中,达到1.3亿辆,占全国总量的62.27%。山东、广东、河南、江苏、河北、浙江、四川、安徽八省的机动车保有量超过1000万,占全国总量的54.71%。

截至 2012 年 6 月底,36 个大城市汽车保有量共计 31 205 237 辆,占全国汽车保有量的 34.4%。其中,北京、深圳等 11 个城市的汽车保有量超过 100 万辆。从统计情况看,2012 年上半年,天津、成都等 10 个城市汽车增量超过 10 万辆,其中天津市汽车增量位居全国第一,达 15.3 万辆。

截至 2012 年 6 月底,个人汽车保有量超过 7000 万辆,占汽车保有量的 73.18%,比 2010 年底上升 1.21 个百分点,比 2011 年同期上升 2.96 个百分点。

截至 2011 年 6 月底,全国机动车驾驶人数量达到 224 095 634 人,与 2010 年底相比,新增驾驶人 11 158 494 人。其中,汽车驾驶人为 162 371 601 人,占驾驶人总数的 72.46%,是汽车保有量的 1.65 倍。从统计情况看,驾龄不满一年的新驾驶人占总量的 11.51%。

从全国情况来看,广东、山东、河南、江苏、四川、河北、浙江 7 省驾驶人数量超过 1000 万人,共计 106 344 613 人,占全国总量的 47.46%,分别是 20 796 505 人、17 414 206 人、16 540 976 人、16 093 073 人、12 066 738 人、11 889 588 人和 11 543 527 人,与其机动车保有量在全国所占比例基本相符。

从驾驶人驾龄情况看,新驾驶人数量不断增加。3 年以下驾龄的驾驶人有 84 951 329 人,占全国机动车驾驶人总数的 39.71%。其中,驾龄不满一年的驾驶人有 25 797 130 人,占全国机动车驾驶人总数的 11.51%。

九、汽车俱乐部运营模式分析

汽车俱乐部总是与媒介载体紧密联系,无论是网站汽车俱乐部还是听众汽车俱乐部,都是在自主媒体下建立的,诸如爱卡汽车俱乐部(X-CAR)和北京 1039 汽车俱乐部。另外如北京大陆汽车俱乐部和联合汽车俱乐部都建立了强大的呼叫中心平台,以此为媒介,联系车主和俱乐部。

俱乐部发展模式核心的焦点就在于会员发展优先还是服务拓展优先。纵观国内汽车俱乐部的发展模式,俱乐部要想发展,必须两头抓,一方面发展会员,一方面发展服务商网络。可以断定,谁握有大量优质的会员资源,谁就会主宰市场,而并非谁掌握服务商资源谁就主宰市场。

国外的汽车俱乐部,如美国汽车协会(AAA)、德国全德汽车俱乐部(ADAC)和澳大利亚汽车协会(AAA)等都属于公益性组织,其并不以赢利为协会存在的根本目的,仅仅作为一个为车主提供服务的机构。国内的汽车俱乐部由于起步较晚,又有种种利益驱动和生存压力,不得不将利益放在首位,这也导致了车主对汽车俱乐部的不信任。

十、汽车俱乐部未来发展趋势和发展思路

1. 发展趋势

1)服务集成化:将分散的服务进行资源整合,打包成不同的产品组合,既可以提供给个体客户,也可以提供给其他行业或集团客户。

2)发展网络化:由众多服务网点所构成的服务网络是实现服务、落实服务的基础,也是进一步延伸服务、进行商业开发的前提。

3)投资国际化:引进国外风险投资,以此加速汽车后市场的整合速度,促进俱乐部发展。

2. 发展思路

1）拓展服务功能，强化网络服务，花力气整合社会资源，构建网络化服务体系，为俱乐部会员提供网络化、属地化的服务。

2）俱乐部之间要强化合作、资源共享，逐步形成多功能的网络体系和强大的覆盖面。

3）转变观念，舆论引导。俱乐部通过自身的优质服务，打破会员"等价交换"的思维定势，使会员对俱乐部真正产生信赖感，形成花钱买服务的消费观念。

4）中国汽车俱乐部的核心服务应该是一种从车到人的延伸，对物的服务是有限的，而对人的服务是无限的。

3. 面临的困难

1）汽车俱乐部的本质是为会员谋取福利而非利用会员谋取商业价值，要处理好俱乐部组织和商业化运作的关系。

2）通过网站、论坛或社区形成的会员，如何转化成能采购俱乐部服务的会员是一项艰巨的任务。

十一、汽车俱乐部行业的机遇与挑战

作为汽车产业的衍生经济，汽车俱乐部在中国具有广阔的发展前景。目前在国外成熟的汽车市场，整车销售的利润只占据汽车产业链利润的很小部分，而在汽车售后服务环节存在着较高的市场空间和利润空间。中国汽车工业的长足发展，不仅带动了与汽车生产相关产业的发展，也造就了汽车服务业的大市场。与汽车产品的生产及销售相比，汽车俱乐部行业的进入门槛低，存在着大量的潜在客户，市场还没有被真正挖掘出来。同时，汽车俱乐部的经营形式存在很大的可创新性，只要找准市场定位，抓住客户的需求，采取独辟蹊径的经营活动，将吸引到大量的客户。目前我国汽车俱乐部在自驾车旅游和会员衍生经济等方面已经有了许多成功的尝试，车主对这些活动的踊跃参与也展现出了汽车俱乐部市场的广阔前景。面对巨大的潜在市场，我国的汽车俱乐部行业目前还处在较原始的摸索阶段，经营模式和发展方向的有效性还需经过时间的考验。同时，我国距离汽车俱乐部市场的成熟还需要一段时间，车主对于汽车俱乐部行业的认识还有待时日，大量的市场空间还没有涌现出来。这就对现有的行业经营者和潜在的行业进入者产生了一定的风险。如何在市场中找准位置，利用有效的经营模式生存下来，发展壮大，等待即将到来的巨大市场机遇，是我国汽车俱乐部行业面临的挑战。

【技能训练】

训练：汽车俱乐部案例分析

1. 目的

1）通过案例分析了解汽车俱乐部的相关体制和结构等。

2）通过案例分析更了解汽车俱乐部的发展。

2. 准备

收集美国 AAA 汽车协会、上海法拉利俱乐部、"奥迪卓越"高端车主组织的基本情况。

3. 学习情境

案例一：美国 AAA 汽车协会

（1）美国 AAA 汽车协会的基本情况　美国 AAA 汽车协会是仅次于罗马天主教会的第二大会员制非营利组织。1902 年 3 月，九个汽车俱乐部在芝加哥召开会议，宣布成立美国汽车协会，并接纳了 1000 个会员。100 多年来，随着美国公路网络的不断完善和汽车产业的高速发展，AAA 迅速发展壮大，并逐渐向汽车后市场综合性服务机构转变。目前，AAA 现有会员超过 4800 万人，下属有 139 个分支机构，各自独立地经营各地区的汽车协会，全国有 10 万个授权网点，并在加拿大有 1000 个以上的办事处，每年仅汽车保险一项就收入 2.4 亿美元。

AAA 采用等级会费制，以推进会员的安全与流动性为宗旨，会员缴纳一定的年费取得年度等级会员资格（如初级、中级和高级），享有保险、租买车辆、出行旅游等相应的会员服务与优惠。

南加州汽车俱乐部拥有 79 个分部，370 万 AAA 会员，会员数量占了加州汽车驾驶者的 1/3。按照南加州汽车俱乐部的标准，新入会会员要缴纳 20 美元的一次性入会费，然后按所选会员的级别缴纳年费，普通会员 47 美元，中级会员 76 美元，高级会员 102 美元。

（2）美国 AAA 汽车协会的汽车会员服务　AAA 自成立以来，其服务范围和种类不断扩大，获得了北美地区消费者的高度认同，成为北美地区道路紧急救援服务的领跑者和汽车专家，世界最大的旅行信息发布及出版商，世界最大的休闲旅游代理商，美国旅馆和饭店的权威评审机构，美国发展最快的金融产品和服务机构、最好的保险执行者等。这充分说明了美国 AAA 通过为广大消费者提供多元化的优质服务取得了消费者的一致认同与信任。

AAA 提供的服务可划分为会员服务、汽车、旅行、保险金融及其他类服务五大类，主要内容如下：

1）会员服务。汽车道路紧急救援和消费打折是 AAA 提供给会员的基本服务。AAA 会员在驾车途中因车辆发生故障需要救助时，可拨打 AAA 会员服务中心的免费电话，该中心将根据会员车辆所在地点为会员就近安排救助事宜。初级会员可得到的救援服务包括：7mile 范围内的免费拖车和蓄电池充电、换胎、紧急送油、小故障排除恢复行驶等。高级会员的服务增加如 200mile 免费拖车服务和一次免费租车服务等。

AAA 最主要而且最著名的服务项目是其汽车紧急救援服务。据 2003 年年底的统计数字，美国和加拿大两国的 AAA 全年接到的救助电话达到 3110 万个，其中拖车占 44.9%，更换蓄电池及充电服务占 18%，熄火占 15.4%，处理爆胎占 12.9%，加油占 1.5%，涉及汽车停驶事故的各方面。

① 蓄电池"缺电"及机械故障服务。若会员的车辆因蓄电池"缺电"而不能起动，救助人员将用"搭电"的办法使发动机起动。若会员的车辆因机械故障而"抛锚"，但其故障可通过简易的调整或维修解决，则救助人员将在现场安全而有效地予以修复。

② 轮胎故障服务。若会员的车辆因轮胎故障而"抛锚"，但车辆上有适当的备用轮胎可用，则救助人员将提供更换备用胎的服务。

以上这些在现场提供的服务都是免费的。但是，如果车辆的机械故障不能在现场解决，或车辆无适当的备用轮胎可更换时,则必须将车辆运往维修站解决。若抛锚车拖往 AAA 的特约维修站,则不论路途远近均免费。若会员选定去非 AAA 的特约维修站修理,路程超过标准就要额外按公里付费。此外,AAA 还有车辆陷困救助、拖车、燃油耗尽提供和会员打折等服务,能够满足会员的各种需求。

2)汽车服务。AAA 的汽车服务包括新车购买服务,俱乐部认证汽车修理厂相关服务,汽车配件供应服务,车辆养护中心、驾驶学校和安全驾驶培训课程等。

南加州汽车俱乐部在加州南部地区有 600 家认证汽车修理厂,会员在这些修理厂修车可获得高至 10% 的配件和工时费会员折扣以及 12 个月内 12 000mile 的 AAA 质量保证。

3)旅行旅游服务。AAA 会员外出旅游,可通过 AAA 所属旅行社代订飞机、火车或轮船票,可安排一条龙的旅游活动。此外,AAA 旅行社还可代办旅游保险并提供旅行意外援助和医疗援助,如是高级会员,旅行事故保险的赔偿金可高达 30 万美元,服务内容涵盖了旅行指导顾问、免费的旅行线路地图和相关资料、游轮和陆地旅游、驾车旅行、机票、酒店和汽车租赁、旅行费用预付服务等。

为了便利 AAA 会员驾车外出旅游,AAA 特地编印了适合汽车旅行的地图手册,包括各条公路的走向和路程资料以及可供旅游者野外搭帐篷宿营的地点等。

AAA 还参与评定五星级旅馆和饭店,是美国旅馆和饭店的权威评审机构之一,每年要对美国、加拿大、墨西哥及加勒比海等地的近 5.7 万家饭店及旅馆进行评审,其中只有 0.26% 的可以登上"五星"榜。

4)保险金融。AAA 的保险业务包括汽车险、家庭财产险、人寿保险和游艇险等许多险种。利用电子商务的手段,在网页上就可以提供报价,也可以投保,方便会员,提供便利服务。AAA 的金融服务可为会员提供购车贷款、车辆抵押、教育贷款和存款单抵押等多种服务。

5)其他服务。AAA 现每月进行一次全国性汽油价格的调研并公布各地最低油价。如果会员因驾车违反交通法规而被扣留,其会员卡可作为保释的担保证件,可代替 1000 美元的现金保释费,并可免于没收驾驶执照。此外,南加州汽车俱乐部可为会员办理官方的车籍资料年度更新和汽车过户登记等。

以上介绍的是 AAA 提供给会员的各种优惠和权益。综上所述,AAA 所做的是将现有社会资源、服务、设施进行不断的整合,为客户提供服务。

案例二:上海法拉利俱乐部

上海法拉利俱乐部经意大利法拉利集团授权、上海市政府批准,正式成立于 2005 年 5 月 23 日。上海法拉利俱乐部由意大利爱国华侨朱裕华先生担任主席,胡锦星教授担任名誉主席。上海市前副市长刘振元先生及意大利法拉利风云人物让·托德先生担任荣誉主席。著名的 F1 车手舒马赫为该俱乐部的一号荣誉会员。

该俱乐部自 2005 年 5 月成立以来,已举办了一系列同赛车文化相关的活动。俱乐部经常邀请意大利的 F1 车手同我国车手聚会交流,同我国车迷们一起观赛 F1 大奖赛,从而使我国车手对 F1 加深了了解,提高了我国车迷对 F1 的兴趣和欣赏能力。

上海法拉利俱乐部每年在 F1 上海站期间举办"全球法拉利俱乐部联谊会"。同时,"法拉利文化大学校园行"等各式各样与赛车体育文化相关的一系列活动也将每年定期举办。

上海法拉利俱乐部将致力于国际间的交流与合作,以促进我国赛车文化事业的繁荣以及我国汽车产业的进一步发展。

案例三:"奥迪卓越"高端车主组织

"奥迪卓越"是由一汽—大众奥迪销售事业部为奥迪高端车主成立的会员组织,成立之初就被赋予了增进会员和奥迪品牌情感互动的使命,并通过提供各种品牌活动使会员与奥迪一起分享高品位的生活。

"奥迪卓越"高端车主组织的主题是"奥迪人生,卓越旅程"。"奥迪卓越"会员将从生活的各个角度收获多元化、多角度的高规格体验!"奥迪卓越"于2008年8月10日在北京正式成立,奥迪卓越,从奥运启程。

"奥迪卓越"举办的一些会员活动有:卓越再聚冰雪盛典;卓越会员体验DTM德国房车大师赛;卓越会员西藏进取之旅;思想巅峰,尊享奥迪;奥迪卓越会员,品味奥迪A3多彩上市;奥迪卓越会员欢聚奥迪A5家族投放盛典;奥迪—南航高端商旅服务战略合作;"奥迪卓越"精英汇集奥迪Q5投放盛典等。

4. 步骤

1)将学生分成三组进行讨论,分别对三个案例进行分析,并说出案例启发的启示,每位同学都发言表达自己的想法。

2)老师对每组学生进行评价及打分。

3)实训结束,打扫卫生。

5. 学习评价

学习评价见表6-3。

表6-3 汽车俱乐部案例分析的学习评价

序号	评分项目	操作内容	分值	评分标准	得分
1	案例分析过程	每组学生对案例分析的情况	30分	操作不当扣1~10分	
		语言表达能力	30分	操作不当扣1~30分	
		团队合作能力	25分	操作不当扣1~25分	
2	安全文明	无安全隐患,无不文明操作	5分	未达标扣1~5分	
3	结束	工作场地清洁	10分	清洁不彻底扣1~10分,未做扣10分	
	总　分		100分		

任务3　汽车文化市场

【相关知识】

一、汽车文化产业概述

汽车的发明和发展是社会文明的产物,汽车文化是汽车发明和发展中所创造的物质财富

项目六 汽车售后市场的拓展服务

和精神财富的积累。汽车文化不但有助于汽车工业和社会整体的发展，同时汽车文化形成的市场潜力巨大，为社会的发展创造了无限的商机。这种市场主要表现在汽车展览、汽车赛事、汽车广告、汽车旅游、汽车夜市、汽车影院和新闻媒体等方面。

汽车文化产业是汽车产业和文化产业的交叉产业，一方面它是汽车产业链的延伸，是汽车生产、销售、消费的重要组成部分，更多的不是文化事物，而是以行为文化和观念文化为主；另一方面，汽车文化作为文化产业的一部分，又有与文化产业相同的特征，就是一种创意、观念发展成为一个市场化的产业，也就是说，汽车文化产业是汽车后市场的核心部分。

我国汽车工业始于1956年，经过五十余年的快速发展现已成为世界第一大汽车制造国、第一大汽车消费市场。按照国际上通行的说法，汽车后市场产生的利润，与相应的前市场比较，比例大约是7∶3。也就是说，今后在以汽车文化为核心的汽车后市场利润要超过前市场的一倍以上。同时，也使得汽车产业链成为一个闭环系统，是汽车产业链中一个利润丰厚的环节。

二、我国汽车文化产业现状

1. 我国汽车文化产业概述

目前我国的汽车品牌主要分为两部分，一部分是合资品牌，另一部分是自主品牌。合资品牌有第一汽车集团与德国大众、日本马自达、日本丰田等合资生产的汽车，东风汽车公司与日本本田、日本日产、韩国起亚等合资生产的汽车，上海汽车工业集团和德国大众、美国通用等合资生产的汽车，还有广州汽车工业集团和日本本田合作生产的汽车等。

2010年，我国汽车产销位列全球第一。2011年，我国汽车产销达1850万辆，同比增长2.5%。2012年，我国汽车产销双双突破1900万辆，再次突破纪录，增速都超过了4%，蝉联世界第一。目前，我国汽车保有量超过1亿辆，中国正逐步进入汽车社会。在我国，汽车产业已经形成了世界第三大规模，很快就会成为世界第一大汽车市场，汽车生产、消费形成了巨大的产业链，汽车文化产业也刚刚兴起，显示出强大的经济带动作用，开始逐渐引起各地政府的关注。

我国汽车也不缺乏自主品牌的企业，如生产著名自主品牌红旗、奔腾、欧朗轿车的第一汽车集团等。还有很多中国汽车企业不怕艰辛，研究技术，克服技术壁垒，研制出有自主知识产权的品牌汽车，如长安、奇瑞、吉利、比亚迪、长城、江淮、华泰和力帆等。其中，我国自主品牌的三杆大旗为奇瑞、吉利和比亚迪。

每个国家的汽车文化是和这个国家的汽车品牌息息相关的，而我国的汽车品牌还没有完全发展起来。我们在汽车技术和汽车设计上还应努力，争取达到国际先进水平。只有我国汽车自主品牌发展起来，我国的汽车文化才真正强大。也只有拥有自己的汽车文化，才能更好地发展自己的汽车文化产业，才能在未来的汽车产业中立于不败之地。

2. 发展我国汽车文化产业的不利因素

（1）发展我国汽车文化产业的制约因素　首先，我国汽车资源消耗过大。其次，汽车文化产业缺乏大量的各类人才，如高级管理人员和专业技术人员（生产、营销、财务、融资、质量、技术和人事等）。同时，我国的相关产业制度不够健全，尤其是文化知识产权保护力度不够，一定程度上阻碍了我国汽车文化产业的发展。而且，近几年我国政府对汽车文化产业相关的企业扶持力度不够，没有足够的专项基金以及有力政策来促进我国从事汽车文化产业的企业发展。

（2）发展我国汽车文化产业的外部威胁　目前我国的汽车主要以合资品牌为主，尤其是乘用车，还没有形成自己强有力的汽车品牌，与国外成熟的汽车品牌竞争势必处于劣势，因此给汽车文化产业的发展造成了很大的困难。目前我国的汽车文化产业只在萌芽阶段，汽车文化产业自主创新力不够，缺乏核心竞争力。

三、汽车文化产业的拓展

1. 汽车广告与传媒产业

汽车产品是工业和美学的结合体，它的内外造型和色彩很容易吸引人，所以汽车广告比其他工业产品的画面冲击感更强，更有立体感。

据中国电子商务研究中心统计，2012 年中国汽车广告投放量超过 213 亿元，汽车广告量的投放速度远远大于汽车市场的增长速度。奥迪 A6、帕萨特、雅阁等品牌一年的广告费都超过了 1 亿元，平均每辆车的广告投入超过了 1000 元，而每卖一辆奥迪 A6 轿车，广告费至少要 2000 元。汽车广告离不开媒体，包括电视、报纸、杂志、网络和户外广告等，几乎所有的媒体都或多或少地刊登汽车广告，有的传媒集团汽车广告方面的收入甚至多达数亿。

汽车文化对广告的发展起着不可估量的作用。日本丰田车的经典广告语："车到山前必有路，有路必有丰田车"影响了中国人十几年。如今，汽车广告是无处不在，特别是当举办体育比赛、商贸洽谈会、文化节、艺术节和博览会时，汽车广告更是无所不在。一些商家还将专用运输车和售后服务车作为流动的广告牌走街串巷。投资大、冲击力强、视觉效果显著的汽车广告已成为各种形式广告中必不可缺的一部分。进入新世纪，各大汽车公司兼并联合，实施全球营销战略，使得众多知名品牌涌入世界各地，给综合了视觉、听觉、平面和立体等各类效果的广告及整个广告业创造出了更多的契机，掀起了新一轮的广告投放热潮。

2. 汽车会展业

会展业作为新兴服务业，是 21 世纪的朝阳产业，有着巨大的发展潜力。会展业带动了纺织服装、住宿、餐饮、通信、旅游、购物、特殊印刷、展板制作等相关产业。目前，我国会展业从业人员已达 100 多万。我国去年举办各类展览会 2500 多个，行业总产值 70 亿元人民币左右，约占我国 GDP 的 0.07%，平均产值 280 万元人民币/个。国内汽车展览（包括展销会）每年在 300 个左右，北京、上海、广州等车展营业额数千万乃至上亿。各地车展规模也越来越大，水平越来越高，有的城市如长春已经把会展业列为当地发展的支柱产业之一。

最初汽车展只对专业人员开放，但从本世纪初起，车展已经成为一种大众化的文化普及型活动，而对消费者来说，车展是一饱眼福的难得机会，是极好的休闲去处。然而即使在北京，也只有 2% 的人能看到车展，因此各地纷纷办车展也就是一种中国人特有的需求。国内车展实际上也在发生深刻的变化，比如昆明、长春车展已经改名为汽车节，这说明国内汽车展在商业化的同时，也更多地增加着文化的内涵。

汽车展览不仅是汽车企业家、汽车专家及有关人士的表演舞台，而且还散发出浓浓的汽车文化气息。汽车展览经常召开多种形式的研讨会，研讨汽车技术、汽车创新、汽车安全、汽车与环境保护等问题。汽车展览会带来更多的概念车型、新车型、汽车展会风格和文化氛围，让人们感受到世界汽车工业跳动的脉搏。

中国国际级的车展——中国车展，被誉为世界第六大车展，也是现在世界各大汽车厂商唯一争相参加的中国车展，时间一般在每年的4月或5月，逢单数年在上海，双数年在北京。中国的第二大车展在广州，每年都有，大部分汽车品牌会参加，但就品牌和质量来说不如前者，一些厂商不会直接参与，会让代理商或品牌店代为参展，首发车辆也少许多，但日系车还是比较喜欢参加广州车展。其余的车展都是地方性的车展，在规模、质量、影响力等方面较上述两个车展相差较大。

国外的车展主要有法兰克福车展、巴黎车展、日内瓦车展、北美车展和东京车展，是世界著名的五大汽车展，最短的也有50年以上的历史。法兰克福车展是世界上最大的汽车展之一，创办于1887年9月，有世界汽车工业"奥运会"之称。在第35届之前，该车展的举办地在柏林，此后移到法兰克福，并确定一年为轿车展，一年为商用车展。展会在位于法兰克福市中心不远的大厅里进行。

3. 汽车旅游

汽车旅游是昔日大众不敢想的事，但是现在即便是没有私家车的爱好者也能将其变为现实。20世纪90年代初，我国兴起学驾热，现在非专职驾驶人数以百万计。与此相伴，我国汽车租赁业勃然兴起。这一切，终于使汽车爱好者走近了汽车，自驾旅游，说停就停，想走就走。这种满足个体需求、体现个性情趣的旅游，是跟随旅游团体而失去个体自由无法相比的。

4. 汽车运动

汽车运动不仅是赛车手勇气、驾驶技术和智慧的竞争，更是其背后各大汽车公司之间技术的竞争，有人形象地把汽车运动比作"高科技奥运会"。汽车大赛还是各国科技人才素质的较量，在汽车大赛中推出的新型赛车，代表着一家公司乃至一个国家的高科技最新水平。

国际汽车联盟（FIA）认定的世界锦标大赛有F1（一级方程式）、WRC（世界拉力锦标赛）和WTCC（世界房车锦标赛）等，这些都是世界汽车运动的最高峰。其中一级方程式大奖赛是从国际汽联1950年举办的"国际汽联世界冠军赛"开始的。德国约有2000多名专业人才直接从事赛车的设计、制造和研究工作；美国约有1万人；日本最多，估计2万人左右。F1是世界开销最大的体育运动，被称为"烧钱的运动"，一部F1赛车的价格在百万欧元左右，而F1赛车一年赛事的总费用是885万欧元。每场比赛现场观众可达到20万～30万人，而每张入场券的价格通常在100～2000美元。F1大赛向全球200多个国家和地区进行电视转播，吸引观众、读者达60亿人次。中国的汽车运动虽然开展较晚，但近年来发展迅速，同样带动了相关汽车文化产业，尤其是汽车文化用品产业的发展。

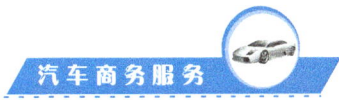

【技能训练】

训练：汽车商标文化知识竞赛

1. 目的

1）通过对汽车知识问答，使学生对汽车文化知识有更多的了解。

2）加深学生的学习印象，增加学生的学习兴趣。

2. 准备

将商务实训区布置成比赛现场。

3. 学习情境

开展一次汽车商标文化知识竞赛，以宝马、奔驰和凯迪拉克车标志为例。

（1）宝马车标的含义　宝马标志中间的蓝白相间图案，代表蓝天、白云和旋转的螺旋桨，喻示宝马公司悠久的历史，象征该公司过去在航空发动机技术方面的领先地位，又象征公司的一贯宗旨和目标：以先进的精湛技术和最新的观念，满足顾客的最大愿望，反映公司蓬勃向上的气势和日新月异的面貌。

（2）奔驰车标的含义　1909年6月，戴姆勒公司申请登记了"三叉星"作为轿车的标志，象征着陆上、水上和空中的机械化，1916年在它的四周加上了一个圆圈，在圆的上方镶嵌了四个小星，下面有梅赛德斯"Mercedes"字样。"梅赛德斯"是幸福的意思，意为戴姆勒生产的汽车将为车主们带来幸福。

（3）凯迪拉克车标的含义

1）花冠象征胜利。凯迪拉克车标中的花冠标志自1906年正式注册凯迪拉克商标之时便已存在，其后虽然历经了30多次换标，但这一标志却一直沿用至今，只是细节有些许变化。花冠代表辉煌胜利和极致成就，显示出品牌的显赫和荣耀，也是对底特律城的创始人安东尼·门斯·凯迪拉克家族的纪念，追忆这一家族的血统、宗谱、信仰、成就、荣誉和团结。

2）盾牌代表勇气。盾形设计也是凯迪拉克车标最初的设计元素之一。盾象征着凯迪拉克家族金戈铁马、英勇善战的精神品质以及追逐梦想、勇敢开拓和百折不挠的英雄气概。作为品牌象征，盾形标志则意味着凯迪拉克在轿车领域勇于革新、引领潮流的标杆意识，并且凭借勇于开拓的精神及领先时代的产品而拥有的巨大的市场竞争能力。

3）色块记录成就。鲜明的色块是凯迪拉克车标最富特色的表现元素之一，而每一种色块又各有寓意。红色代表思想和行动的大胆和果敢；黑色代表智慧；蓝色代表品性和道德的纯洁；黄褐色色块自中世纪欧洲开始就被认为是授予那些立誓效忠国家利益勇士的荣誉军带；而银白色则代表着仁慈、美德与富足。这些内涵丰富的色块组合在一起，象征着凯迪拉克硕果累累的极致成就。

4. 步骤

1）将学生分组，分别通过必答、抢答两个环节进行知识竞赛。必答环节分为单选题、多选题和判断题三个环节，每个环节分别有五道题。在必答题环节结束后，再进行抢答题环节。

2）实训结束，进行清洁卫生。

项目六　汽车售后市场的拓展服务

5. 学习评价

学习评价见表6-4。

表6-4　汽车商标文化知识竞赛的学习评价

序号	评分项目	操作内容	分值	评分标准	得分
1	准备	学生布置现场的积极性	15分	酌情扣分	
2	比赛过程	直接从比赛分数上获得 团队合作精神 答题速度	60分 5分 5分	操作不当扣1~60分 操作不当扣1~5分 操作不当扣1~5分	
3	安全文明	无安全隐患，无不文明操作	5分	未达标扣1~5分	
4	结束	工具清洁归位 工作场地清洁	5分 5分	漏一项扣1分，未做扣5分 清洁不彻底扣1~5分，未做扣5分	
	总　　分		100分		

【项目小结】

本项目主要介绍了汽车文化概述、我国汽车文化产业现状和汽车文化产业的拓展等。

【巩固与提高】

一、填空题

1. 国际主要的汽车租赁公司有欧洲汽车、_____、_____、巴基特等。
2. 汽车俱乐部的性质包括_____和_____两方面。

二、选择题

1. 汽车俱乐部的发展特点不包括（　　）。
   A. 从区域化到全国化　　B. 从简单化到多样化
   C. 从公益化走向商业化　　D. 从国际化到国内化
2. 汽车俱乐部会员结构分析中，核心层会员占到会员总量的（　　）以下。
   A. 20%　　B. 10%　　C. 30%　　D. 50%

三、判断题

1. 日本汽车联合会（JAF）成立于1962年，现有会员1720万，基本会费每年2000日元，其公开声称自己为公众组织。（　　）
2. 2009年，国家对1.6L及以下排量乘用车减按5%征收车辆购置税，带动了大排量汽车的迅速增长。（　　）

四、简答题

1. 请简述国际汽车租赁的主要经营、运作特点。
2. 试对国内汽车文化产业进行分析。

参 考 文 献

[1] 朱军,屈光洪. 汽车商务与服务管理实务 [M]. 北京:机械工业出版社,2008.
[2] 孙路弘. 汽车销售的第一本书 [M]. 北京:中国人民大学出版社,2008.
[3] 米歇尔,波罗尼柏德,伯恩斯."未来车"世纪 [M]. 田娟,译. 北京:中国人民大学出版社,2010.
[4] 朱杰. 汽车服务企业管理 [M]. 北京:电子工业出版社,2005.
[5] 陈开考. 汽车文化 [M]. 杭州:浙江大学出版社,2007.
[6] 张克明. 汽车评估 [M]. 北京:机械工业出版社,2010.
[7] 张国方. 汽车营销学 [M]. 北京:人民交通出版社,2008.
[8] 王永盛,金涛. 汽车评估 [M]. 2版. 北京:机械工业出版社,2009.
[9] 李景芝,赵长利. 汽车保险与理赔 [M]. 北京:国防工业出版社,2007.
[10] 孙凤英. 汽车营销 [M]. 北京:机械工业出版社,2004.
[11] 曾鑫. 汽车保险与理赔 [M]. 北京:人民邮电出版社,2010.
[12] 姜正根. 二手车鉴定评估与交易 [M]. 北京:中国劳动社会保障出版社,2011.
[13] 姚东伟. 二手车鉴定与评估 [M]. 哈尔滨:哈尔滨工程大学出版社,2010.
[14] 李巧玲,张志强. 汽车文化 [M]. 北京:机械工业出版社,2013.